国家博士后科学基金（2014M550777）
中央编译局社科基金项目（13B05）　资助出版

基层公共预算改革

从控权到赋权

朱芳芳

著

中央编译出版社
CCTP　Central Compilation & Translation Press

前　言

　　公共预算制度是现代民主制度的重要构成，它以其独特功能处于社会秩序构建的关键位置。现代公共预算制度确立以来，公共预算改革对社会政治、经济发展的影响越来越大，公共预算改革在当代显然已成为治理变革的引领与先导。着眼于适应全球政府改革趋势与中国治理现代化目标，基层公共预算改革尤其有必要成为公共财政与预算改革的重中之重。有效的公共预算要求效率与公平的有机统一，民主与法治的有机统一。基层公共预算制度必然成为党领导人民有效治理国家，巩固基层政权，完善基层民主制度，保障人民知情权、参与权、表达权、监督权的重要制度构成。党的十九大报告提出，要"健全民主制度，丰富民主形式，拓宽民主渠道，保证人民当家作主落实到国家政治生活和社会生活之中"。从中国实际出发，积极推进基层公共预算改革，将为中国基层民主建设提供一条"以预算民主推动基层民主"的新路，进而促进中国的基层民主治理变革，以及中国民主政治的发展。

　　本书以作者2013—2016年在中共中央编译局开展的博士后研究为基础，对公共预算改革与民主化理论、实践进行了梳理，探讨了公共预算改革与民主化的关系。同时，对中国基层公共预算改革作

1

了具体案例分析，提出了当前中国推进基层公共预算改革的路径建议。在博士后研究过程中，作者在中央编译局陈家刚教授指导下围绕"预算民主"开展了文献研究，特别是对中外协商民主与参与式预算等当代重要理论创新观点进行了梳理，同时对基层主要官方预算文件进行了内容分析，包括全国各地 2013—2015 年地方公共预算执行情况和预算草案，各地人大常委会关于相关年度预算执行情况和预算草案的《审查结果报告》、各地审计厅（局）关于 2013—2015 年预算执行和其他财政收支情况的《审计工作报告》等，从中分析基层公共预算过程、结果和政府行为特征。在陈家刚教授支持指导下，作者多次前往各地调研参与式预算探索，尤其是持续重点跟踪焦作、温岭和厦门基层公共预算改革的进展，旁听预算听证会，基层实际工作者进行面对面交流，获取了大量第一手资料，为研究的完成奠定了基础。

本书首先将"公共预算改革"作为独立的对象进行理论分析。集中探讨预算理念与现代公共预算概念的形成、公共预算的技术属性与政治属性以及公共预算民主的作用、特征问题；在此基础上，进一步探讨公共预算改革的特征与动因。研究发现，公共预算改革具有独立性、呈现出钟摆式运动的特征，究其动因，在于公共预算内在的平衡机制被打破。从平衡到失衡再到平衡，贯穿公共预算改革总过程。报告以地方公共预算改革为研究对象，探讨了地方政府结构与公共预算、地方政府改革与地方公共预算改革的相关性问题。

从历史上看，公共预算改革发展与民主化并行。公共预算本身是民主化的要求，同时民主化也促进了公共预算制度的进步完善。将预算民主化作为公共预算改革研究的一条线索，是非常值得拓展的方面。本书从预算发展的历史脉络中分别对"前预算时期"、"预算时期"和"后预算时期"等阶段进行探讨，主要分析了各个阶段公共预算发展与民主化的主要技术性与政治性要求。显然，公共预算民主化不仅反映在不同时期的预算准则中，也反映在对政府预算权力的控制监督和公众预算权利的申张实现上。进入 21 世纪，政府治理变革极大地推进了公共预算民主化，参与式预算成为公共预算民主的最新实现形式，公共预算显然成为了有序参与民主的重要领域，成为间接民主与直接民主相结合的新政治平台。

在当代中国实践中，政府权力的层级划分是诸多体制结构的基础，财政结构亦是如此。因此，与政府分级相适应，财政分级过多，基层公共预算的定位与责任区域是不清晰的。本书提出：从公共资源分配、公共产品与服务提供角度来看，基层公共预算包括了省以下各级地方层次预算，是指省以下各级地方预算的整体体系。本书将中国基层公共预算的建立与改革过程划分为四个阶段：中央集中预算阶段、基层分权预算阶段、基层公共预算形成阶段、基于治理现代化要求的基层公共预算改革阶段，并探讨基层预算民主化的成效，指出预算分权改革奠定了基层预算民主化的政治基础，公共财政改革开启了基层预算民主化的实质性进程，预算管理改革不断丰富了基层预算民主化的技术支持，参与式预算探索形成了基层预算民主化的新动力。

本书对当代中国基层公共预算存在的主要问题从不均衡的地区财力状况、基本相同的问题表现以及各地区问题突出程度比较方面进行分析，认为基层公共预算正处于复杂的失衡困境之中，体现在权力失衡、资金失衡、利益失衡、时间失衡和文化失衡五个方面。分析基层公共预算改革困境产生的原因，主要来自四个方面：一是参与扩大挑战原有平衡机制，二是预算功能冲突影响改革持续深化，三是政府信任关系转型缺乏充分预算变革回应，四是基层公共预算改革协同性不够。

近年来，中国基层公共预算改革形成了一些值得总结的创新案例。综合来看，成功的成革基本具有两点共性：一个是公共预算改革必须着眼于重建预算平衡，另一个是公共预算民主化必须体现从权力到权利的变化。基于此，本书筛选了河南焦作、浙江温岭和福建厦门的公共预算改革实践作为研究范本，并通过实地调研，总结了具有可行性和推广价值的经验做法。

焦作实践的主要特征是：控权与制约。河南省焦作市的公共预算改革以规范政府预算控制权为重点，通过预算公开与透明度建设形成强大的制约力量，有效规范了政府预算权力运作，推进了公民参与和民主化，对完善政府治理进行了有益的探索。

温岭实践的主要特征是：分权与协商。浙江省温岭市以参与式预算为标志的基层公共预算改革，通过以人大为主导的预算分权，形成多元参与机制，同时围绕人大预算审查决策程序，在各个阶段引入多层次民主恳谈，从而建立了公共参与的秩序，形成了全面的预算审查监督体系，有力保障了公众预算权利的实现，使正式制度与非正式制度优势相互促进，使间接民主和直接民主方式有机结合，可谓是新世纪以来中国基层公共预算改革中最具地方自发性和民主方向特征的一种实践。

厦门实践的主要特征是：赋权与参与。福建省厦门市探索了在社区层面以公众赋权参与为特征的公共预算改革，改变了传统上政府对预算资金的分配模式，实现了公众直接参与预算，不仅获得了预算项目提议权，而且对项目进行管理，开辟了基层预算民主发展的新途径。

　　作者在结论部分对全书的主要观点进行总结，提出基于治理现代化和预算民主发展的基层公共预算改革的路径：一是以理顺权责关系为基础完善权力结构；二是以优化政府权力运行为关键进行过程再造；三是以协商赋权为重点普及公众参与预算；四是以预算民主为核心强化预算准则约束；五是以协同推进为要求加快配套改革。

　　基于理论分析与实践总结，作者认为发展预算民主是中国基层公共预算改革的一个重要方向。正如党的十九大报告所指出："有事好商量，众人的事情由众人商量，是人民民主的真谛。"在新时代新要求下，参与式预算将是中国推进基层公共预算改革的一个新的起点。

　　本书尝试从预算民主的新视角审思公共预算改革，探索治理现代化和预算民主及预算改革的关系，其中的思考分析尚显初浅，难免存在不足与缺陷，敬请读者批评指正。衷心感谢李媛媛女士为本书的出版给予的支持和帮助。

朱芳芳

2017 年 12 月

目　录

导　论

第一节　研究背景与研究意义

一、研究背景

（一）推进公共预算改革是国家治理体系与治理能力现代化的内在要求

现代国家发展经验表明，公共预算对政治、经济和社会生活的影响无处不在且举足轻重，面对治理革命，预算改革正成为一个重要政治经济和社会命题，通过预算改革来推进治理在 20 世纪 90 年代以来正逐渐成为新的发展路径。乔纳森·D.卡恩（Jonathan D. Kahn）将预算改革作为重塑治理制度和国家政治文化的现象来考察。他认为"公共预算远不仅仅是简单地分配政府资源的工作，它们还是塑造公共生活、国家制度、公众与国家关系的文化建设"，"公共预算改革运动不仅改变了行政管理手段，它还改变了人们理解政府、认识自身与政府关系的方式"①。作为公共预算领域最负盛名的学者

---

① ［美］乔纳森·卡恩：《预算民主：美国的国家建设和公民权（1890—1928）》，叶娟丽等译，上海：格致出版社、上海人民出版社 2008 年版，第 2 页。

之一，威尔达夫斯基（Aaron Wildavsky）直言："如果你不能制定预算，你怎能治理？"①威尔达夫斯基之所以如此重视预算与治理，是因为一方面在他看来预算问题本身是个治理问题，是为了实现所有人的最大价值。他认为："个体理性与集体理性之间的分歧是社会生活中一个最普遍的问题。解决这一问题不仅仅是一种良好的愿望，而且它能够让实现这一良好愿望的行为具有价值。预算问题就可以看作是通过每一个人控制支出，从而实现所有人的最大价值。"②另一方面，预算是社会秩序的反映，善治以"明智的预算"为基石。他认为："明智的预算必然反映协调的社会秩序，协调的社会秩序也必然带来明智的预算。如果把预算制定与社会生活其他方面完全割裂开来，其结果必然产生矛盾和对抗。"正是在这个意义上，他认为预算已成为治理的同义词。③党的十八届三中全会首次在党的文件中把推进国家治理体系和治理能力现代化作为全面深化改革的总目标，这是在中国改革攻坚突破的关键阶段作出的重大决定，其中特别强调了"财政是国家治理的基础和重要支柱"。因此，在当前进一步深化研究、大胆探索、积极推进公共预算改革，对于全面深化改革总目标的实现具有非常重要的意义。

（二）预算民主是当代公共预算改革的题中之意

公共预算制度是人类社会发展中的一项重大制度发明，它顺应并巩固了市场化、民主化的进程，它不只是政府实施有效管理和服

---

① ［美］阿伦·威尔达夫斯基：《预算与治理》，布莱登·斯瓦德洛编，苟燕楠译，上海：上海财经大学出版社2010年版，第302页。

② ［美］阿伦·威尔达夫斯基：《预算与治理》，布莱登·斯瓦德洛编，苟燕楠译，上海：上海财经大学出版社2010年版，第291页。

③ ［美］阿伦·威尔达夫斯基：《预算与治理》，布莱登·斯瓦德洛编，苟燕楠译，上海：上海财经大学出版社2010年版，第308页。

务的工具，也是人民监督政府的工具。现代"预算理念"的奠基者和追随者们已经揭示了公共预算的本质特征，即公共预算有利于实现民主的最高理想，它是实现民主的机制，公共预算的目标应该是履行民主。经过多年发展，公共预算制度已经成为民主制度的一项基本构成，预算民主化是当代公共预算改革的题中之意。当代中国社会政治发展显现了新的特征：一是预算权力结构发生变动，从过去政府过度集权向多元参与、权力分享转变，公众参与在迅速扩大；二是公众利益表达的方式发生了变化，从过去通过民选代表参与、被动接受服务向公众直接参与、主动合作转变。公共利益的概念也从过去代表个人利益的集合，向就共同价值观进行对话的结果转变；① 三是政府决策方式发生了改变，从过去封闭决策向开放决策转变，从建设为中心向服务和保障民生为中心转变；四是公共预算结果或服务交付体制发生了变革，大量的社会组织、企业和公众参与到公共物品的生产和公共服务的提供上来，公共预算不仅在提供顾客服务，更被要求实现民主价值。面对上述变化与挑战，公共预算的民主化改革具有重要现实意义。通过预算民主化的新的实践，来达成明智有效的公共预算，在预算权力安排、过程、结果上体现民主，促进政府决策的民主、透明、责任和高效，畅通公众参与的渠道，实现理性、稳定、有序参与，实现中国民主政治发展的整体推进。

（三）公共预算改革在引领社会管理制度创新上具有独特优势

历史表明，公共预算体系是每个时代先进治理理念得到快速传播、快速政策化、快速作用于社会并形成社会共治力量的平台，公

---

① ［美］珍妮特·V.登哈特、罗伯特·B.登哈特：《新公共服务：服务，而不是掌舵》，丁煌译，北京：中国人民大学出版社2014年版，第20页。

共预算是政治理念转化为具体政策的直观工具。公共预算制度发展过程中形成了一系列准则，体现了一定历史时期的治理理念和价值追求，预算准则同时成为不断调节社会政治经济关系的重要立法准则。在公共预算制度初创时期形成的古典预算准则确认了预算的公开性、全面性、一致性、平衡性、年度性等要求，这些准则反映了自由资本主义时期对市场主体权利进行保障和"有限政府"的追求。现代预算准则如计划准则、责任准则、以政府预算报告为依据准则、灵活性准则、程序多样化准则、自由裁量准则、执行中的弹性准则、预算机构协调准则等，在20世纪50年代至80年代有力地支持了政府对预算权的控制与"大政府治理"。与20世纪90年代以来的治理革命相适应，追求透明、绩效、包容、参与等预算准则以及创造并实现公共价值的努力极大地强化了预算的民主化内涵，公共预算改革势必成为民主制度创新的引领。同时，公共预算制度内在的平衡机制，有利于在体制内对改革力度和节奏及时进行调整，维护制度的稳定性。对于中国进行的渐进式政治民主改革而言，公共预算改革应该得到更大的支持。

（四）中国基层公共预算改革的定位与方向亟待明晰

中国政治生活与社会管理中"基层"，与公共预算体系的"基层"并不一致。预算体系中复杂的权力、责任和资源分配关系，使中国公共预算层级更接近于"中央—省—基层"三级分级。基层公共预算指的是以县（市）、乡（镇）两级公共预算为核心的省以下公共预算。数据表明，中国基层政府为全国70%左右的人口提供了高达70%的基本公共服务。但基层公共预算效率低下、服务不足、透明缺乏、参与缺失、债务危机等问题十分突出。因此，很有必要把基层公共预算作为一个独立的对象加以研究，作为改革重要的突破口加以探索。近年来中国基层预算改革探索专注于预算管理或预

算技术的某个方面，改革设计相应缺乏系统性与整体性，改革探索
呈碎片化状态。如果预算改革只是就预算来谈论预算，只把改革重
心放在通过技术性的改进来提高预算效率，就无法根本上超越预算
是政府"内部工作"的传统局限，预算改革只能是封闭的，从而失
去对全面改革的引领性。所以，需要针对基层公共预算的特殊地位
和功能，把预算改革置于治理的视域中来推进，确立基层预算民主
发展目标。当前基层公共预算改革面临的不只是新旧预算方法或技
术的选择更替，更涉及预算权力结构调整、利益平衡、决策过程民
主化等方面的变革。预算民主化成为基层公共预算改革的方向，在
公共预算新的制度安排和具体实践中，民主发展便有了现实可操作
的落脚点。当前推进基层公共预算改革，将为中国基层民主建设提
供一条"以预算民主推动基层民主"的新路，进而促进中国的基层
民主治理变革，以及中国民主政治的发展。

（五）中国基于治理的基层公共预算改革初步探索了预算民主化的现实可行途径

当代中国的预算民主化改革面临着可选择路径：一是继续沿着
技术路线推进。任何微小的预算技术推进都可以轻微改变着预算结
构、决策方式和行为模式，"经过若干年的努力之后，我们将看到这
些微小的变化一点一滴地积累，一点一点地改变着历史的路径依
赖。"[①] 二是把预算改革与政治改革同步起来推进。但是政治发展
有其内在逻辑，政治改革的难度远远超过预算改革，政治改革的
滞后将制约预算改革。三是选择基于治理的预算改革路径。治理
的这种偏重于技术性的政治行为特性使基于治理的预算改革既可

---

① 马骏：《中国预算改革的政治学：成就与困惑》，见马骏、侯一麟、林尚立主编：
《国家治理与公共预算》，北京：中国财政经济出版社 2007 年版，第 73 页。

以在目标上照顾到社会各种利益的平衡，引起社会政治变革的关联反应，又能够在技术手段上最大幅度地减少政治阻力。在中国市场力量快速壮大，民主政治改革渐进推进的条件和国家重视治理的背景下，基于治理的预算改革不失为方向上顺应时代，理念上体现先进，实践上易为接受、便于操作的一条理想路径。基于治理的公共预算改革重在民主化，在中国基层预算改革实践中，参与式预算改革最切合预算民主发展的主题和要求，一些地方的实践表明将参与式预算改革放在治理改革的框架内，可以使参与式预算改革在中国的土壤里获得旺盛生命力。发展公共预算民主不仅是现实需要，也是现实可行的。

二、研究意义

从当前国内基层公共预算改革与民主化理论研究的现状以及中国地方政府深化改革的现实需要出发，对"基层公共预算"这一特定研究对象以及基层公共预算改革与民主化进行系统研究分析具有重要的理论与现实意义。本书将试图达到以下研究目标：

一是论证以省以下各级预算为一体的基层公共预算的合理性，并以此为研究对象，对中国基层公共预算改革的成效、存在的问题以及原因进行分类分析，这是对目前基层公共预算研究的突破，弥补国内在这方面研究的不足。

二是通过对公共预算改革理论的梳理分析，探讨公共预算的技术与政治属性，揭示公共预算的民主性质与公共预算改革的动因，建立起关于预算平衡的分析框架，丰富中国基层公共预算分析的视角。

三是通过对公共预算发展历史的回顾梳理，从公共预算的技术属性和政治属性的角度，总结公共预算发展与民主化的阶段性特征，提出预算民主化的理论框架，从整体上把握预算民主化的基本内涵和要求，有利于为当代中国公共预算改革的制度建构和路径选择提供借鉴。

四是以治理现代化和预算民主发展为脉络，在对中国基层公共预算改革若干案例分析基础上，选择最具代表性的三个案例进行实证研究，归纳出基于中国实践经验的基层公共预算改革的成功经验和做法。通过对中国基层公共预算改革及民主化规律性认识的进一步深入把握，提出了新一轮基层公共预算改革的对策建议，有助于对预算民主发展的可行路径作出选择。

第二节　研究现状

一、国外研究现状

长期以来，公共预算改革一直是相对独立的研究领域。20 世纪初，公共预算民主成为公共预算研究的一个重要主题，西方的预算改革者和研究者对预算民主给予了极大的关注。但是随着公共预算领域精英主义、职业主义、管理主义的盛行，尤其是行政预算的强势发展，公共预算民主的重要性被掩盖了，与之前的研究热情相比，似乎出现了空白期。新公共管理运动兴起后，公共预算民主又重回公共预算研究领域的中心地带，但综合系统研究公共预算民主的文献并不多见，对于是否能够构建公共预算的政治学理论在学界还存在着争论。国外学者更多是从不同层次和角度来分析公共预算改革与民主的关系。近些年来，国外学者积极从治理的层面来探讨基层公共预算民主化问题，拓展了相关理论研究。

国外学者的研究主要集中在以下方面：

一是探讨公共预算民主化的性质与功能，认为预算民主化是民主发展的必由之路。早在1915年，现代美国公共预算制度的创始人弗瑞德里克·A.克里夫兰（Frederick A.Cleveland）将公共预算与政府责任监督结合起来，指出"预算理念"有利于实现民主的最高理想。① W.F.威洛比（W.F.Willoughby）进一步指出公共预算是实现民主的机制。② 当代财政学家马斯格雷夫（Richard A. Musgrave）认为预算尤其税收是现代民主制度兴起的先决条件。③ 乔纳森·D.卡恩对美国现代预算制度创立与民主发展的历史作了系统的研究，认为预算不仅仅限于如何保证精确的技术问题，它更多地涉及现代社会中预算与民主治理相互关系的根本问题。④

二是探讨地方公共预算与公共利益实现的关联度，强调对基层公共预算的重视。公共产品理论的树立，强化了地方公共预算权的合理性。查尔斯·M.蒂博特（Charles M.Tiebout）提出"以足投票"理论，开启了对地方公共预算研究的新阶段。⑤ G.施蒂格勒（G.Sti-

---

① ［美］弗瑞德里克·A.克里夫兰：《美国公共预算理念的演进》，见阿尔伯特·C.海迪等：《公共预算经典（第二卷）：现代预算之路》第三版，苟燕楠、董静译，上海：上海财经大学出版社2006年版。

② ［美］威廉·F.威洛比：《政府的预算改革运动》，见阿尔伯特·C.海迪等：《公共预算经典（第二卷）：现代预算之路》第三版，苟燕楠、董静译，上海：上海财经大学出版社2006年版。

③ Richard A.Musgrave，"Theories of Fiscal Crises：An Essay in Fiscal Sociology"，in Henry J.Aaron and Michael J.Boskin（eds.），*The Economics of Taxation*，Washington，DC：The Brookings Institution，1980.

④ ［美］乔纳森·卡恩：《预算民主：美国的国家建设与公民权（1890—1928）》，叶娟丽等译，上海：格致出版社、上海人民出版社2008年版。

⑤ Charles M.Tiebout，"A Pure Theory of Local Expenditures"，*Journal of Political Economy*，Vol.64，No.5，1956.

gler）论证了基层政府存在的合理性。① 詹姆斯·布坎南（James Buchanan）提出"俱乐部"可以提供最佳公共服务。② 20 世纪 80 年代后，一大批学者持续关注地方政府改革，对地方公共预算改革与公共利益实现问题进行了实证研究，如文森特·奥斯特罗姆、埃莉诺·奥斯特罗姆、罗伯特·比什（Vincent Ostrom, Elinor Ostrom and Robert Bish）对美国地方政府预算的研究，布莱恩·多莱里（Brian Dollery）等人对澳大利亚地方政府预算的研究，戴维·威尔逊、克里斯·盖姆（David Wilson and Chris Game）对英国地方政府预算的研究等。③

三是分析公共预算的主体特征及民主选择或协调机制。公共选择学派用利益最大化模型对预算主体的行为特征及理性选择过程作了经济学分析。威廉·尼斯坎南（William Niskane）较早提出了"代理人主导"模型，把代理人描述为预算最大化者，解释政府官僚的功能与局限。这也成为公共选择理论的一个基础。④ 艾伦·希克（Allen Schick）区分了服务提供者与资源分配者之间的关系。⑤ 罗伯特·W.史密斯和马克·贝特茨（Robert W. Smith and Mark Bertozzi）

---

① G. Stigler, "The Tenable Range of Functions of Local Government", in Joint Economic Committee, *Federal Expenditure Policy for Growth and Stability*, Washington, DC：U.S. Government Printing Office, 1957.

② James Buchanan, "An Economic Theory of Clubs", *Economica*, Vol.32, No.1, 1965.

③ ［美］文森特·奥斯特罗姆、罗伯特·比什、埃莉诺·奥斯特罗姆：《美国地方政府》，井敏、陈幽泓译，北京：北京大学出版社 2004 年版；［澳］布赖恩·多莱里、内尔·马歇尔、安德鲁·沃辛顿：《重塑澳大利亚地方政府：财政、治理与改革》，刘杰等译，北京：北京大学出版社 2008 年版；［英］戴维·威尔逊、克里斯·盖姆：《英国地方政府》第三版，张勇等译，北京：北京大学出版社 2009 年版。

④ William Niskane, *Bureaucracy and Representative Government*, Chicago：Aldine Atherton, 1971.

⑤ Allen Schick, "An Inpuiry into the Possibility of a Budget Theory ", In Irene S.Rubin (eds.), *New Directions in Budget Theory*, Washington, DC：The Urban Institute, 1998.

用委托—代理理论分析了预算机构和支出机构的关系。① 交易费用理论的提出深化了公共预算委托—代理关系研究，A.普雷姆昌德（A. Premchand）将交易费用理论运用到了支出管理。② 约翰·巴特（John R.Bartle）和马骏提出，交易费用理论可以运用到公共预算与财政管理的众多领域。③ 关于预算参与者的动机与行为研究方面，赫伯特·西蒙（Herbert A.Simon）、查尔斯·林德布罗姆（Charles E.Lindblom）提出了有限理性及渐进主义的观点，对预算参与主体的行为提供了有说服力的解释。④ 罗伯特·达尔（Robert A. Dahl）则引入多元主义概念分析了利益集团之间通过讨价还价形成最好的政策的机制。⑤ 威尔达夫斯基开创了对公共预算进行政治学分析的新局面，认为预算是一个涉及权力、权威、文化、协商一致和冲突的过程，他提出的渐进主义预算被认为是在有限理性前提下解释了预算参与者关系的最有影响的预算理论。⑥ 爱伦·鲁宾（Irene S. Rubin）挑战了渐进主义，她认为预算是更为广泛的政治环境复杂因素的产

---

① Robert W. Smith and Mark.Bertozzi, "Principals and Agents: An Explanatory Model for Public Budgeting", *Journal of Public Budgeting*, *Accounting & Financial management*, Vol.10, Iss.3,1998.

② A.Premchand, *Public Expenditure Management*, Washington, DC: IMF, 1993.

③ John R. Bartle and Ma Jun, "Applying Transaction Cost Theory to Public Budgeting and Finance," in John R. Bartle (ed.), *Evolving Theories of Public Budgeting*, Oxford: Elsevier Science Ltd., 2001.

④ Herbert A. Simon, *Reason in Human Affairs*,Stanford: Stanford University Press, 1983; Charles E. Lindblom, "The Science of 'Mudding Though'", *Public Administration Review*, Vol. 18, Iss.1,1959.

⑤ Robert A. Dahl, *Who Governs? Democracy and Power in an American City*, New Haven: Yale University Press, 1964.

⑥ Aaron Wildavsky, *The Politics of the Budgetary Process*, Boston: Little, Brown and Company, 1964.

物，并进一步分析了公共预算过程中的预算权力途径和预算平衡机制。①

　　四是分析公共预算功能变化与民主价值实现的关系。艾伦·希克提出公共预算具有控制、管理、计划功能，为公共预算民主实现提供了极为重要的分析框架。② 娜奥米·凯顿（Naomi Caiden）、威尔达夫斯基等人尤其关注了公共预算准则的变化，进一步提出了关于预算文化制约的问题。③ 马克·H.穆尔（Mark H.Moore）提出了公共价值管理以及公共价值会计的观点④，以及珍妮特·V.登哈特和罗伯特·B.登哈特（Janet V.Denhardt and Robert B.Denhardt）提出的新公共服务理论⑤、H.乔治·弗雷德里克森（H.George Frederickson）提出的新公共行政理论⑥，都对公共预算创造并实现民主价值提供了理论支持。多拉林·罗斯曼和伊丽莎白·沙纳汉（Doralyn Rossmann and Elizabeth A.Shanahan）研究了在参与式预算过程中如何定义和实现规

　　① ［美］爱伦·鲁宾：《公共预算中的政治：收入与支出，借贷与平衡》第四版，叶娟丽、马骏等译，北京：中国人民大学出版社 2001 年版。

　　② Allen Schick, "The Road to PPB: The Stages of Budget Reform", *Public Administration Review*, Vol.26, Iss.4, 1966.

　　③ ［美］阿伦·威尔达夫斯基、娜奥米·凯顿：《预算过程中的新政治》第五版，苟燕楠译，北京：中国人民大学出版社 2014 年版；［美］阿伦·威尔达夫斯基：《预算：比较理论》，苟燕楠译，上海：上海财经大学出版社 2009 年版。

　　④ ［美］马克·H.穆尔：《创造公共价值：政府战略管理》，伍满桂译，北京：商务印书馆 2016 年版；Mark H. Moore, "Public Value Accounting: Establishing the Philosophical Basis", *Public Administration Review*, Vol.74, Iss.4, 2014.

　　⑤ ［美］珍妮特·V.登哈特、罗伯特·B.登哈特：《新公共服务：服务，而不是掌舵》，丁煌译，北京：中国人民大学出版社 2014 年版。

　　⑥ ［美］H.乔治·弗雷德里克森：《新公共行政》，丁煌、方兴译，北京：中国人民大学出版社 2011 年版。

范民主价值的问题。①

五是分析公共预算民主化或善治的具体实现形式。奥斯特罗姆夫妇（Vincent Ostrom and Elinor Ostrom）、迈克尔·麦金尼斯（Michael McGinnis）等人提出了多中心治理的框架，把基层公共预算关注拓展到"社群自治"。② 弗雷德·E.弗尔德瓦里（Fred E.Foldvary）把研究视角深入到私人社区，对社区公共物品及提供进行了系统研究，试图证明在基层区域，私人能有效提供集体物品。③ 冯雅康和艾瑞克·O.怀特（Archon Fung and Erik O.Wright）在对巴西阿雷格里港参与式预算等案例高度肯定基础上，提出了"赋权参与"的治理新理论。④ 伊夫·辛多默（Yves Sintomer）等对拉丁美洲、欧洲等参与式预算的殊同作了系统的比较，总结了欧洲新的参与式预算发展模式。⑤

六是以参与式预算实践为研究对象，借助协商民主理论补充完善预算民主的理论范式。G.柏奥奇（G.Baiocchi）等人认为参与式预算是直接民主与间接民主的结合，是一种参与式民主形式。⑥ 协商民

---

① Doralyn Rossmann and Elizabeth A. Shanahan, "Defining and Achieving Normative Democratic Values in Participatory Budgeting Processes", *Public Administration Review*, Vol.72, Iss.1, 2011.

② ［美］迈克尔·麦金尼斯主编:《多中心治道与发展》, 毛寿龙译, 上海:上海三联书店 2000 年版。

③ ［美］弗雷德·E.弗尔德瓦里:《公共物品与私人社区》, 郑秉文译, 北京:经济管理出版社 2011 年版。

④ Archon Fung and Erik O. Wright, eds., *Deepening Democracy: Institutional Innovations in Empowered Participatory Governance*, London:Verso, 2003.

⑤ Yves Sintomer, Carsten Herzberc and Anja Röcke, "Participatory Budgeting in Europe: Potentials and Challenges", *Internationl Journal of Urban and Regional Research*, Vol.32, No.1, 2008.

⑥ G.Baiocchi, "Participation, Activism, and Politics: The Porto Alegre Experiment and Deliberative Democratic Theory", *Politics and Society*, Vol.29, 2000.

主理论学者如约翰·S.德雷泽克（John S.Dryzek）、詹姆斯·博曼
（Janmes Bohman）、威廉·雷吉（William Rehg）等人从不同侧面对
参与式治理和协商民主关系所作的分析，成为了公共预算民主理论
构建的重要理论源泉。① 卡罗尔·艾伯顿和艾米·L.富兰克林（Carol
Ebdon and Aimee L.Franklin）对预算理论中的公民参与进行了研究，
从环境、决策过程、机制、目标和结果等四个方面总结了参与的核
心要素，对公共预算参与理论构建进行了尝试。②

二、国内研究现状

20 世纪 90 年代初，关于公共财政的争论促使公共预算研究日益
受到重视。随着国家《预算法》的制定及修订进程，公共预算也逐
渐在公共财政相关研究中显示其独立性。不过，大多数研究集中在
公共预算程序和预算管理制度完善方面的普遍性问题上，将基层公
共预算作为更进一层的独立研究对象，并将预算民主化嵌入预算改
革所做的深入讨论还是不多的。近十多年来，对协商民主理论和参
与式预算实践的研究探索，拓展了基层公共预算改革的研究视野和
深度，也激发了人们对公共预算民主化改革的兴趣，预算民主化研
究也得到了进一步深化发展。

国内学者的研究主要集中在以下方面：

---

① ［澳］约翰·S.德雷泽克：《协商民主及其超越：自由与批判的视角》，丁开杰
等译，北京：中央编译出版社 2006 年版；［美］詹姆斯·博曼：《公共协商：多元主义、
复杂性与民主》，黄相怀译，北京：中央编译出版社 2006 年版；［美］詹姆斯·博曼、
威廉·雷吉主编：《协商民主：论理性与政治》，陈家刚等译，北京：中央编译出版社
2006 年版。

② Carol Ebdon, Aimee L. Franklin, "Citizen Participation in Budgeting Theory", *Public
Administration Review*, Vol.66, Iss.3, 2006.

一是公共预算改革的历史作用与民主价值。理论界对以公共预算改革来推进民主化寄予极大的希望。王绍光、马骏等人认为市场经济改革已使中国转向"税收国家"，并将走向"预算国家"，与之相适应的是必须把预算民主纳入预算改革的框架中。① 蔡定剑等人更加直接地论述了预算改革与政治改革的必要性，认为透明化、法制化、民主化的公共预算改革是政治改革的当务之急。② 马骏指出中国预算改革的"政治困惑"问题，提出预算改革改变着中国的政治过程，反过来，预算改革的推进需要对中国政治过程的某些部分进行改革。③ 华国庆指出预算制度与生俱来追求民主、法治之价值。预算民主原则不仅是预算法之重要原则，也是预算法其他原则产生的基础。贯彻预算民主原则，对于实现预算的科学性、合理性，实现预算对政府财政收支行为的有效控制等具有十分重要的意义。④

二是公共预算民主的制度构建与改革路径。马蔡琛对中国地方预算改革的主流模式作了比较分析，认为地方预算改革要从推进阳光财政的建设、完善共同治理结构、重构以预算管理为核心的公共财政体系等方面加以谋划。⑤ 吴少龙、牛美丽提出中国公共预算改革

① 王绍光、马骏：《走向"预算国家"：财政转型与国家建设》，见马骏、谭君久、王浦劬主编：《走向"预算国家"：治理、民主与改革》，北京：中央编译出版社2011年版；马骏：《治国与理财：公共预算与国家建设》，北京：生活·读书·新知三联书店2011年版。

② 蔡定剑：《公共预算应推进透明化法制化民主化改革》，《法学》，2007年第5期。

③ 马骏：《中国预算改革的政治学：成就与困惑》，《中山大学学报》，2007年第3期。

④ 华国庆：《预算民主原则与我国预算法完善》，《江西财经大学学报》，2011年第4期。

⑤ 马蔡琛：《我国地方预算改革主流模式的比较分析》，《广东技术师范学院学报》，2006年第2期。

的方向既是控制取向，又是绩效导向。① 蔡定剑认为中国公共预算改革应逐步推进，从可行、薄弱的环节入手，具体而言就是从预算公开做起。② 吕炜、靳继东认为中国预算改革的根本目标是实现预算从政府管理功能向公民控制政府功能的根本转换，重点方向是实现预算权力结构的民主化和理性化。③ 戴激涛提出在预算审议中引入协商机制，以构造财政民主程序。④ 林慕华、马骏提出中国地方人大预算监督包括信息、对话与强制三个维度，人大监督从原来的程序性监督迈向实质性监督。⑤ 魏陆对完善中国人大预算监督制度作了系统研究，提出了把政府关进公共预算"笼子"里的建议。⑥

三是基层公共预算的独立性。安体富等人对传统中央和地方财政二分法做了改进，结合国外经验与中国实际，提出了地方政府可进一步分为省（州）政府和基层政府，基层公共预算有其独立性。⑦ 许多学者如孙开、贾康、吕炜、吴俊培、牛美丽等人都对地方政府

---

① 吴少龙、牛美丽：《理解中国公共预算改革的方向》，《武汉大学学报》（哲学社会科学版），2010 年第 11 期。

② 蔡定剑：《公共预算改革应该如何推进》，《人民论坛·学术前沿》，2010 年第 2 期（中）。

③ 吕炜、靳继东：《中国预算改革论纲》，《财经问题研究》，2013 年第 8 期。

④ 戴激涛：《协商机制在预算审议中的引入：财政民主之程序构造》，《苏州大学学报》，2010 年第 11 期。

⑤ 林慕华、马骏：《中国地方人民代表大会预算监督研究》，《中国社会科学》，2012 年第 2 期。

⑥ 魏陆：《完善我国人大预算监督制度研究：把政府关进公共预算"笼子"里》，北京：经济科学出版社 2014 年版。

⑦ 安体富、贾晓俊：《外国基层政府公共服务能力考察及对我国的启示》，《地方财政研究》，2010 年第 5 期。

预算作了较为系统的研究，对县乡级基层公共预算改革提出了对策建议。① 学者们除了对基层公共预算研究表现出学术兴趣外，还进行着交流。东北财经大学主管的《地方财政研究》杂志，成为基层公共预算研究的重要平台载体。中南财经政法大学每年发布《中国地方财政发展研究报告》等，也反映了中国学术界对基层公共预算独立性的重视。

四是基层公共预算改革与民主发展的研究拓展。林尚立、陈家刚等人以协商民主理论大大拓展了基层公共预算改革与民主发展研究的视野，基层参与式预算被认为是协商民主的一种表现形式。② 陈家刚在此基础上系统研究了参与式预算的理论与实践。③ 一批学者以极大的热情关注中国参与式预算实践的发展。李凡、陈奕敏等人对浙江温岭公共预算改革的意义、方法、程序作了较系统的研究④，张俊华与国外学者合作对中国基层的参与式预算与亚欧国家地区的参与式预算作了比较研究。⑤ 贾西津、陈家刚、陈奕敏、郎友兴、吕侠、周东明等人还通过对中国部分县市、乡镇、街道所开展的参与式预算试验和探索进行了持续跟踪研究，认为参与式预算的目标、

---

① 孙开主编：《地方财政学》，北京：经济科学出版社 2002 年版；贾康：《地方财政问题研究》，北京：经济科学出版社 2004 年版；吕炜：《省以下财政体制改革框架分析》，《地方财政研究》，2008 年第 4 期；吴俊培：《中国地方政府预算改革研究》，北京：中国财政经济出版社 2012 年版；牛美丽主编：《地方政府绩效预算改革》，上海：格致出版社、上海人民出版社 2012 年版。

② 林尚立：《公民协商与中国基层民主发展》，《学术月刊》，2007 年第 9 期；陈家刚：《协商民主与当代中国政治》，北京：中国人民大学出版社 2009 年版。

③ 陈家刚：《参与式预算的理论与实践》，《经济社会体制比较》，2007 年第 2 期。

④ 李凡主编：《温岭试验与中国地方政府公共预算改革》，北京：知识产权出版社 2009 年版；陈奕敏主编：《从民主恳谈到参与式预算》，北京：世界知识出版社 2012 年版。

⑤ ［法］伊夫·辛多默、［德］鲁道夫·特劳普-梅茨、张俊华编：《亚欧参与式预算》，上海：上海人民出版社 2011 年版。

原则、方式以及实施条件，为预算民主化提供了新的选择路径，并为基层民主政治的发展和更宏观的体制变革提供了经验。①

五是基层公共预算改革与国家治理现代化的关系研究。马骏、侯一麟、林尚立、谭君久、王浦劬等人分析国家治理与公共预算的关系，认为公共预算是一个国家最大的政治，是关乎国家治理的大问题。② 陈家刚把参与式预算放在基层治理中加以考察，提出参与式预算是一种公民直接参与决策的治理形式，能够促进公共学习和激发公民的权利意识，扩大了公民参与政府决策的广度和深度。③ 马跃、杨以谦、高新军研究了地方治理与财政预算的关系，提出财政及其分配体制是重塑地方政治治理的突破口。④ 王雍君等人提出将初步生根的草根式民主参与融入基层预算过程，以推动基层民主治理变革。⑤ 刘尚希提出要基于国家治理的财政改革新思维，改进预算管理制度、完善税收制度、建立事权和支出责任相适应的制度。⑥ 张

---

① 陈家刚、陈奕敏：《地方治理中的参与式预算：关于浙江温岭市新河镇改革的案例研究》，《公共管理学报》，2007 年第 3 期；贾西津：《参与式预算的模式：云南盐津案例》，《公共行政评论》，2014 年第 5 期；郎友兴：《观念如何形塑制度：对温岭民主恳谈会演进历程的一种解释》，《中国延安干部学院学报》，2016 年第 1 期；吕侠、周东明：《论公民参与预算的民主政治——基于中国乡镇预算民主模式分析》，《中南民族大学学报》（人文社会科学版），2013 年第 2 期。

② 马骏、侯一麟、林尚立主编：《国家治理与公共预算》，北京：中国财政经济出版社 2007 年版；马骏、谭君久、王浦劬主编：《走向"预算国家"：治理、民主与改革》，北京：中央编译出版社 2011 年版；马骏：《盐津县"群众参与预算"：国家治理现代化的基层探索》，《公共行政评论》，2014 年第 5 期。

③ 陈家刚、陈奕敏：《地方治理中的参与式预算：关于浙江温岭市新河镇改革的案例研究》，《公共管理学报》，2007 年第 3 期。

④ 马跃、杨以谦、高新军：《地方治理、财政和公共预算》，西安：西北大学出版社 2009 年版。

⑤ 王雍君：《中国的预算改革：评述与展望》，《经济社会体制比较》，2008 年第 1 期。

⑥ 刘尚希：《基于国家治理的财政改革新思维》，《地方财政研究》，2014 年第 1 期。

程、曹雪姣、骆平原认为民主治理对于建立和完善现代预算制度具有十分重要的意义，公共理性与民主参与构成了整个民主治理过程的核心环节。[①]

不过，虽然国内越来越多的学者努力推动预算的政治学分析，但把预算改革作为民主化发展的重要手段来看待，并结合中国的实际来丰富理论推动实践还显得不足。一方面，推动公共预算的技术性改革目前仍是主流，预算民主化的探索总结还存在分散化、碎片化的问题；另一方面，随着对改革顶层设计的重视，对基层预算改革的关注度有所降低。特别是对参与式预算等基层预算改革探索，在理论界一片叫好声后缺乏对其发展机制与动力的持续关注研究。因此，很有必要对近几年来的基层公共预算改革新进展新经验进行总结分析，以丰富完善预算民主研究，为推动基层公共预算改革提出有针对性的对策建议。

第三节　研究思路与框架

一、研究思路

本书在已有研究的基础上，首先通过研究分析预算民主化的理论，以及不同国家的基层公共预算改革不同模式，从理论上将预算民主化兴起的必然性和改革的必要性、预算民主化的目标、原则、要求、理论框架进行梳理。进而提出两个具有钟摆运动特征的分析结构：一个从动因上考虑，即以预算平衡为核心的公共预算改革分

---

① 张程、曹雪姣、骆平原：《中国公共预算的民主治理：公共理性与民主参与》，《公共财政研究》，2016 年第 1 期。

析结构，另一个从性质上考虑，即以公共预算技术属性和政治属性双重发展为线索的公共预算民主化分析结构；其次，利用两个分析结构对中国基层公共预算进行考ిన。通过以预算平衡为核心的公共预算改革分析，将基层公共预算改革的动因归结为预算失衡与再平衡，从权力、资金、利益、时间、文化等五个方面找到中国基层公共预算失衡的表象及原因，在此基础上寻找具体针对性改革切入点。通过公共预算民主化分析结构，从协同技术性改革和政治性改革的角度，提出综合改革的建议；最后，通过实证研究，在经验上分析、总结中国基层公共预算民主化改革的可行路径，以此为本书所提措施和建议提供佐证。

本书将重点研究四个方面内容：（1）公共预算民主化的逻辑基础及理论分析。系统梳理预算民主化兴起的社会政治基础和发展脉络，分析预算民主化的内涵、特征和要求，提出预算民主化改革的总体框架；（2）公共预算改革的动因。从预算平衡的视角建立了公共预算改革分析结构，解释公共预算改革钟摆运动的原因，将公共预算改革与民主建设联系起来；（3）中国基层公共预算改革的得失进退。分析总结中国基层公共预算改革形成的经验、得到的教训，审视基层公共预算改革面临的失衡困境，指出基层预算民主化改革的必然性和必要性；（4）基层预算改革的路径选择。从公众参与扩大引发预算失衡入手，深入研究基层公共预算权力、利益、资金、时间、文化平衡等问题。探讨焦作、温岭、厦门基层公共预算改革实践的启示作用，联系实际分析朝向治理现代化和预算民主的基层公共预算改革的路径。

二、研究框架

本书总共分为八个部分：

导论。主要从研究背景、研究意义、研究现状、研究思路、框架内容等方面，对基层公共预算作初步阐述。

第一章：公共预算改革的理论分析。从三个方面展开：一、现代公共预算的概念、属性与公共预算民主。主要探讨预算理念与现代公共预算概念的形成、公共预算的技术属性与政治属性以及公共预算民主的作用、特征问题；二、公共预算改革的特征与动因。主要探讨公共预算改革及研究的独立性、公共预算改革的钟摆运动、公共预算改革与平衡问题；三、地方公共预算改革。主要探讨地方政府结构与公共预算、地方政府改革、地方公共预算改革问题。

第二章：公共预算发展与民主化的历史演进。从四个方面展开：一、前预算时期的公共预算发展与民主化。主要探讨从"税收国家"到"预算国家"、英国公共预算的创立与民主化、法国公共预算的创立与民主化、前预算时期的公共预算发展与民主化特点问题；二、预算时期的公共预算发展与民主化。主要探讨美国城市预算改革运动、国会预算程序的形成与行政预算制的建立、行政预算的持续深化、预算时期的公共预算发展与民主化特点问题；三、后预算时期的公共预算发展与民主化。主要探讨民营化的公共预算、使命驱动/结果导向的公共预算、管理公共价值的公共预算、后预算时期的公共预算发展与民主化特点问题；四、参与式预算：公共预算民主的最新实现形式。主要对拉丁美洲的参与式预算起源，以及之后在欧洲、亚洲、非洲与北美洲的传播扩散进行分析，进而研究参与式预算的主要模式及特点等问题。

第三章：中国基层公共预算制度变迁与民主化发展。从三个方面展开：一、中国基层公共预算的定位。主要探讨地方政府与基层政府、中国的地方预算与基层预算、基层公共预算的定位问题；二、中国基层公共预算建立与改革。主要探讨中央集中预算阶段（1949—1979 年）、基层分权预算阶段（1980—1993 年）、基层公共预算形成阶段（1994—2012 年）、基于治理现代化要求的基层公共预算改革阶段（2013 至今）的改革问题；三、基层预算民主化的探索与成效。主要探讨预算分权改革奠定了基层预算民主化政治基础、公共财政改革开启了基层预算民主化的实质性进程、预算管理改革不断丰富了基层预算民主化的技术支持、参与式预算探索形成了基层预算民主化的新动力。

第四章：基层公共预算的问题、困境与原因。从三个方面展开：一、基层公共预算存在的主要问题。主要探讨不均衡的地区财力状况、基本相同的问题表现、问题突出程度比较；二、基层公共预算的失衡困境。主要探讨基层公共预算的权力失衡、资金失衡、利益失衡、时间失衡和文化失衡问题；三、基层公共预算改革困境的原因分析。主要探讨参与扩大挑战原有平衡机制、预算功能冲突影响改革持续深化、政府信任关系转型缺乏充分预算变革回应、基层公共预算改革的协同性不够等问题。

第五章：控权与制约：基层公共预算改革的焦作实践。从三个方面展开：一、焦作公共预算改革的背景和起因；二、焦作公共预算改革的主要做法；三、焦作公共预算改革的特点、成效与挑战。

第六章：分权与协商：基层公共预算改革的温岭实践。从三个方面展开：一、温岭参与式预算实践的背景和起因；二、温岭参与式预算改革的主要做法；三、温岭参与式预算改革的特点、成效与挑战。

第七章：赋权与参与：基层公共预算改革的厦门实践。从三个方面展开：一、厦门公共预算改革的背景和起因；二、厦门公共预算改革的主要做法；三、厦门公共预算改革的特点、成效与挑战。

结论。对全文的主要观点进行总结，提出有关基层公共预算民主化改革的路径选择。

第一章　公共预算改革的理论分析

第一节　现代公共预算的概念、属性
与公共预算民主

一、预算理念与现代公共预算概念的形成

现代公共预算的完整概念是从"预算理念"（budget idea）发展起来的。虽然英国公共预算制度很早就开始建设，但其长期关注的主要是预算权（尤其是征税权）在议会与王室、在立法机构与行政机构之间的平衡，以及由谁来控制预算过程中产生的冲突。侧重点不同导致了早期的预算概念主要是对财务技术、方法的描述，预算只在财政制度中发挥辅助的功能。19世纪英、法等西方主要国家先后完成了对预算收入与支出的全面与集中控制，相对完整的预算体系才得以形成，预算成为重要的政府管理工具之一。直到20世纪初美国城市预算改革运动中提出了"预算理念"，明确将预算与政府责任联系起来，通过预算来界定政府"边界"，才真正形成了现代预算基本概念。改革者们区分了预算和简单会计制度的差别，指出预算

不仅是一种效率工具，它还是现代市民社会中维系负责的民主政府的关键。①

城市预算改革的主要代表弗瑞德里克·A.克里夫兰 1915 年发表过一篇论文《美国预算理念的演进》，对"预算理念"下了定义："预算"指一个企业或政府的财务计划。在一定时期内，由负责的管理者准备并提交给一个代表机构（或其他正当组建的部门），计划在实施前必须经过该机构的同意或授权。② 他认为这个定义的每一个语句都意义丰富，"预算理念"与负责任的政府密切相关，预算是为了政府更加透明、对公众更加负责、也更加受到民主监督。"对暗箱操作、对'老板操作'、对'不透明的政府'逐步增长的敌对态度，成为'预算理念'生根发芽的土壤所在"。他认为，"整体来看，可能仅在最近的几年中'预算理念'（根据本文的定义）才在美国有所发展。在此以前，我们的国民、我们的立法者以及我们的宪法制定者与一个未出生的婴儿一样对这一理念一无所知。"③ 因此引入预算理念旨在建立一个负责任的政府。从城市预算改革起，美国式的"预算理念"迅速产生了巨大影响，并因此而定义了现代公共预算的概念。

到 20 世纪中期，现代公共预算的定义基本上固定下来，关于公共预算的完整定义至少包括两个方面：一是描述性的，公共预算在实际操作中做什么？二是解释性的，公共预算在本质上是什么？如

① ［美］乔纳森·卡恩：《预算民主：美国的国家建设与公民权（1890—1928）》，叶娟丽等译，上海：格致出版社、上海人民出版社 2008 年版，第 28 页。

② ［美］弗瑞德里克·A.克里夫兰：《美国公共预算理念的演进》，见阿尔伯特·C.海迪等：《公共预算经典（第二卷）：现代预算之路》第三版，苟燕楠、董静译，上海：上海财经大学出版社 2006 年版，第 10 页。

③ ［美］弗瑞德里克·A.克里夫兰：《美国公共预算理念的演进》，见阿尔伯特·C.海迪等：《公共预算经典（第二卷）：现代预算之路》第三版，苟燕楠、董静译，上海：上海财经大学出版社 2006 年版，第 14 页。

果只从"操作层面"看，托马斯·林奇（Thomas D. Lynch）认为最恰当的定义是："预算"是在一个特定时间段内完成项目有关目标和要求的计划。包括一个对所需资源估计和一个可用资源的估计，通常要与过去一个或多个阶段进行比较来确认未来需要。[①] 阿伦·威尔达夫斯基将政治分析引入预算过程后，力图阐述公共预算的本质，在此基础上给出了公共预算的新定义：预算是"为了服务于不同的生活方式，通过政治过程来分配财政资源的尝试"[②]。预算不仅仅是一项经济工具，同时也是一项政治工具。[③] 威尔达夫斯基最重要的判断是：预算是渐进的，它的结果反映了占优的社会偏好。爱伦·鲁宾不同意预算是渐进的判断，但她更加强调"公共预算不仅仅是技术性的，它在本质上是政治性的"。"预算的实质在于配置稀缺资源，因而它意味着在潜在的支出目标之间进行选择。预算意味着平衡，它需要一定的决策制定过程。"[④] 时至今日，以美国为代表的现代公共预算制度已运行了上百年的历史，形成了一系列预算编制、执行、管理的范例，产生了公共预算"范式"共识。人们已然认同了现代公共预算的如下定义：公共预算不仅是对政府收支活动及相关体制机制的描述，还对政府行为的合法性作出合乎事实与价值的解释，更是对社会秩序与偏好的反映。

虽然追溯公共预算概念的形成似显多余，但弄清"预算理念"与现代公共预算概念的关系还是很有现实意义的。中国公共预算改

---

① Thomas D. Lynch, *Public Budgeting in America*, Englewood Cliffs：Prentice-Hall, Inc., 1979, p.13.

② ［美］阿伦·威尔达夫斯基：《预算与治理》，布莱登·斯瓦德洛编，苟燕楠译，上海：上海财经大学出版社 2010 年版，第 169 页。

③ ［美］阿伦·威尔达夫斯基：《预算与治理》，布莱登·斯瓦德洛编，苟燕楠译，上海：上海财经大学出版社 2010 年版，第 5 页。

④ ［美］爱伦·鲁宾：《公共预算中的政治：收入与支出，借贷与平衡》第四版，叶娟丽、马骏等译，北京：中国人民大学出版社 2001 年版，第 1、3 页。

革起步较晚，公共预算体系并不完备，全面把握理解现代公共预算的概念、属性，有利于进一步分析当前中国公共预算制度改革存在问题与路径选择等重要问题。

二、公共预算的技术属性与政治属性

1. 公共预算的技术属性

公共预算制度从国家收支公共化发展起来，随着国家收支规模的扩大与结构的复杂化，预算部门不得不大量应用专业的统计和会计方法，突出表现在 19 世纪初法国创立了现代预算编制方法。在 20 世纪初现代预算最终成型的历史阶段，追求效率的科学管理主义赋予了公共预算专业化的特征，会计制度的引入又进一步强化了其技术属性，政治—行政二分法则强化了将公共预算独立为一个专门的技术领域的认识。

在相当长的一段时期，公共预算被定位于一个立法或行政机构关于政府收支的财务计划，甚至在某种意义上，公共预算只是行政机构根据授权所要完成的一项普通任务，而且行政机构独自能够很好地完成这项任务。在伦纳德·怀特（Leonard White）、威廉·F.威洛比等现代公共行政奠基人看来，行政首长最主要的工作是确定分工，然后再开发协调与控制手段，预算正好是其中手段之一。卢瑟·古利克（Luther Gulick）在其著名的 POSDCORB 行政管理职能定义中，把预算作为计划、组织、人事、指挥、协调、报告之后的一项职能。威廉·F.威洛比总结了美国 20 世纪初预算改革运动中对公共预算的各种认识，其中之一是将公共预算作为行政管理效率和经济性的保障机制。他指出："在所有旨在改革政府机构业务管理方式的提议中，注意的焦点逐渐集中在如何改进政府管理其财政事务上。政府一方面坚持要求由其控制的企业应当根据公认的现代会计准则建立会计和汇报制度，另一方面却没有为自身的财务管理建立相应的制度，这是非常不协调的。"① 弗瑞德里克·A.克里夫兰虽然把"预算理念"与行政责任结合起来，但也指出国会的拨款"法案"与行政部门的"预算"完全不是一回事。②

随着"行政预算"走向强大，公共预算成为了经济管理和计划的工具，公共预算越发技术化、专业化。数字比较是效率测量最直接的方法，随着政府事务迅速增长，越来越多的公共预算的数据需要进行专业化的处理，追求效率优先的政府自然陷入数字迷宫之中，而"预算程序为利用定量数据提供了绝佳机会"③。当然，一个由庞大数据、表格和复杂技术指标堆叠起来的预算计划，毫无疑问更有利于政府行使其对预算的最终解释权并对预算加以控制。同期，理性主义分析方法的流行，使定量化分析、预测技术工具运用达到一个新的程度，公共预算的技术化、专业化引导着公共预算"中立化"。规划—计划—预算、政策分析、生产率测量、零基预算等新工具都展现出其"表面的中立性和良好的管理特性"④。结果是"预算特别需要高度专业化的知识、关键的行为模式和重要的技术……公

① ［美］威廉·F.威洛比：《政府的预算改革运动》，见阿尔伯特·C.海迪等：《公共预算经典（第二卷）：现代预算之路》第三版，苟燕楠、董静译，上海：上海财经大学出版社 2006 年版，第 27 页。

② ［美］弗瑞德里克·A.克里夫兰：《美国公共预算理念的演进》，见阿尔伯特·C.海迪等：《公共预算经典（第二卷）：现代预算之路》第三版，苟燕楠、董静译，上海：上海财经大学出版社 2006 年版，第 9—24 页。

③ ［美］艾伦·威尔达夫斯基：《预算改革的政治含义》，见阿尔伯特·C.海迪等：《公共预算经典（第二卷）：现代预算之路》第三版，苟燕楠、董静译，上海：上海财经大学出版社 2006 年版，第 60 页。

④ ［美］H.乔治·弗雷德里克森：《新公共行政》，丁煌、方兴译，北京：中国人民大学出版社 2011 年版，第 6 页。

共预算是公共行政中最具有专业化的挑战和最激动人心的有价值的行动"①。

对公共预算的技术化、专业化的过分强调，使得公共预算的解释功能变得苍白无力。1940 年，小 V.O.凯伊提出了影响至今的问题："将 X 美元分配给活动 A 而不分配给活动 B 的决策基础是什么?"表面上，这是抱怨"缺少一种预算理论"，实际上表明，公共预算的属性不只是单纯的技术性，承认公共预算的政治属性才能全面解释预算分配现象背后的力量。

2. 公共预算的政治属性

公共预算伴随着公共财政制度作为制约王权的一项民主工具而发展起来，其政治属性本来十分清楚。但公共预算长期技术化、专业化的发展态势，反而降低了其在国家政治体系中的地位，也模糊了人们对公共预算政治属性的认识。直到 20 世纪 60 年代，公共预算政治属性的重要意义才重新被人们承认。

1961 年，威尔达夫斯基发表了论文《预算改革的政治含义》，试图回答小 V.O.凯伊的难题，建立规范化的预算理论。他在文中充分分析和强调了公共预算的政治属性。他认为不考虑政治的预算改革注定是要失败的，"如果现有的预算程序不令人满意，那么就必须对作为政治体系外在表现的预算的某些方面作出调整。如果在预算方面作出很大改变，但却未能相应改变影响的分配，那么也是毫无意义的。"②威尔达夫斯基从三个方面来阐述预算具有政治属性：一是从历史上看，影响预算的最重要的途径是提出基本的政治变化；

---

① Thomas D. Lynch, *Public Budgeting in America*, Englewood Cliffs：Prentice-Hall, Inc.,1979，p.7.

② ［美］阿伦·威尔达夫斯基：《预算改革的政治含义》，见阿尔伯特·C.海迪等：《公共预算经典（第二卷）：现代预算之路》第三版，苟燕楠、董静译，上海：上海财经大学出版社 2006 年版，第 56 页。

二是除非影响政治过程，否则预算过程将不可能发生明显的变化；三是预算代表了谁的偏好占上风的冲突，如果不考虑谁受益和谁受损或者说明没有人受到损失，就不能判定"更好的"预算。① 在1964年出版的《预算过程的政治》等著述中，威尔达夫斯基对理性主义分析方法系统地提出了批评，提出了"渐进主义"预算理论。"渐进主义"预算理论认为预算是多元利益竞争的结果，是"一些相互冲突的承诺"，因此，在复杂和多样的环境中，预算以增量调整来达成平衡，也就是说，政治利益之间的竞争形成了渐进决策。

渐进主义开启了预算政治学方法先河，但承认公共预算的政治属性并不只是渐进主义的专属。继威尔达夫斯基之后，公共预算政治属性得到越来越多的认同。比如提出预算决策模型理论的爱伦·鲁宾从七个方面论述了公共预算的政治属性：（1）公共预算反映政府做什么和不做什么的选择。它反映了公众的普遍共识，即政府应该提供何种服务以及何种公民有资格享用这些服务；（2）公共预算反映了支出上的优先权；（3）公共预算反映了服务不同目标的各种决策的相对比例；（4）公共预算向公民提供了一个强有力的可靠性的工具，使得公民能够知道政府是如何进行支出，政府是否遵循他们的偏好。预算将公民的偏好与政府产出联系起来；（5）公共预算反映公民对于不同形式和不同水平的税收的偏好，也反映了特定集团的纳税人转移税负的能力；（6）在全国层次上，预算对全国经济有影响；（7）预算反映不同的个人和组织影响预算结果的相对权力。②

---

① ［美］阿伦·威尔达夫斯基：《预算改革的政治含义》，见阿尔伯特·C.海迪等：《公共预算经典（第二卷）：现代预算之路》第三版，苟燕楠、董静译，上海：上海财经大学出版社2006年版，第57页。

② ［美］爱伦·鲁宾：《公共预算中的政治：收入与支出，借贷与平衡》第四版，叶娟丽、马骏等译，北京：中国人民大学出版社2001年版，第1—2页。

公共预算的政治属性表明，公共预算受到政治制约，有效的预算决策需经以政治分析为前提。在不同的政治制度和政治要求下，公共预算的目标、过程、结果的表现是不同的。进一步讲，在民主制度的结构与背景下，公共预算必须符合民主的价值要求，有助于实现人们的民主权利，有助于巩固民主的政治制度。

3. 两种属性的关联

关于公共预算技术与政治属性的区分，不是要割裂两者的联系，而是为了更全面、准确地把握预算的本质与复杂性。传统二元对立的思维，很容易使认识走向极端。把公共预算的技术与政治属性对立起来，往往成为预算改革失败的主要原因。

公共预算的技术属性与政治属性无法截然分开。事实上，即使在政治—行政二分法下的公共行政制度构建中，公共预算也无法单独展示其政治或行政特性。一方面，公共预算从来没有（至少是理论上）单独存在于行政领域，立法控制始终是公共预算的首要原则，预算方案需要得到立法机构的协商一致；另一方面，公共预算始终遵循着若干基本的准则，如全面性、年度性、平衡性、绩效要求等，这些准则是技术与政治要求的共同体现。在技术层面表示为"多少"的定义，都要在政治层面回答"为什么"。威洛比回顾了美国预算改革运动的历史后指出，"热衷于市政改革的人们发现，仅仅增加公民投票权同时剥夺那些以权谋私的官员的投票权，并不能实现持久的改善。……问题的解决必须同时从技术和道德两个层面入手。"[1]

当然，技术属性不可忽视。在实践中，政治理念在公共预算中的体现需要技术工具支持和可操作的平台。因此，预算理论家们不

---

[1] ［美］威廉·F.威洛比：《政府的预算改革运动》，见阿尔伯特·C.海迪等：《公共预算经典（第二卷）：现代预算之路》第三版，苟燕楠、董静译，上海：上海财经大学出版社2006年版，第27页。

29

会轻易否认公共预算所需技术工具的作用，威尔达夫斯基曾说："我不打算以任何方式轻视效率这个重要问题，贬低在给定一个具体分配比例的情况下寻求预算收益最大化途径的重要性"。① 他同时认为预算工具之所以重要，是因为其使用都出于一定的政治需要，"预算度量单位、时间周期和计算方法都有政治含义"。②

同时，夸大公共预算的政治作用也是错误的。预算制度只是政治体制在国家财富分配领域的一种表现形式。威尔达夫斯基和凯顿指出，尽管公共预算的制定过程充满了公共政策方面的权力斗争，但预算是政治权力发挥作用的场所，而不是对该权力的取代。并且，就其自身而言，预算无法形成多数并实施其意愿，预算可能使达成一致性变得容易或困难一些，但它无法缩小不同利益间"无法逾越的鸿沟"。因此， "是政治过程决定预算，而非预算决定政治联盟。"③

三、公共预算民主

公共预算与民主具有密不可分的联系，在"预算理念"中，公共预算是民主实现的重要载体；在公共预算改革实践中，公共预算始终与民主化同步发展。

---

① ［美］阿伦·威尔达夫斯基：《预算改革的政治含义》，见阿尔伯特·C.海迪等：《公共预算经典（第二卷）：现代预算之路》第三版，苟燕楠、董静译，上海：上海财经大学出版社2006年版，第58页。

② ［美］阿伦·威尔达夫斯基、娜奥米·凯顿：《预算过程中的新政治》第五版，苟燕楠译，北京：中国人民大学出版社2014年版，第161页。

③ ［美］阿伦·威尔达夫斯基、娜奥米·凯顿：《预算过程中的新政治》第五版，苟燕楠译，北京：中国人民大学出版社2014年版，第177页。

现代"预算理念"的奠基者和追随者们主要从三个方面定义了公共预算与民主的关系：

一是公共预算有利于实现民主的最高理想。克里夫兰指出："政府的代表性由立法和选举确立。正如已指出的，一个预算在宪法或制度上的目的即在于通过公众的代议和选举过程，使执行者承担责任。对于来自个人选民的计划或建议而言，没有其他形式能比预算更有效地为此目的服务。"[1] 在此基础上，他进一步提出："预算理念"最终要被认为是一种宪法原则，这一原则的有效运用将有利于代议制政府的建立，有利于实现民主的最高理想。[2]

二是公共预算是实现民主的机制。正如威洛比指出："受人民欢迎的政府是指政府应当根据人民的意愿来行事。毋庸置疑，除非公众有适当的渠道了解政府事务是如何得到执行的、当前的状况如何以及有哪些即将推行的工作正在计划中，否则公众的意愿不可能得到合理的表达。在为达到这一要求而设计的各种措施中，没有哪一项比编制完善的预算更加全面和更加有效的了。预算能够让人们了解到过去的情况、当前的状态和将来的计划，而且明确了责任和控制方式。"这是一个方面。另一方面，威洛比也指出，在改进立法和行政部门工作关系上，"到目前为止，预算是一种最有效的制衡方式"。由此他提出，预算可以作为实现民主的机制。[3]

---

① ［美］弗瑞德里克·A.克里夫兰：《美国公共预算理念的演进》，见阿尔伯特·C.海迪等：《公共预算经典（第二卷）：现代预算之路》第三版，苟燕楠、董静译，上海：上海财经大学出版社 2006 年版，第 11 页。

② ［美］弗瑞德里克·A.克里夫兰：《美国公共预算理念的演进》，见阿尔伯特·C.海迪等：《公共预算经典（第二卷）：现代预算之路》第三版，苟燕楠、董静译，上海：上海财经大学出版社 2006 年版，第 23 页。

③ ［美］威廉·F.威洛比：《政府的预算改革运动》。见阿尔伯特·C.海迪等：《公共预算经典（第二卷）：现代预算之路》第三版，苟燕楠、董静译，上海：上海财经大学出版社 2006 年版，第 25—26 页。

三是公共预算的目标应该是履行民主。 即使到了 20 世纪中期，美国进入管理主义盛行的行政预算时代，人们仍然强调公共预算的民主目标。曾任美国预算管理局局长的哈罗德·D.史密斯（Harold D.Smith）就说过："预算的目标应该是履行民主，并为政府职能及服务的有效执行提供有用的帮助。"[①] 他指出："政府的效率管理与民主并非不相容。相反，这样的管理倾向于保障民主，以使其在国家衰弱时免受各种强大的内部与外部打击。管理拓展到许多新的经济领域能够帮助增强我们所珍爱的价值，更不能说它与民主不相容"。[②]

在按照"预算理念"设计出来的现代预算制度中，民主及其实现处于极为重要的位置。在实践中，公共预算改革发展的历史从一个侧面反映了民主发展的历史，公共预算与民主化相互影响、同步发展。"预算进入自由国家的生活并沿此道路变成民主的预算。"[③] 对于公共预算改革、民主化及相互关系的历史演进，将在下一章进行考察。在这段历史发展过程中，公共预算民主逐渐成为民主发展的一种基本形式，形成了自身四个特征：

首先，公共预算民主作用于公共预算全体系和全过程。 预算权力、过程、对象的公共化推进了民主化，要求政府预算权力受到民意机构更有效的制约，并为更广泛的参与者分享；预算的全过程受到公众的监督，结果要对公众负责；预算规模越来越拓展到社会经济生活的方方面面，社会民主、经济民主和政治民主通过预算民主

---

① 引自 [美] 阿尔伯特·C.海迪等：《公共预算经典（第二卷）：现代预算之路》第三版，苟燕楠、董静译，上海：上海财经大学出版社 2006 年版，第 357 页。

② Harold D. Smith, *The Management of Your Government*, New York：McGraw-Hill Book Company, Inc.,1945, p.4.

③ Paul Singer, "Budgeting and Democracy", *Revista de Economia Politica*, Vol.16, Julho-setembro, 1996, pp.20-30.

更好地结合起来，是提升民主质量的重要途径。

其次，公共预算民主是民主价值的重要组成部分。现代公共预算所创造并遵循的重要准则，如法定准则、平衡准则、绩效准则、透明准则等，以及当代公共预算改革所追求的包容性、参与性、公平正义等，始终围绕统一预算权完善权力监督，以及推动公众权利的实现而发展，构成了公共预算民主的价值体系，民主价值实现成为衡量公共预算改革成败的一项检验标准。

第三，公共预算民主化包括技术与政治的双重发展。公共预算的双重属性决定了公共预算民主化必须在技术发展与政治发展中取得平衡。公共预算制度体系主要由反映效率的技术性制度与反映民主的政治性制度构成，预算功能的选择决定着哪种类型的制度占优，但两者间始终需要找到新的平衡点。公共预算的发展历史表明，在效率与民主间寻找平衡、在突出技术目标与突出政治目标间寻找平衡，推动着预算改革的进程。

第四，公共预算制度已演进成为民主制度的一项基本构成，成为国家治理体系与治理能力现代化的一项重要标志。当代民主制度不只依靠民主选举制度等支撑，同时依赖于公共预算制度所提供的强大支持。爱伦·鲁宾指出，预算文件本身在政治制度中起独特的作用，"预算在维护公共责任方面的作用对于一个民主社会来说是很重要的。"[①] 公共预算制度为社会参与者提供了表达偏好与交流的网络平台，并且，通过公共预算制度，社会资源分配的确定性提高了，进而巩固和维护了民主制度的稳定。近20年来遍及全球的参与式预算改革，直接将民主发展写入了预算议程，参与式预算因而被当作

---

① ［美］爱伦·鲁宾：《公共预算中的政治：收入与支出，借贷与平衡》第四版，叶娟丽、马骏等译，北京：中国人民大学出版社2001年版，第329页。

是地方民主发展过程中最激动人心的创新之一。[①]

因此，离开民主谈论公共预算改革，与离开公共预算谈论民主制度建设，都是有失偏颇和不可取的，公共预算改革与民主化方向是并行不悖的。

第二节　公共预算改革的特征与动因

一、公共预算改革及研究的独立性

"公共预算改革"一直是公共预算研究的一个相对独立的对象。这主要是基于两方面原因：一是公共预算制度在发展历史上更多表现为多变的现实选择，20世纪的公共预算发展起步于广泛的城市预算改革，具有鲜明的实践特征。公共预算是一个形成选择的过程，而这个选择过程表面上更加受到具体时间与环境的制约，因此，"公共预算改革"这个词汇更能反映这种选择的特性；二是长期以来是否存在规范性的公共预算理论是有争议的，小 V. O. 凯伊著名的《预算理论的缺乏》至今仍产生着较大的影响。尽管威尔达夫斯基等人引领的渐进主义预算理论展示了公共预算理论构建的宏大努力，而对渐进主义有效性的怀疑和对预算理论缺乏的抱怨从未间断，"公共预算改革"比"公共预算理论"更能调和众口。实际上公共预算理论家从不轻视"改革"。威尔达夫斯基曾表示，预算已成为美国人政治生活中的头等大事，因为它引出了人们要什么样的政府和人们是什么样的人这一重大问题。如果人们思考"改革"时，"他们也

---

① ［法］伊夫·辛多默、［德］鲁道夫·特劳普-梅茨、张俊华编，《亚欧参与式预算》，上海：上海人民出版社 2011 年版，第 1 页。

在考虑'什么样的政府'和'什么样的人'这样一些问题，他们就找到了正确的思路。"① 阿尔伯特·C.海迪指出："从一开始，预算理论便已经意识到，预算的重心是形成这些改革。这在很大程度上便是政府中预算改革关注的内容。"② 从 20 世纪初美国城市预算改革运动起，"改革"就是预算发展的重心，学者发现美国大多数的预算文献都是与"改革"有关。③

早期的美国公共预算改革者如纽约市政研究局的威廉·艾伦（William Allen）、亨利·布鲁埃尔（Henry Bruere）和克里夫兰等人开创了"预算改革"研究的先河，最初只是为了针对政府管理中的低效和腐败现象而进行改革以重建财政管理，当他们引入了"预算"理念后，认识到公共预算改革将有助于界定政府责任以重塑代议制民主，从而不遗余力推动美国的预算改革运动。改革运动为公共预算改革理论发展确定了两种方法基础：一是集权的规范性偏好，预算通过集权实现统一；二是强烈的结构主义取向，"预算改革者假定正义意味着适当的规则、程序和结构"。④

不过，早期公共预算改革以确立单一预算数据文件来界定政府责任的做法很快走向一个极端，"技术权威的逻辑使对普遍问题的关注必须从属于专家的判断，而那些专家只是在公共利益的政策需要

---

① ［法］伊夫·辛多默、［德］鲁道夫·特劳普-梅茨、张俊华编，《亚欧参与式预算》，上海：上海人民出版社 2011 年版，第 181 页。

② 阿尔伯特·C.海迪：《预算和预算理论的发展：预算改革的潮流》，见阿尔伯特·C.海迪等：《公共预算经典（第二卷）：现代预算之路》第三版，苟燕楠、董静译，上海：上海财经大学出版社 2006 年版，第 2 页。

③ 阿尔伯特·C.海迪：《预算和预算理论的发展：预算改革的潮流》，见阿尔伯特·C.海迪等：《公共预算经典（第二卷）：现代预算之路》第三版，苟燕楠、董静译，上海：上海财经大学出版社 2006 年版，第 159 页。

④ ［美］查尔斯·斯图尔特三世：《预算改革政治：众议院拨款程序的形成（1865—1921）》，张岌、章伟译，上海：格致出版社、上海人民出版社 2014 年版，第 20 页。

全民投票批准时才将目光投向民众。"① 乔纳森·卡恩为此评论道："具有讽刺意味的是，这些具体事实和数据的热衷者们从根本上是将预算用来重建美国政府合法性基础的神话制造者。"②

在之后的理论发展中，公共预算改革继续以强化公共预算的技术性特征为重点，并形成了两个特点：一是对效率的理性主义追求。与公共行政理论的"中立化"有关，预算改革偏重于理性主义方法，试图将完全理性引入公共预算中，追求的是理性选择下的效率最大化；二是假设政治过程是无效率的，试图通过公共预算技术性、以效率为基础的预算项目选择来实现效率目标。

渐进主义理论兴起后，公共预算改革转向重视对预算过程的政治分析。公共预算改革被置于政治、经济及社会背景下分析，预算参与者利益协调机制变得更为重要。对于渐进主义者而言，面对预算政治的复杂性，实用的策略就是通过简化不确定性和冲突来展开预算，"而结构则是一种用以简化的最为重要的正式手段"。③ 为此，公共预算改革除了关注预算过程之外，还要关注预算结构。在结构中，预算权力的分配、参与者的政治策略等是非常重要的因素。同时，为了保持结构与过程中的稳定性，预算准则的遵守是必需的。预算准则反映了预算参与者间彼此建立的秩序，是指导和约束预算行为的正确规范。渐进主义拓展了公共预算改革理论的内涵，公共预算改革意味着结构的改革、过程的改革以及准则的改革。

---

① ［美］乔纳森·卡恩：《预算民主：美国的国家建设与公民权（1890—1928）》，叶娟丽等译，上海：格致出版社：上海人民出版社 2008 年版，第 5 页。

② ［美］乔纳森·卡恩：《预算民主：美国的国家建设与公民权（1890—1928）》，叶娟丽等译，上海：格致出版社：上海人民出版社 2008 年版，第 3 页。

③ ［美］查尔斯·斯图尔特三世：《预算改革政治：众议院拨款程序的形成（1865—1921）》，张发、章伟译，上海：格致出版社、上海人民出版社 2014 年版，第 15 页。

20 世纪 70、80 年代后，新制度经济学方法引入到公共预算改革研究中，关于结构改革的"制度性因素"更加受到重视。新公共管理以及后来的新公共服务（new public service）方法则进一步将预算过程与结果结合起来，加上新绩效预算的普及，为公共预算改革的"结果关注"提供了动力与支持。威尔达夫斯基通过跨国比较研究，指出公共预算改革不只局限于美国，进而他开始提出"文化理论"，以解释不同国家与政治文化中面临的共同的"预算改革"目标及动因。

公共预算改革作为一个独立的研究领域，是对公共预算技术属性与政治属性认识不断深化的结果。如果公共预算只是技术工具，不同改革之间很难进行连续性分析，因为技术改革往往是孤立的。而结合公共预算的政治属性来考虑，就形成了连续改革内在的逻辑关系，才能对预算改革作出深层解释。总的来看，虽然公共预算改革实践仍在发展中，但在理论上也进行着系统化综合。一种综合性的公共预算改革理论，它能够在三个方面对公共预算改革作出解释：一是能够解释个人偏好之所以能够穿越各种可能的结构性安排的缘由；二是能够详述个人偏好体系转变为集体选择进而改变结构的具体机制；三是能够详述立法者的行动和选择所处的周围环境，以及有助于管控选择和决策过程的各种制约因素。[①]

二、公共预算改革的钟摆运动

历史上看，不同时期的公共预算改革目标是不同的。早期的公共预算改革的目标主要是确定政府责任与提高政府效率；行政预算

---

① ［美］查尔斯·斯图尔特三世：《预算改革政治：众议院拨款程序的形成（1865—1921）》，张岌、章伟译，上海：格致出版社、上海人民出版社 2014 年版，第 24 页。

时期的目标主要是经济、效率、过程改进或寻求"更好的预算"；新公共管理运动以来的公共预算改革目标在强调效率的同时，又回到了责任与绩效；21世纪以来的全球公共预算改革进一步强调包括公正、民主等在内的价值体现。

在这个过程当中，公共预算改革始终保持着与政府改革步调基本一致，公共预算改革成为了政府改革的一种表现形式。这也说明，公共预算改革的目标不由预算自身来决定，而是由特定的政治环境来安排。

政府对公共预算改革有着持续性的需求，公共预算改革的目标则呈现出周期性反复的现象，一些在过去被淡化的目标会在新的阶段重新得到重视。学者们也发现，持续性的公共预算改革中，没有出现根本性的替代，"无非是在老的上面建立新的。"① 艾默尔·B.斯达茨（Elmer B. Staats）分析了公共预算改革这种周期性循环的现象，认为周期性的预算改革是不可避免的，变革在"预算概念"及预算程序上形成的一致性会同时逐步被侵蚀，"因为预算处于我们政治程序的中心，同时它也屈服于政治舞台的压力和一个不断变革的社会方面的需求"。② 换言之，公共预算改革的目标主要服从服务于现实政治或社会需要。威尔达夫斯基认为，预算的目标比过程更关键。但是现实政治需要的复杂性，决定了预算目标是多样的。他提出预算服务于多重目标的观点。③ 有的改革要求有助于计划，有的是

---

① ［美］阿伦·威尔达夫斯基、娜奥米·凯顿：《预算过程中的新政治》第五版，苟燕楠译，北京：中国人民大学出版社2014年版，第16页。

② ［美］艾默尔·B.斯达茨：《对预算改革的持续需求》，见阿尔伯特·C.海迪等：《公共预算经典（第二卷）：现代预算之路》第三版，苟燕楠、董静译，上海：上海财经大学出版社2006年版，第86页。

③ Aaron Wildavsky, "A Budget for All Reasons? Why the Traditional Budget Lasts", *Public Administration Review*, Vol.38, Iss.6,1978, pp.501-509.

弹性，有的是控制，有的是评估；等等，而这些目标并非一致，甚至是相互冲突和矛盾的，他就此指出："这些不同的、并且（在一定程度上）相互冲突的目标可在一定程度上解释对预算的长期不满。"[①] 正是这些不满，推动着公共预算持续改革。

预算改革着眼于对不满及其带来的冲突进行协商，自然需要建立谋求达成一致、实现平衡的内部机制。爱伦·鲁宾指出："从更大范围来说，预算制定中的变动就像来回摆动的钟摆一样。朝着一个方向的变动一开始就包含有对其反面的支持，或者这样说，现存制度的瑕疵使得对新制度的需求更为明显。"[②] 从公共预算改革的历史看，大体上也反映了改革方向在技术属性与政治属性间的摇摆，在理性主义与现实主义选择间的摇摆。朱丽亚·白柯特（Julia Beckett）在回顾了美国进步时期公共预算改革理论后提出："均衡和平衡的理想是预算的中心，在涉及支出问题时尤为如此。"[③] 公共预算改革的钟摆式运动，也表明公共预算制度是以平衡为内在要求的制度，这种平衡特性有助于制度稳定。

由此可见，现代公共预算是为了平衡与控制冲突而设计的一项民主制度，"平衡"无疑是我们理解公共预算改革的一个重要标尺。通过"平衡"，我们才能找出公共预算改革的真实动因，把握改革的本质性要求，区分长期或战略性的改革目标与阶段或战术性的目标，从而历史而科学地选择推进改革的现实路径。

---

① ［美］阿伦·威尔达夫斯基：《预算与治理》，布莱登·斯瓦德洛编，苟燕楠译，上海：上海财经大学出版社2010年版，第125页。

② ［美］爱伦·鲁宾：《公共预算中的政治：收入与支出，借贷与平衡》第四版，叶娟丽、马骏等译，北京：中国人民大学出版社2001年版，第328页。

③ ［美］朱丽亚·白柯特：《早期预算理论：公共支出的进步改革理论》，见［美］阿曼·卡恩、W.巴特利·希尔德雷思编：《公共部门预算理论》，韦曙林译，上海：格致出版社、上海人民出版社2010年版，第30页。

三、公共预算改革与平衡

公共预算是社会、国家、市场平衡的"艺术"，其过程是一个寻求协商一致的过程，其目标是为了达到某种平衡而不是引发冲突。公共预算本身被赋予诸如年度性这样的时间约束，使得平衡更为重要，这暗示着平衡是必须达成的结果，而不能陷于无休止的争吵。渐进主义预算的增量方法，就是要以小幅增量调整来努力维持平衡，避免产生大的冲突。失衡则要求改革，以重建平衡。经过多年发展，现代公共预算制度已对社会政治、经济甚至文化生活产生了较为全面而深刻的影响，公共预算平衡的表现必然不会只局限于资金一个层面。娜奥米·凯顿认为："预算改革可能被部分看作是对不平衡的一种反应，而这种不平衡体现在对紧急的社会问题作出反应的需求以及满足这些需求的行政和管理能力上。"①

总的来看，引起公共预算改革的"平衡"问题主要集中在五个方面：

（1）**权力平衡**。现代公共预算过程中具有多个预算参与者，他们之间的预算权力需要平衡。但预算权力平衡不是要将所有参与者的权力画等号，参与者的预算权力大小取决于国家政治权力安排，需要以宪法和法律加以确认。预算权力平衡是权力实现过程中的相对平衡，在横向上平衡具有两重含义：一是权力主体所获得的预算法定权力能够得到充分的保证和履行，二是权力主体之间能够形成有效的相互监督和制约。在以往的公共预算实践中，立法机关与行政机关是最主要的预算制定者，两者的预算权力平衡是成功预算的

---

① ［美］娜奥米·凯顿：《过程、政策和权力：预算改革》，见阿尔伯特·C.海迪等：《公共预算经典（第二卷）：现代预算之路》第三版，苟燕楠、董静译，上海：上海财经大学出版社 2006 年版，第 115 页。

基础之一。"从长远的角度看，行政机关和立法机关之间的权力平衡可能比削弱一方权力同时不断地增强另一方权力更加合情合理，因为在权力平衡的情况下，一个预算行动者可以及时发现另一个预算行动者的违规行为。"① 在近年来的公共预算改革中，公众参与预算正成为一个显著的特征，保障公众预算参与权的实现和促进有效预算已取得许多成功的经验。纵向上的平衡是指不同层级政府间，尤其是中央与地方的预算权平衡，纵向平衡的基础是"财权与事权相一致"。

（2）**资金平衡**。公共预算是关于国家财政资金收入与支出的制度性安排，同时也规范着政府的行为边界。资金平衡首先从财务上考虑，以保持预算的效率与可预测性。收入与支出资金的平衡意味着总支出必须等于或小于总收入，这是预算平衡的经济学意义。通常资金平衡会受到年度性的时间约束，但随着经济形势和社会发展需要，出现了中长期预算，资金平衡也会跨年度实现，阶段性的不平衡也会被当作宏观经济扩张或紧缩的调节工具。在政治意义上，资金平衡是对政府行为的约束，盈余或赤字的出现都会表明政府对社会及市场财富和资源汲取的力度并不合适，长期的盈余或赤字可能说明政府对社会及市场进行了不足或超过限度的干预。进而言之，政府的规模和行为可能超出了法律规定的边界。凯恩斯主义者因为热衷于非平衡的预算政策而被认为终结了"平衡至上"原则，但他们自己从不否认开支与税收应该协调一致，只有平衡预算在本质上才是好的预算模式。② 资金平衡包括了空间与时间两个维度。在空间上，要求一级政府一级预算，本级预算在本级政府区域内实现平衡。

---

① ［美］爱伦·鲁宾：《公共预算中的政治：收入与支出，借贷与平衡》第四版，叶娟丽、马骏等译，北京：中国人民大学出版社 2001 年版，第 325 页。

② ［美］查尔斯·斯图尔特三世：《预算改革政治：众议院拨款程序的形成（1865—1921）》，张岌、章伟译，上海：格致出版社、上海人民出版社 2014 年版，第 34 页。

在时间上，要求当前受益者与长期受益者间的平衡，这意味着现行预算收入只应支付现行预算支出项目，长期支出项目由借贷等方式提供资金，需由将来的使用者来付费偿还。

（3）**利益平衡**。公共预算不只要求结构或过程中的平衡，也要求反映结果的平衡。与人们的愿望相比，公共预算所要分配的资源假定为是稀缺的，公共预算就必须回答"谁从预算中得到了什么"。预算参与者的利益与预算权力并不呈正相关，对一个参与者利益攸关的项目，可能对另一个参与者毫无价值。如果分配的结果不能达到某种程度的利益平衡，预算参与者将只能通过正式或非正式的途径重启或影响过程来达成新的一致。"预算平衡，作为一项曾经在相当长的时间内占据统治地位的标准，已经远远超出了其经济学意义。'平衡'所涉及的不止是收入与支出相平衡，而且是社会各阶层利益的平衡。"① 直到 20 世纪 90 年代，结果预算才逐渐为人们所高度重视。预算决策者从重点关注"政府所做的事"，转向"政府行为的结果"。戴维·奥斯本（David Osborne）和特德·盖布勒（Ted Gaebler）在《政府再造》一书中提出了获得普遍认同的定义：结果预算是"一个聚焦于资金活动结果的预算体制"。通过关注结果回应利益诉求，是结果预算的一个主要特征，结果预算是一种寻求利益平衡的预算尝试。为了达到利益平衡，提高预算的包容性与透明度是非常重要的。

（4）**时间平衡**。时间平衡不是指资金平衡中的时间维度平衡，即某一时间段内的资金平衡。爱伦·鲁宾强调公共预算是构思时的"时间与环境"的反映，她认为预算是"实时"的，预算决策的五个主要环节（收入、过程、支出、平衡、执行）不可能按时间顺序

---

① ［美］阿伦·威尔达夫斯基：《预算与治理》，布莱登·斯瓦德洛编，苟燕楠译，上海：上海财经大学出版社 2010 年版，第 258 页。

来进行，决策的每一个组成部分都根据其他部分的决策和信息以及环境的变化而处于不断的调整中。公共预算决策的各个部分呈现出半独立性的特征，各个部分在一些主要的信息方面相互依赖、相互交叉，甚至互为前提，但一旦各部分互相干扰，预算过程将变为不连贯的，失去原先的平衡。解决这一问题的办法就是让各个环节的决策同时进行，在有必要信息的情况下再将它们结合在同一个决策过程中。[①] 按照时间平衡的要求，预算制定中有的决策首先得作出，并成为其他决策的框架。一个简单的决策模式是：平衡的定义、预算过程和收入估算在决策前完成，并且决策一开始就必须将支出目标控制在收入估算范围内，然后再进行支出决策。但是，现实中的"实时"预算并没有完全按照这种模式进行。这是因为：首先，预算处于环境当中，可以不时地得到新的信息；其次，不同预算决策制定所花的时间各不相同，而且还需要在不可能预测或计划的时间间隔内对其进行重新制定；第三，某个决策环节的行动者可能会跳到另一个决策环节中，并在决策过程中促使其作出改变。时间平衡进一步揭示了公共预算的复杂性，也揭示了导致预算变动不可忽视的一些关键点。爱伦·鲁宾强调："历史上对预算案进行改变的种种形式表明，调查和改革应该集中于指明那些能够允许预算平衡大体上或者在更大范围内出现周期性交替的地点、时间和机构以及转折点，或者那些在历史上曾从危险或者难以控制的螺旋式上升的结果中引出极端行动的机构。这种周期性交替的规模也可能会缩小。"[②]

（5）**文化平衡**。威尔达夫斯基将文化理论引入了公共预算研究，使预算与政治、经济及文化都融合起来。在他看来，公共预算中的

---

① ［美］爱伦·鲁宾：《公共预算中的政治：收入与支出，借贷与平衡》第四版，叶娟丽、马骏等译，北京：中国人民大学出版社2001年版，第312—316页。

② ［美］爱伦·鲁宾：《公共预算中的政治：收入与支出，借贷与平衡》第四版，叶娟丽、马骏等译，北京：中国人民大学出版社2001年版，第323—324页。

文化主要指政治文化或人们的价值偏好，决定预算的不只是角色，也包括偏好。"像其他人造之物，预算是社会文化的构成要素，表达了人们之间一种理想的关系，即维持、增加或减少人们之间的差异。"① 文化影响着预算参与者某种持久而相对稳定的选择。威尔达夫斯基区别了四种主要的政治文化：臣属型文化、等级主义、个人主义、平均主义，认为在不同时期，一定的文化组合会达成平衡。布莱登·斯瓦德洛（Brendon Swedlow）赞同威尔达夫斯基的文化平衡思想，指出"如果文化的平衡改变了，预算平衡的偏好也必须改变，而且必将引发冲突"②。在 20 世纪 50、60 年代，个人主义、等级主义和平均主义的组合是稳定的，文化实现平衡。但到了 60 年代，平均主义在世界各地或多或少得到加强，平衡因此受到破坏，预算失去控制，政治冲突随之而来：个人主义者试图限制税收，平均主义者要求更多的开支，只有等级主义者仍将平衡预算视为重点。文化失衡引起预算改革，反过来，预算改革促进形成新的文化组合。"改革的目的不是简单地提供信息，而是转变如何完成政府机构任务的思维方式，并且改变组织文化。"③ 公共预算文化本身也是维持平稳的机制，不平衡就必须改革是推动改革的动力，正如凯顿指出那样："平衡预算既是一种标准，也是一种价值。而这种价值高于其他价值，有着无法回避的绝对优先权。"④ 因此，预算过程服务于实现

① ［美］阿伦·威尔达夫斯基：《预算与治理》，布莱登·斯瓦德洛编，苟燕楠译，上海：上海财经大学出版社 2010 年版，第 168 页。

② ［美］阿伦·威尔达夫斯基：《预算与治理》，布莱登·斯瓦德洛编，苟燕楠译，上海：上海财经大学出版社 2010 年版，第 7 页。

③ ［美］阿伦·威尔达夫斯基、娜奥米·凯顿：《预算过程中的新政治》第五版，苟燕楠译，北京：中国人民大学出版社 2014 年版，第 165 页。

④ ［美］娜奥米·凯顿：《粉饰的平衡预算和现实的平衡预算》，见罗伊·T.梅耶斯等：《公共预算经典（第一卷）：面向绩效的新发展》，苟燕楠、董静译，上海：上海财经大学出版社 2005 年版，第 197 页。

社会价值体系，并受到多种价值的约束。21 世纪以来新公共服务等理论影响下的公共预算改革，正好反映了对管理主义下公共预算忽视价值实现的纠偏。公共预算文化平衡不仅通过预算制度所处的文化环境、价值追求表现出来，也通过不同价值追求决定的预算功能导向体现出来。在不同的价值追求下，公共预算会确定控制、管理、计划、治理等功能目标。

以上总结了公共预算实现平衡的主要方面，分别是：权力平衡、资金平衡、利益平衡、时间平衡和文化平衡。平衡对公共预算是一种约束，当平衡被打破，改革就是必需的。而改革的目的，乃是实现新的平衡。公共预算的平衡要求是多层面的，每个层面的失衡对于公共预算改革都具有重要的意义，平衡提供了解释改革动因的框架，也有助于分析改革的目标。正是在平衡到失衡再到平衡的过程中，公共预算改革表现出了钟摆式的周期运动。西方发达国家在经历了长期发展后，建立起了相对完善的公共预算制度，但长期受到政治—行政"二分法"的深刻影响，现代公共预算制度事实上发展出了两大制度体系：一是以追求效率为核心的技术性制度体系，二是以追求民主为核心的政治性制度体系。当效率与民主被截然分开甚至对立起来后，两者分别处于制度天平的两端，公共预算改革也基本上是在效率优先与民主优先之间来回作出"应时"的选择摆动。

第三节　地方公共预算改革

地方公共预算改革是一个极为重要又缺乏充分系统研究的对象。说其重要，是因为地方政府本身就是一个国家政权体系的基本组成部分，地方公共预算反映着地方政府的责任、能力、效率及其他特征。并且，地方公共预算改革在预算制度发展历史上多次发挥了关键的先导性作用。但是，与地方政府研究长期被忽视相关，地方公共预算也长期被忽视。在现代公共预算制度建立发展的大多数时间里，预算向中央的集中化一直占据着优势地位，地方公共预算居于"从属"地位而不被重视。此外，地方政府的类型多样且规模不一，大大增加了地方公共预算改革的研究难度。

一、地方政府结构与公共预算

不论是单一制还是联邦制国家，都存在着中央与地方政府的划分。在政府层级划分上，大多数国家都采用三级制：中央（联邦）——省（州）——地方政府，中国实际上形成了五级划分：中央——省——市——县——乡（镇）。一般而言，地方政府指省（州）级以下政府。

各国地方政府间存在较大的差异性，不只是名称上存在多样性，在规模、功能等方面也是多样的。对于有些西方国家而言，"地方政府是一个宽泛的概念，包括城市和许多经常被称为中介组织、董事会和委员会之类的地方性专门组织。"① 美国的地方政府主要包括了五种类型：县、市、镇、特别区、学区（school districts）。加拿大的地方政府包括大都会市、区域市、县和更低层级的市、镇、村、乡村城市（小镇、教区）等类型。英国的地方政府包括郡/大都市、郡属区、教区/市镇等类型。德国的地方政府包括行政区、"县市"、县、乡镇等类型。日本的地方政府包括都/道/府/县、市/町/村等类型。参照国外三级分类办法，中国省以下地方政府包括市/地、县/

---

① ［加］理查德·廷德尔、苏珊·诺布斯·廷德尔：《加拿大地方政府》第六版，于秀明、邓璇译，北京：北京大学出版社 2005 年版，第 2 页。

区、乡/镇、街道等类型。在这些地方政府中，即使级别相当，管辖面积可能大不相同，即使面积相当，规模也可能存在从数千人到数十万人级别的差距。地方政府在数量上也是非常庞大的。美国共有90056 个地方政府，其中 3031 个县、19519 个市、16360 个镇、38266 个特别区、12880 个学区。① 中国省以下地方政府（不含台、港、澳）共有 51264 个，包括地级政府 333 个（其中地级市 288 个）、县级政府 2854 个（其中市辖区 897 个、县级市 361 个、县1425 个、自治县 117 个）、乡镇 40381 个（其中乡 12282 个、镇20401 个）、街道 7696 个。②

地方政府结构直接影响着地方公共预算，地方政府结构的多样性和复杂性是地方公共预算结构多样性和复杂性的重要原因。从总体上看，绝大多数的地方政府在中央政府的领导并在同一法律框架内运作，它一般有一个与之相适应的年度预算过程。但正如杰里·麦克雷夫（Jerry McCaffery）指出那样："几乎不可能有合理的方法将成千上万个地方政府和特殊地区的预算实践统一在一个单一的模式中（火灾、洪水、暴乱、重建），毋宁说每个地方政府都有一个自己的预算过程。"③

地方政府结构影响地方公共预算从两个方面体现出来。一方面，影响公共预算方式。当代地方政府的多样化与"政府再造"运动有关，地方政府不只是资源分配者和公共产品的生产者，更是服务提供人，服务提供人角色为小规模地方政府的存在提供了必要性。为了服务好一定区域内公众，那些贴近民众诉求、能够

---

① US Census Bureau，2012. http://www.census.gov/govs/go/population_of_interset/html

② 国家统计局：《中国统计年鉴（2015）》，北京：中国统计出版社 2015 年版。

③ ［美］杰里·麦克雷夫：《预算过程的特征》，见罗伊·T.梅耶斯等：《公共预算经典（第一卷）：面向绩效的新发展》，苟燕楠、董静译，上海：上海财经大学出版社2005 年版，第 11 页。

控制规模、提高服务质量水平的政府或准政府组织大量产生，形成了"多中心"的地方治理网络。文森特·奥斯特罗姆等人以此指出美国地方政府的特征是：为满足不同利益团体同时提出的要求而产生了大量的地方单位，它们履行着各种不同类型的服务。①为了能直接回应公众的利益诉求与参与愿望，结果导向预算以及参与式预算方法被地方政府普遍采用。另一方面，影响地方预算自主性。地方政府或由中央政府设立或由地方自治产生。虽然"一级政府一级预算"，但由中央政府设立的地方政府在收入上较自治政府更少具有自主性，中央政府的资金拨付是地方财政收入的主要来源，由此也制约着支出承诺。因此，在预算过程中，不同层级政府间的预算平衡相互影响。相对而言，选举产生的地方自治政府在组织财政收入上有更大的自主权，不同自治政府间地位平等，也拥有相对独立的公共预算。

不过，通过选举产生的地方自治政府不一定自然获得完全独立的公共预算权。政府的公共预算权来自于立法权，但在单一制国家里，立法权不能分离，为中央与地方共享，地方政府的公共预算权仍是中央预算权不同程度的附属。在实行联邦制的美国、加拿大、澳大利亚、印度、德国以及瑞士等国家，立法权是分离的，由联邦政府和分权的州和地方政府分享。英国虽然存在着大量选举产生的地方自治政府，但总体是单一制国家，不存在立法权分享。"在英国政体中，地方政府处于隶属地位，历史上英国没有出现像许多欧洲大陆的国家那样，地方政府拥有广泛的权力。但英国却拥有远远超出其他欧洲大陆的中央政府拥有的派出地方机构，这种情况可以被

----

① ［美］文森特·奥斯特罗姆、罗伯特·比什、埃莉诺·奥斯特罗姆：《美国地方政府》，井敏、陈幽泓译，北京：北京大学出版社2004年版，第11页。

称为半自治状态。"① 英国的这种政府特征，在地方公共预算上的明显反映就是预算缺乏与自治相称的独立性。在英国，选举产生的地方政府在所有财政收入中不受中央政府控制的是地方税收、租金及其他规费，但这些收入一般只占地方财政总收入的六分之一左右。如果在财政紧缩时期，中央政府就会对地方政府收入自由度进行更大的限制。地方政府的收入不得不通过向中央政府申请拨款或借贷来解决。同时，中央政府也为地方政府的多数支出项目设置了最高限度。

反过来，地方公共预算的特殊性也会影响地方政府结构和过程。文森特·奥斯特罗姆等人认为，使用不同的财政资源影响着地方政府制定决策和提供服务的方式。一般来说，地方政府对自己的财政收入、税收、使用者付费等资源依赖越深，对当选官员来说平衡服务的收益与成本并且使他们更有效率地工作的刺激就越大。当地方政府依赖于外来的财政资源时，有效工作的刺激就小。在极端情况下，对外部资源的依赖会严重削弱地方政府自治的程度，进而使地方政府变成州或联邦政府的行政下属。② 例如，美国 20 世纪中期国家行政预算不断强化，公共预算的集中化、国家化要求就对地方自治构成挑战。当时凯恩斯主义强化了公共预算的宏观经济调控工具的作用，在地方政府面临财政危机时，联邦政府将一部分财政资金分给地方政府被认为是天经地义的事。相应地，联邦政府通过一系列的地方项目支持计划（如模范城市项目，the Model Cities Program）和组建特殊服务中心（如社区行动计划，Community Action Programs）来向地方分配联邦资金，从

---

① ［英］戴维·威尔逊、克里斯·盖姆：《英国地方政府》第三版，张勇等译，北京：北京大学出版社 2009 年版，第 31 页。

② ［美］文森特·奥斯特罗姆、罗伯特·比什、埃莉诺·奥斯特罗姆：《美国地方政府》，井敏、陈幽泓译，北京：北京大学出版社 2004 年版，第 189 页。

而加强对地方政府的控制，地方政府在公共预算上呈现出向中央集中化、国家化的倾向。"联邦政府各部局对联邦资金控制的日益加强，对联邦政府和地方政府之间的关系产生了决定性影响。"①

二、地方政府改革

如前文所述，各国地方政府在组织结构、治理方式与相应的地方公共预算上存在着很大不同。但始于 20 世纪 80 年代的全球性地方政府改革趋势，却促使地方政府改革朝着相对一致的方向发展。学者们在对地方政府进行国际比较研究后认为，改革趋势表明，地方政府"在探索共同问题的解决方案方面已经达成了共识"②。今天，全球性地方政府改革仍在持续，中国的地方政府改革近年来也积极加入到这一全球进程和改革趋势中来。

全球性地方政府改革与新公共管理运动几乎同时兴起，新公共管理主义为地方政府改革提供了思想指导，地方政府改革则是新公共管理思想的地方具体实践，同时也在丰富新公共管理运动的经验与理论。盎格鲁国家的中央政府在新公共管理运动中发挥着自上而下的推动作用，而在大部分欧洲大陆国家，地方政府自下而上地成为改革的引领者。

从西方国家来看，驱动地方政府改革的原因主要包括五个方面：一是经济危机。20 世纪 70 年代全球经济危机以来，地方政府面临着严重的预算赤字，甚至出现了像美国加利福尼亚州桔县政府因负债而破产的先例。二是公众不信任。政府糟糕的绩效引发了公众对政

---

① ［美］文森特·奥斯特罗姆、罗伯特·比什、埃莉诺·奥斯特罗姆：《美国地方政府》，井敏、陈幽泓译，北京：北京大学出版社 2004 年版，第 55 页。

② ［澳］布赖恩·多莱里、内尔·马歇尔、安德鲁·沃辛顿：《重塑澳大利亚地方政府：财政、治理与改革》，刘杰等译，北京：北京大学出版社 2008 年版，第 13 页。

府极大的不信任，政府面临重塑合法性基础的极大压力。三是公民参与扩大。公民自治组织已有长足的发展，公民参与治理的条件日益成熟。四是地方政府间天然存在竞争，"以足投票"机制促使地方政府提高对公众的回应性。五是地方政府重视提高学习能力，政府间会相互学习模仿创新。这些因素，推动了地方政府接受改革。

地方政府改革所形成的"共识"或特征中，最重要的是结构化改革和过程改革。珍妮丝·考费尔德（Janice Caulfield）认为，结构化改革以司法管辖权为目标，包括不同层级政府之间功能的重新安排以及行政区划的重新划定，这通常会为地方政府创造新的发展空间。过程改革中一方面包括行政和管理改革，另一方面也包括政治改革（选举和领导权变革）。① 总的来看，地方政府改革形成了三个方面的主要趋势：

第一，趋向地方自治。通过中央与地方的分权改革，赋予地方更大的自主权。与传统的地方自治主义不同，新的地方自治改革既承认地方政府与当地居民的接近性与利益相关性，也谋求中央与地方的功能整合。从整合的角度来看，地方政府可以被看作是拥有或大或小政治行动能力的半自治性（semi-autonomous）政治机构，它可以被看作是"代理人"或是"合伙人"。② "趋向"地方自治更准确的是"回归"地方自治。现代西方地方政府定义中包含着自治的理念，这在美国表现得尤其明显。从 17 世纪早期美国殖民地地方政府建立开始，就有很强的"草根"民主意识，即政府表现为自下而上而不是自上而下地组织起来。托克维尔（Alexis de Tocqueville）观察到早期美国清教徒殖民者基于共同的信仰和道德，按照人民主权

---

① ［澳］布赖恩·多莱里、内尔·马歇尔、安德鲁·沃辛顿：《重塑澳大利亚地方政府：财政、治理与改革》，刘杰等译，北京：北京大学出版社 2008 年版，第 13 页。

② ［瑞典］埃里克·阿姆纳、斯蒂格·蒙丁：《趋向地方自治的新理念？——比较视角下的新近地方政府立法》，杨立华等译，北京：北京大学出版社 2005 年版，第 5 页。

原则，采用相互订立契约的方式将自己组织起来管理社区公共事务，美国的政治生活始于乡镇。他发现"在欧洲的大多数国家，政治生活都始于社会的上层，然后逐渐地而且是不完整地扩及社会的其余不同地方。在美国，可以说完全相反，那里是乡镇成立于县之前，县又成立于州之前，而州又成立于联邦之前"①。地方自治既是地方政府生成的主要方式之一，也具有特殊政治含义：地方政府最接近公众，也最能有效表达和服务地方公共利益。

第二，复兴民主。与趋向地方自治密切相关，复兴民主是其题中应有之义。文森特·奥斯特罗姆等人评论托克维尔关于美国乡镇自治的精确观察认为："从这个角度看，地方自治奠定了美国民主的基础"，并进一步指出"在19世纪之初，地方政府构成了美国民主政治的基础。民主自治的传统深深地扎根于地方社区之中"②。20世纪初的美国城市改革运动，有力推动了公共预算民主的进步。在经历了一段时期的集中化和国家化后，20世纪80年代的美国地方政府改革，再次自下而上地提出复兴地方民主的呼声。众多西方国家加入到扩大地方民主的改革行列，包括自上而下推动改革的英国也提出了其复兴民主的计划。1998年执政的英国工党提交了咨询文件《地方政府现代化：地方民主与地区领导》及《现代地方政府：与人民保持联系》白皮书，指明要推进地方政府选举安排现代化，以提高地方政府的责任性并促进公民参与；要求地方政府听取当地公众意见以及使公众参与决策；研究地方政府工作的新方法，使地方政府具有更清晰的行政管理体制；加强地方政府对地方其他治理参与组织机构的领导。

---

① [法] 托克维尔：《论美国的民主》（上卷），董果良译，北京：商务印书馆1996年版，第44—45页。

② [美] 文森特·奥斯特罗姆、罗伯特·比什、埃莉诺·奥斯特罗姆：《美国地方政府》，井敏、陈幽泓译，北京：北京大学出版社2004年版，第21、36页。

第三，从管理到治理。地方政府改革一方面强调新公共管理的"最佳价值"，要求对地方政府作为公共产品生产者与提供者的角色划分并进行相应"掌舵"与"划桨"的职能转变，按照"绩效"标准重组政府内部结构并再造组织流程，尤其是强调公共服务的消费者或顾客导向，把地方政府打造成为一个企业化的有效管理者。在这个框架下，地方政府改革呈现了两个方向：地方政府服务提供私人化，地方政府结构合并成更大的地方政府以实现规模经济（20 世纪 90 年代加拿大的改革最为典型）。另一方面，地方政府改革强调适应"治理"挑战，公共服务的有效性不只是由本级政府绩效来体现，而是由包括纵向与横向多种参与组织共同合作网络的综合结果来体现，地方政府开始学习如何与参与组织进行协调、形成共识、一致行动。治理的市场机制、层级机制和网络机制被认为是克服多组织间协调难度的可替代机制。[1] 地方政府面对治理挑战的改革，引入了"新公共服务"、"公共价值管理"等理论，认为公共服务不是服务于顾客，而应该服务人民。"在一个民主社会中，对民主价值的关注在我们思考治理系统方面应该居于首要位置。尽管诸如效率和生产积极性这样的价值观不应该被丢弃，但是它们却应该被置于民主、社区和公共利益构成的更大环境中。"[2] 治理关注，使地方政府改革进一步强化了民主化的逻辑方向，要求在改革中实现价值。

---

① ［澳］布赖恩·多莱里、内尔·马歇尔、安德鲁·沃辛顿：《重塑澳大利亚地方政府：财政、治理与改革》，刘杰等译，北京：北京大学出版社 2008 年版，第 173—183 页。

② ［美］珍妮特·V.登哈特、罗伯特·B.登哈特：《新公共服务：服务，而不是掌舵》，丁煌译，北京：中国人民大学出版社 2014 年版，第 126 页。

三、地方公共预算改革

地方政府结构与地方公共预算的高度关联性，决定了地方政府改革的趋势要求会全面投射到公共预算身上。与更高级别的公共预算（如中央或联邦预算）改革相比，地方公共预算改革受到的政治约束会更弱一些，改革的灵活性更大，也更容易推动和实施。

首先，在地方一级，立法与行政权的冲突和协调在规模、程度、频率等方面要小得多。公共预算层级越高，立法权与行政权的关系对预算的制约越强。在许多趋向自治或复兴民主的城市，地方政府行政首长由直接选举产生，这客观要求行政首长无论是否属于某个党派，一旦选上都要采取一种非党派的姿态。行政首长不仅要取得本政党的支持，还要取得尽可能广泛的地方党派和团体的支持，行政首长与立法机构建立良好合作关系十分重要。例如，赫尔穆特·沃尔曼（Hellmut Wollmann）对德国南部各州地方政府的观察表明："由于这种非党派的政治传统，市长们通常愿意保持一种中庸的政治立场，并为之而努力……市长们表现出一种权力上的低姿态，而不是大权独揽。"[①] 而在德国巴伐利亚州等地，民选市长同时也是地方议会及议事委员会的负责人，行政功能与立法功能混在一起，这种安排已打破了"权力分立"的原则。

其次，地方公共预算的职能相对单一。传统上认为公共预算具有三大职能：稳定经济、资源配置、收入分配，只有收入分配职能适合地方级别政府承担。虽然近些年来地方公共预算在国家经济增长与稳定政策中的地位在不断提高，大多数地方公共预算制度仍旧

---

① ［德］赫尔穆特·沃尔曼：《德国地方政府》，陈伟、段德敏译，北京：北京大学出版社 2005 年版，第 84—85 页。

是按履行收入分配职能来设计的。由于地区在经济、社会发展水平上存在差异性，任何国家都无法用统一的规定来固定地方分配结构，因而上级政府对下级政府的预算控制主要依靠收入控制和设置支出项目条件来达成。这反而保留了地方公共预算改革的空间，地方公共预算改革因而朝着在前两项职能上体现作为而努力。

第三，地方公共预算平衡相对更不稳定。预算失衡是预算改革的动因。在地方政府层面，由于地方公众的利益诉求多样多变，而大多数地方公共预算受到上级公共预算的制约，在资金、利益平衡上面临较大挑战，突出的如地方债务危机，促使地方当局不得不积极推动改革以保证地方公众意愿实现。研究显示，地方政府失灵现象更加严重，它是不同的配置无效率、生产无效率和分配不平等混合而成。其中，"配置无效率更加明显，因为规模相对很小的地方预算使得在大量的地方替代公共产品之间进行权衡取舍变得更加棘手。"[1] 地方政府失灵是地方预算失衡的重要原因。

顺应全球地方政府改革潮流，地方公共预算形成了具有一定规范性的改革框架。20 世纪 80、90 年代，基本上以复制新绩效预算来推进地方公共预算改革，澳大利亚、新西兰、美国等的绩效预算规范提供了改革的蓝本。新绩效预算所追求的改善管理决策质量、提高项目的效率和有效性、提高服务绩效、提高公众满意度、促使政府机构对结果负责等目标，直指传统预算主要不足，受到众多地方政府和公众的欢迎。国际城镇管理协会（ICMA）1998 年的一项调查显示，美国 25000—50000 人口的城市中 30% 采用了绩效评估，50000—75000 人口的城市中 50% 采用了绩效评估，75000 以上人口的城市中超过 75% 采用了绩效评估。进入 21 世纪，主要的 OECD 国

---

① ［澳］布赖恩·多莱里、内尔·马歇尔、安德鲁·沃辛顿：《重塑澳大利亚地方政府：财政、治理与改革》，刘杰等译，北京：北京大学出版社 2008 年版，第 242—243 页。

家也先后在本国中央与地方政府推行了绩效预算。中国自 2003 年开始推进中央部门和地方绩效预算改革，目前，绩效预算已成为最普遍的地方预算模式。据 2011 年的统计，89.3%的省级政府、70.4%的市级政府、55.5%的县级政府进行了绩效预算改革尝试。①

不过，新绩效预算也没能解决全部问题。新绩效预算本质上仍然是一种预算过程改革，特别是当它超越传统预算管理者的边界（即产出）进而关注结果后，公共预算过程就变得更加完整、更加系统化，也更有利于管理。因此，新绩效预算是行政预算的改进和升级，通过重归分项预算方法，加强了对预算项目的财务全程控制，并通过结合服务支出的公众评估来优化支出优先顺序，这是有利于设置优先权的改革选择。但是，实际生活中，公众的偏好次序不直接等于预算项目的优先权顺序。新绩效预算并不能改变公众的偏好次序，"任何绩效预算均包含一个目标，即让公众知道他们的服务完成得怎样，但是这并不保证公众同意评价绩效的标准或关心绩效结果。"② 对于最接近公众的基层小城市，公众更关注利益、偏好的直接体现而非只是预算过程的"科学化"，以代议制民主为基础的传统公共预算方式及其新绩效预算改进，与基层的直接民主要求还不适应。国际城镇管理协会的调查也发现，当把更小的管辖单位添加进数据库中之后，绩效评价的采用率急剧下降。更大的样本显示有62%的市政当局报告没有采用绩效评价。这受 5000—49999 人口单位的调查结果影响，在这一样本中有 68%没有采用绩效评价。而在2002 年政府财政官员协会（GFOA）的一项调查中，大体上只有16%的小城市（2500—9999 人）采用了绩效评价系统，将近 20%的

---

① 财政部财政科学研究所：《地方公共财政：预算管理改革与实践》，北京：中国财政经济出版社 2012 年版，第 318—326 页。

② ［美］珍妮特·M.凯丽、威廉姆·C.瑞文巴克：《地方政府绩效预算》，苟燕楠译，上海：上海财经大学出版社 2007 年版，第 9 页。

中型城市（10000—49999）在全部或者某一部门中应用了绩效评价系统。①

　　新绩效预算改革在全球不断发展的同时，治理作为 21 世纪政府改革指导思想的地位也在不断巩固，形成地方预算改革的新的环境，基于治理的地方预算改革方向逐渐形成。如果说新绩效预算改革是通过过程改革来追求有效预算，那么，基于治理的预算改革则通过结构改革来服务于"善治"，并在改革中实现价值，达到事实与价值的统一。两种改革方向相互影响，共同发展，构成了当今全球地方政府预算改革的主要特点。基于治理的公共预算改革虽未形成一个完整、得到公认的框架，但有一个明显的特征，就是"善治"取向，公共预算作为协商工具的作用得以认可，通过改革恢复预算平衡等准则，进而提高配置的有效性，实现民主为核心的价值。在"善治"取向的公共预算改革中，地方（基层）是最为重要的单位。

---

　　① ［美］珍妮特·M.凯丽、威廉姆·C.瑞文巴克：《地方政府绩效预算》，苟燕楠译，上海：上海财经大学出版社 2007 年版，第 34—35 页。

第二章 公共预算发展与民主化的历史演进

历史展示了公共预算与民主化共同发展进步的过程，在公共预算制度不断健全完善的同时，公共预算民主的内涵也在不断丰富拓展。娜奥米·凯顿对预算发展的历史作了全景式考察，认为公共预算不是一成不变的制度，它是一个与特定时间、地点相关联的历史现象，是一个有着长久改革目标的改革，不同时期的预算改革间彼此存在着联系。在预算发展的历史上，大体经历了三个阶段："前预算时期"（约从中世纪至19世纪初期）、"预算时期"（19世纪初期至20世纪初中期）以及之后的"后预算时期"。① 前预算时期多数时间里实行的是君主专制下的预算，预算是国王控制国家的工具，也是新兴阶级夺取民主权力的必争之地，在这场斗争中最后以代议制民主确立为结局。预算时期正式形成了民主预算的体系和现代预算的基本准则，19世纪初在英法形成的现代预算基本要素，在20世纪初的美国得以进一步制度化并发展成为现代预算的规范性要求，预算制度顺应并巩固了代议制民主。20世纪80年代以来，预算时期所形成的准则和方法受到了现实挑战，预算出现了新的特征，进入

---

① Naomi Caiden, "A New Perspective on Budgetary Reform", *Australia Journal of Public Administration*, Vol.48, Iss.1, 1989, pp.51-58.

了后预算时期。后预算时期公共预算的改革变化十分深刻，突出的是"管理主义"的民主化，公共预算方法从预算控制向预算管理转变，并以结果和绩效为目标，地方、社会、私人在公共事务中发挥着越来越大的作用，传统的政府与社会的边界发生了新的变化。进入 21 世纪，政府治理变革极大地推进了公共预算民主化，特别是参与式预算的兴起和在全球的迅速传播，提供了直接民主式预算的成功经验，公共预算成为间接民主与直接民主相结合的新政治平台，提供了新的民主实现形式。

第一节　前预算时期的公共预算发展与民主化

公共预算民主化可追溯到 13 世纪的欧洲，英、法等西欧国家是公共预算民主化的先驱。根据国家汲取财政收入的方式及政治制度基础的变化，这些国家经历了从"领地国家"向"税收国家"的转变，之后再进一步向将财政收支都纳入统一管理监督的"预算国家"转变。① 这个过程中，特别是从"税收国家"向"预算国家"的转变中，现代预算制度逐步建立完善起来，民主因素不断积累。预算国家的建立过程，就是一个民主化的过程。

---

① "领地国家"和"税收国家"的概念由熊彼特最早提出。王绍光在此基础上提出了"预算国家"的概念，他认为有预算的国家不一定是预算国家，只有建立了现代预算制度的国家才算是预算国家。参见王绍光：《从税收国家到预算国家》，见马骏、侯一麟、林尚立主编：《国家治理与公共预算》，北京：中国财政经济出版社 2007 年版，第 13—24页。王绍光、马骏：《走向"预算国家"：财政转型与国家建设》，见马骏、谭君久、王浦劬主编：《走向"预算国家"：治理、民主与改革》，北京：中央编译出版社 2011 年版，第 3—38 页。

一、从"税收国家"到"预算国家"

中世纪前的欧洲国家是"领地国家"，其特征是国家财政收入来自国王自己的领地和诸侯的进贡，国王无权向诸侯征税。随着国家扩张及战争需要，国家支出大幅上升，光靠领地收入无法维系国家运转，国王开始在领地之外寻找财富来源，并以税收的方式将之稳定下来。人口和资本主义经济的发展为实行税制提供了基础，如英国13世纪以后贸易与制造业迅速发展，改变了过去以土地税和动产税为主征收直接税的税制结构，关税等间接税额不断增加，成为财政收入的主要来源。到了17世纪伊丽莎白一世统治之始，关税收入约占王室总收入的45%。到1640年，关税占王室总收入的50%以上。[①] 随着国家的财政收入主要来源于税收，国家的财政组织形式便逐渐转向了"税收国家"，其特征是各级政府在全国范围内以税收的方式来汲取财力。从领地国家向"税收国家"的转变经历了一个漫长的过程，英国、法国王室大约在13世纪晚期至15世纪中期才逐步摆脱对领地收入的依赖，而普鲁士直至18世纪才完成这一转变。

"税收国家"的形成对现代民主产生了重要的政治影响。源自税收的财政收入在性质上既不是国王自己的财产形成的收益，也不再是"私人资金"，而是"公共资金"，国家财产及公共资金的概念由此形成。1689年起英国议会给予"王室年俸"，王室收入成为一项公共收入。这是英国宪政史上的一个重要转变，也是现代预算制度

---

① ［美］菲利浦·T.霍夫曼、凯瑟琳·诺伯格编：《财政危机、自由和代议制政府（1450—1789）》，储建国译，上海：格致出版社、上海人民出版社2008年版，第33—35页。

的重要基础。① 随着纳税人意识的形成，用公共资金支撑的政府就不能再是私人政府，而是公共政府，公共政府就必须对公众负责，并有效率地使用税收。正因为如此，马斯格雷夫说："税收是现代民主制度兴起的先决条件"。②

在英、法等西欧国家，议会与国王进行了长期的斗争，而预算毫无疑问是斗争的中心。最终，议会不仅取得对税收收入的决定权，而且通过建立现代公共预算制度，取得了对国家财政支出的决定权与监督权。如果说，"税收国家"解决的是约束政府收入行为的问题，那么，"预算国家"则解决既约束政府收入行为，又约束政府支出行为的问题。到了19世纪，英、法等建立了现代公共预算制度的国家率先转向了"预算国家"。"预算国家"标志着前预算时期结束，正式进入了预算时期。

二、英国公共预算的创立与民主化

表面上看，从"税收国家"到"预算国家"只是国家收入管理和分配方式发生了变化，其背后却是以预算权力变更为核心的民主制度的建构，英国的公共预算民主化过程就深刻地反映了政治权力的流动，预算权从"王权至上"到"民权至上"，从国王说了算到公民说了算。

英国在12世纪晚期开始形成了强大的中央治理机构，王室寻求教会和贵族的合作来向臣民提供有效的政府服务。与此同时，王权

① 卢洪友：《西方现代财政制度：理论渊源、制度变迁及启示》，《公共财政研究》，2015年第1期，第36页。

② 王绍光、马骏：《走向"预算国家"：财政转型与国家建设》，见马骏、谭君久、王浦劬主编：《走向"预算国家"：治理、民主与改革》，北京：中央编译出版社2011年版，第3—38页。

自身也受到了新兴世俗力量的挑战。1215 年，英王与贵族签订了《大宪章》，明确了非经议会同意国王不能征税以及无代表权不纳税的原则，这是国家预算权第一次向王权之外的力量分权，议会力量崛起并要求对国家预算进行监督，从而铺下了公共预算民主化的基石。1295 年，英王爱德华一世召集了"模范议会"，平民代表正式参会成为制度，并且明确了国王向地方征税须经地方同意的原则。14 世纪英国建立了代议制议会，平民组成下议院，拥有对是否征税的决定权。1688 年旨在限制王权的"光荣革命"爆发后，议会获得了控制政府征税的法定权力。《权利法案》直接要求：没有议会一致同意并颁布法令，不能迫使任何人进贡、贷款和纳税。1689 年英国建立了"君主立宪制"政体，王权基本上置于议会监督之下。

但是，对于拥有"主权在民"理想的议会而言，仅控制税收显然是不够的，还必须控制支出权。当时英国的财政管理与统计过于分散甚至是混乱的，不存在统一的财政，因而无法进行有效控制与监督。17 世纪中期起英国议会大力推动了财政统一工作，但直到 18 世纪中期这项工作才有了实质性进展。从 1760 年开始，议会要求财政大臣必须每年向议会提交国家预算，寻求议会拨款，英国的预算报告和审批制度开始成为惯例。1787 年，英国议会通过了《统一账户法》，要求政府设立一个统一的账户来接受财政收入，记录支出。19 世纪初，英国政府尝试编制完整的政府收支预算。1854 年，议会通过《公共税收与统一账户法》，要求政府每年定期向下议院报告财政总收入和总支出。1861 年，英国设立了国库收支审查委员会，负责向下议院报告财政收支审查情况。1866 年，议会通过《财政审计法》，明确建立对下议院负责的政府收支审计部门，对财政收支情况进行独立审计监督。至此，财政收支集中统一并受到监督，英国完成了向"预算国家"的转型。

三、法国公共预算的创立与民主化

法国的公共预算民主化道路不同于英国，与英王较早受到议会制约不同，法国长期处于王权独大的统治下，议会权力的发展壮大滞后于英国。詹姆斯·W.汤普逊（James W.Thompson）曾评价说："法国国会不同于英国国会，后者极力要求得到王室的特许权和限制王室的权力，以此作为王室征税、征收补助金的回报，因而在英国奠定了议会政府的基础；法国则不然，它的等级会议恭顺地屈服于国王的要求，因此丧失了由战争所带来的在法国建立立宪政府的机会。"[①]

法国的代议制议会也因征税权而产生，1302 年，法国国王腓力四世因向教会征税问题与教廷发生对抗，便召开了第一次由教士、贵族和平民参加的"三级会议"。此后"三级会议"成为应国王要求召开，专门研究国家遇到困难尤其是财政困难时的重大问题的会议。由于"三级会议"的初衷是为了扩张王权，打击教会权力，因此，它在相当长的时间内未能对国家税收行使决定权，一切仍由国王做主。然而，15 世纪以来，法国陷入了一系列的战争之中，战争所需的巨额开支及王室的奢靡浪费，导致法国一次次出现财政危机。历史表明，从百年大战到法国大革命，财政危机似乎刺激了法国政治体系中的几乎每一次变革。[②] 面对危机，法国国王不得不在想方设法征税、举债甚至实行卖官等办法扩大收支的同时，加强对国家财力的集中控制。具有讽刺意味的是，在王权统治下，法国的预算制

---

① ［美］詹姆斯·W.汤普逊：《中世纪晚期欧洲经济社会史》，徐家玲等译，北京：商务印书馆 1992 年版，第 145 页。

② ［美］菲利浦·T.霍夫曼、凯瑟琳·诺伯格编：《财政危机、自由和代议制政府（1450—1789）》，储建国译，上海：格致出版社、上海人民出版社 2008 年版，第 244 页。

度在集中统一方面反而进行了不少探索创造。在法国大革命爆发前，中央政府各部门已被要求按国王签署同意的预算方案严格开支，每年各省也需向国王递交收支平衡表申请国王批准。但是，预算方法的集中统一不是解决问题的关键，在王权没有得到制约监督的条件下，王室的腐败依旧，滥用财力的结果仍是财政赤字高悬，在经历了 1720 年、1763 年和 1788 年财政危机后，王室信用基本破产。1787—1788 年，路易十六国王与法国贵族因财政危机发生权力冲突，最后引发了社会大革命。法国大革命的一项重大成果是国民议会在 1791 年通过了《人权宣言》，在国家治理方针上确立了权力平等民主准则，并为公共财政制度的最终建立清除了制度障碍。

19 世纪初，尽管法国经历了几次王权复辟，但预算集中化、全面化、制度化的步伐持续推进。1807 年拿破仑帝国创立了国家审计署，目的是使政府掌握全面信息以对财政开支进行有效的控制。之后的波旁王朝进一步强化了预算集中，把编制国家预算作为处理国家财政的创新方式加以采用。1814 年，法国开始编制年度预算，这项以法令形式颁布的预算案，被认为是第一个具有现代意义的公共预算。法国在随后十多年里颁布多项法令，进一步确定了公共预算编制包括报告书的形式、时间、审查等要素要求，实现了预算的集中统一，初步建立了现代公共预算体系。最终，在法国正式实施君主立宪制后，国民议会于 1831 年真正全面掌握了预算权，法国实现了向"预算国家"的转变。

四、前预算时期的公共预算发展与民主化特点

公共预算具有技术与政治双重属性。从技术属性视角来看，前预算时期的预算制度设计主要是为了服务好王权，预算的公共性并

不充分。凯顿曾指出前预算时期的四个主要特点①：一是连续性（continuousness）。此时没有年度预算，财政部长们根据资金流量和可能获得的资金能力进行预算，他们的工作很简单，就是想方设法取得资源以满足统治者的需求。二是分散化（decentralisation）。此时没有中央国库，收入和支出由国家各个部分的税收课征者和支付者以多种方式来完成。三是私人化（privatisation）。公共账目与私人账目混合在一起，虽然国家也雇佣专人掌管事实上不存在的国库的账目与资金，但此时的国家账目反映在私人会计师和商人的个人账目中。个人可与国家订立合同，只要能弄到比合同账目更多的钱，个人就可以获得收税的权力并从中获利。四是权宜性（expedients）。财政管理总是变化不定、充满弹性，统治者会抓住任何可能的机会来获取收入，制度很不可靠，因此要控制预算是十分困难的。这四个特点归结起来，突出反映了前预算时期国家预算缺乏公共监督，构成腐败环境。在前预算时期，腐败现象成系统性普遍存在，由专制引起的腐败努力维护着专制制度，阻碍着民主的进步。

19 世纪初，英国和法国先后转向预算国家，现代公共预算制度的建立对旧制度进行了否定和超越，一个统一的、稳定的、可测量和便于监督的公共预算制度才能适应民主的要求，并内化于民主政治制度的结构当中。此时，形成了基本的预算技术性要求，如同雷内·斯脱姆（Rene Stourm）所总结的那样，年度性（annuality）、一致性（unity）、恰当性（appropriation）和审计（audit）准则成为现代公共预算的新特征。年度性意味着公共预算决策必须按年周期制定；一致性意味着所有决策集中制定，所有资源在一个池子里配置；恰当性意味着公共、公开的预算经立法同意，拨款资金要按法定的

---

① Naomi Caiden, "A New Perspective on Budgetary Reform", *Australia Journal of Public Administration*, Vol.48, Iss.1,1989, pp.51-58.

途径支出；审计则意味着对资金进行监督，形成封闭圈以确保资金按所拨款数额支出。①

从公共预算的政治属性视角来看，预算民主化的因素已经在一点一滴地积累。以英、法为代表的前预算时期的公共预算民主化展示了以下特点：一是预算权的公共化是预算民主的前提。代议制权力机构必须完成对王权的限制，预算权力必须为公众掌握，否则预算制度只会为私人利益而非公共利益服务；二是预算法定是预算民主的重要保障。公共预算必须经由议会批准，并以法令形式颁布，才能树立不容随意更改的权威；三是预算必须集中统一，才能实现有效民主监督。光注重收入或只注重支出的预算都有重大缺陷，预算民主监督必须是全面的监督；四是公共预算民主化与政治制度的民主化并行并进。公共预算的民主化，是国家民主化的重要步骤。虽然民主化的路径呈现出多样性，但是，殊途同归。比如，在朝着建立"预算国家"的发展道路上，英国是财政集中统一与预算监督交替推进，法国是先实现财政集中统一，后实现预算监督。②受政治制度的不同影响，英国的议会比较强大，预算监督就发展得快些，法国国王更为强势，财政集中统一的"技术性"探索就更多些。国家政治的民主转变，选择了公共预算作为新的民主实现形式之一，而体现在公共预算中的民主因素积累，使国家政治民主找到了新的具体的制度落脚点。

---

① Naomi Caiden, "A New Perspective on Budgetary Reform", *Australia Journal of Public Administration*, Vol.48, Iss.1, 1989, pp.51-58.

② 王绍光、马骏：《走向"预算国家"：财政转型与国家建设》，见马骏、谭君久、王浦劬主编：《走向"预算国家"：治理、民主与改革》，北京：中央编译出版社2011年版，第14—15页。

第二节　预算时期的公共预算发展与民主化

19 世纪初"预算国家"形成后，公共预算制度进入一个相对稳定的巩固完善时期。继英、法等欧洲国家之后，美国于 19 世纪末成为全球公共预算改革和创新的新中心。美国预算制度的建立深受欧洲尤其是英、法、尼德兰革命的影响，并接受了孟德斯鸠的立法精神。美国的开国者已清醒地认识到，国家权力必须分散，特别是在立法与行政部门之间，这样才能保证民权。美国在英法等国前预算探索的基础上，进一步将预算分权原则具体化和可操作化，并引入了科学管理和会计方法，建立起了较为完善的现代公共预算制度，20 世纪初，美国成为现代公共预算制度创新的标杆。如果说前预算时期的公共预算民主化主要是围绕监督约束私人权力（专制王权）而展开，那么预算时期的公共预算民主化主要是围绕监督制衡公共权力而展开，既包括对行政预算控制权的监督，也包括对预算立法权的制衡。在"预算国家"形成后一百年左右的时间里，现代公共预算制度匹配的是"小政府"，之后逐渐向匹配"大政府"转变。

一、美国城市预算改革运动

20 世纪以前，美国从地方到州和联邦政府，并没有形成一致的公共预算体系，预算分散且混乱。美国宪法赋予了众议院公共预算收支的决定权，但决定权没有实现集中统一。到 1885 年，这一决定权分散在国会的 8 个委员会中，各委员会用不同的方法记录预算收支情况。在联邦政府部门中同样存在类似的分散局面，几乎每个部门都需要依靠单独的拨款法案开展工作。在地方政府层级，基本上不存在完整的城市公共预算。大多数地方城市政府还算不上"自治主体"，只拥有州政府委托的权力，倒像一个公共企业。"美国的许多城市长期以来一直存在的某种形式的'预算'，但其充其量只是拨款法案。"① 更糟糕的是，城市本身的预算会计状况也很混乱，长期以来只能列出拨款总额，没有根据功能或支出目标进行细分，城市管理者无法掌握全面的预算情况，而且政府收集、报告财政数据的工作严重滞后。即便是在最大城市纽约，1898 年的报告到 1901 年 7 月 31 日都不能提交，1905 年的报告直到 1907 年 4 月 30 日才提交。与预算混乱相伴的是令人不满的腐败现象，财政资金被挥霍、滥用、浪费，政府低效无能，公众对政府、不同层级政府间的相互不信任度不断上升。在当时的政治改革者看来，这些现象是相关联的，尤其是公共预算缺乏，模糊了城市政府权限边界。城市权力划分不当，不仅使州的权力干预了地方治理，也为腐败大开方便之门。"腐败明显涉及市政企业与私人企业为提供类似于公共卫生或交通等公共物品或服务时订立的技术上合法的合同，这意味着全部公共权力成为了一个畸形的半公共半私人的权力，在那里，渎职者可以自由地逃避监管或者责任。"② 20 世纪初，针对消除上述弊病的预算改革运动从城市开始自下而上地发展起来。

城市预算改革运动发端于纽约。纽约是全美第一个步入现代化的大城市，19 世纪后 30 年间，纽约的人口翻了一番，超过了 340 万人，城市工业、商业也出现了极大的发展，市政服务需求十分强烈，公共项目的资金需求相当大。光 1892—1902 年间，纽约就铺设了各超过 1000 英里的输水和排水管道。到 1902 年，该市铺设了近 1800

---

① ［美］乔纳森·卡恩：《预算民主：美国的国家建设与公民权（1890—1928）》，叶娟丽等译，上海：格致出版社、上海人民出版社 2008 年版，第 30 页。

② ［美］乔纳森·卡恩：《预算民主：美国的国家建设与公民权（1890—1928）》，叶娟丽等译，上海：格致出版社、上海人民出版社 2008 年版，第 9 页。

英里的街道，穿越城市的交通小铁轨约 1300 英里。1898 年，曼哈顿、布鲁克斯、布鲁克林、里士满和女王自治区合并为新的大纽约市，旧的混乱的预算体制完全不能适应了。1894 年成立的全国市政联盟（National Municipal League）率先提出要将会计制度引入城市预算改革，1900 年该联盟发表了《市政改革方案》，强调要建立统一的报告制度，认为"任何监督都不如公开有益"，就像商业年度财务报告一样，明晰的市政会计账目会使公共"持股人"强化城市公共"主管"的责任意识。① 这场改革运动的推手是纽约市政研究所，正是纽约市政研究所的创立者们提出了"预算改革"的理念，并帮助纽约于 1908 年提交美国历史上第一份现代公共预算报告。1905 年纽约市长任命了税收与财政特别顾问委员会，致力于审查城市财政并就改革计划提交报告。不同于税收与财政特别顾问委员会下属的其他委员会只提供局部改革措施，克里夫兰领导的会计与统计委员会提出的报告论及了公共预算管理本身的性质和政治意义，他建议将统一的会计体系扩展到城市政府每个部门，来集中财政部门的权力和加强行政监督，每个部门必须提交反映每类要做的工作或公共服务所要求拨款总数的公共预算。纽约市长采纳了这一建议，并在几年后推出了美国第一份以部门职能系统分类为基础的城市公共预算报告。

纽约的城市预算改革产生了立竿见影的效果。实行新的公共预算制度后，纽约市政府终于对预算收支有了全面、详细而清晰的了解，并且对政府部门持续的预算执行进行了有效的监督，政府由于提高了资金使用效率和公开账目信息，重新赢得在公众中的威信。预算改革被认为复兴了城市民主而受到公众越来越多的认可，也为

---

① ［美］乔纳森·卡恩：《预算民主：美国的国家建设与公民权（1890—1928）》，叶娟丽等译，上海：格致出版社、上海人民出版社 2008 年版，第 18 页。

越来越多的城市所复制。1908 年起，纽约市政研究所连续四年每年举办"预算展览"，参观者可以直观地看到反映预算用途的一系列图表和模型，也从中看到纽约市新的"政治蓝图"。有 7 万人参观了 1908 年的预算展览，而有超过 100 万人的参观者参观了 1911 年的展览。纽约的成功吸引了许许多多的州和地方政府争相效仿，到 20 世纪 20 年代，绝大多数主要的美国城市的预算都进行了改革。① 在 1911—1919 年间，有 44 个州通过了预算法，到 1929 年，除阿肯色州外，每个州都采纳了新的公共预算制度。同时，改革也逐步拓展到了联邦部门和机构。1912 年，塔夫特总统向国会提交了《国家预算的必要性》报告，要求联邦政府各部门和机构均要进行分类预算，由总统来编制全面统一的政府预算。

二、国会预算程序的形成与行政预算制的建立

预算控制权的归宿始终是公共预算民主化必须关注的主题。美国预算民主化的道路不同于英法等欧洲国家，英国经过几个世纪才确立的政府征税和支出权力须由法律授予的原则，在北美殖民地为独立展开斗争之前已被接受，并成为有限、民主政府的一个基本信念。② 美国从建国起，议会即获得了宪法法定的公共预算监督权，关于预算控制权的矛盾主要存在于立法机构与行政机构、中央机构与地方机构以及竞争的民主党与共和党之间，经历了多次改革后，最终形成了议会与总统相互制衡的公共预算决策机制。

---

① Thomas D. Lynch, *Public Budgeting in America*, Englewood Cliffs: Prentice-Hall, Inc., 1979, p.13.

② [美] 艾伦·希克：《联邦预算：政治、政策、过程》第三版，苟燕楠译，北京：中国财政经济出版社 2011 年版，第 8 页。

美国独立之后，国会长期处于强势地位，"小政府"是一个广泛认可的观念。国会紧握对"钱袋"的控制权，旨在限制行政机构的权力。除非得到国会的事先授权，宪法禁止总统和联邦机构支出资金，而国会的主要手段是立法。美国分权化的选举制度及两党竞争影响塑造了国会分权化立法思维，国会的预算权力逐渐分裂。1802年国会设立了常设的众议院赋税委员会，1816年参议院设立了财政委员会，形成了众议院赋税委员会和参议院财政委员会分别负责处理收入和支出立法事务的格局。1865年、1867年众议院和参议院先后成立了拨款委员会，预算拨款由国会各拨款委员会与政府各有关部门直接发生联系，拨款申请不需事先经过总统审查，在这一预算程序中，总统对公共预算的影响十分有限，基本上不需要总统来协调收入与支出的关系。这一体制持续到1885年国会预算改革，因众议院拨款委员会被攻击对其他委员会的项目施加了过多控制，国会剥夺了拨款委员会一半多的管辖权。这次改革所引起的变化，被认为是"国会内部功能失调、分裂、浪费和管理不善的一个标志，并将成为一个以总统领导为核心的行政预算的推动因素"①。

19世纪中期的美国内战及后来的经济萧条，导致了支出巨大增长和赤字，联邦政府管理面临危机，国会却无法有效应对。国会在调控赤字上的无能，以及包括1885年预算改革所展示出的管理混乱，使国会的声望大不如从前。为更为有效的控制支出，在国会决定之前形成一个集中完整的行政预算就显得十分重要了。20世纪初，不但美国总统希望拥有更多的预算控制权，而且国会也希望创立一个行政预算，越来越多的议员成为行政预算改革的支持者。1921年，在管理巨额债务的名义下，国会通过了《预算与会计法案》。该法案

① 引自［美］阿伦·威尔达夫斯基、娜奥米·凯顿：《预算过程中的新政治》第五版，苟燕楠译，北京：中国人民大学出版社2014年版，第27页。

正式要求总统每年向国会提交一份年度预算报告，具体由新成立的预算编制机关"预算局"向总统负责拟定预算收支数额建议。法案禁止联邦机构直接向国会提出拨款申请，也就是说，非经总统同意，预算不得送达国会审议。同时，法案也创立了向国会负责的审计署（GAO），独立监督政府预算，在权力分配上加以制衡。最初，法案使总统成为国会预算控制的代理人。但随着总统权力的逐渐扩张，特别是两次世界大战和"新政"，"大政府"模式出现后，总统的角色从支出控制者变成了项目计划者。预算成为总统的主要工具之一，使他能够规划项目，推动支出政策，指挥政府新一轮的扩张。美国进入"帝王总统"的时代。①

三、行政预算的持续深化

行政主导的预算是"大政府"时代公共预算的特征。从 20 世纪中期起，美国先后采用过计划—项目—预算（PPB，planning‑programming‑budgeting）、目标管理预算（MOB，management by objectives）、零基预算（ZBB，zero base budgeting）等多种模式，来强化总统的预算控制权。② 在"小政府"时代，无论是英国、法国还是美国，现代公共预算刚建立时采用的方法主要是分项排列预算（line‑item budgeting，也称线性预算）。这种模式以预算支出的若干特定功能或目标为核心，采用分项排列的方法依次列出特定目标的预算资金，由拨款机构加以拨付。随着二战后行政规模膨胀以及公共事务需求的日益复杂化，分项排列预算显得过于简单化了。一方面，

① ［美］艾伦·希克：《联邦预算：政治、政策、过程》第三版，苟燕楠译，北京：中国财政经济出版社 2011 年版，第 13—14 页。

② 本节有关美国行政预算制度变化的论述，参见朱芳芳：《西方发达国家公共预算管理改革及发展趋势》，《经济社会体制比较》，2008 年第 3 期，第 22—27 页。

这种模式适应的是立法拨款控制要求，预算收入规模及拨款是主要的关注点，行政机构只能僵化执行。另一方面，预算立法编制与行政执行脱节，分项可能脱离实际，不足以应对多方面的公共管理需求，也就是说，分项排列预算不是全面性的预算。

回到总统和行政机构努力全面掌控预算的道路上，1961 年，美国国防部率先采用了全新的计划—项目—预算模式，它以计划为中心，利用成本—收益分析方法，把目标规划、计划制定与预算编制融为一体，成为一种旨在增进政府预算执行效果的"方案导向型"预算管理模式。规划—计划—预算模式强调预算与政府的五年或长期计划联系，客观上强化了行政首长的预算权。随后约翰逊总统于 1965 年将这一模式推广到所有政府部门。20 世纪 70 年代还发展了零基预算，其早在 1964 年就由美国农业部率先采用，并在卡特总统时期在全美国得到推广。零基预算强调政府部门的自我约束，它不按上年度的"渐进增量"（即在上一年度预算基数基础上按一定比例逐步递增）来考虑预算，而是对每个部门的工作任务及工作量重新进行全面审核，然后再确定各部门的支出预算。威尔达夫斯基认为，PPB 预算体现了横向的全面性，即比较不同的一揽子支出，以决定哪一项支出最有助于实现大的项目目标。ZBB 则体现了纵向的全面性，所有的政府活动或目标都被视为是互不关联、独立存在的。① 20 世纪 70 年代初，美国各级政府开始将私人部门的目标管理方法引入到公共部门，并发展出目标管理预算。目标管理预算模式注重预算项目执行的效率而不是主项目与各备选项目间的选择，在实践上为行政权力更好地控制预算进行了一种策略尝试。1975 年，美国行政管理与预算局要求所有机构必须提交机构目标及其财政年

① [美] 阿伦·威尔达夫斯基、娜奥米·凯顿：《预算过程中的新政治》第五版，苟燕楠译，北京：中国人民大学出版社 2014 年版，第 164 页。

度预算。虽然 MOB 被认为"与其说是种预算策略，还不如说它是种管理方法"①，但这项技术已融入到了许多联邦部门和机构的标准化作业程序中，产生了意义深远的影响。②

但是，专注于管理的连续公共预算制度创新只是解决了问题的一个方面，即强化了过程控制，还不能够从根本上解决支出规模扩张、赤字等预算失控现实难题，立法机构与行政机构对预算控制的权力之争的平衡点很容易被打破。在 20 世纪 70 年代早期，国会与总统的权力之争再次矛盾激化，政府拒绝支付国会拨付的数十亿美元，尼克松总统与国会的矛盾到了要摊牌的地步。受到担心公共预算失控和抵制总统领导权的刺激，国会通过创立新的法定预算过程来加强自身地位与作用。1974 年国会制定预算和扣押控制法案，国会对细化到项目分析的预算发表独立性的意见。国会拥有了自己的预算局，不必再依靠政府预算管理部门的经济预测和项目评估。新的国会预算过程打开了立法权和行政权冲突的大门，长期分裂的政府和疲软的经济表现则让这扇冲突的大门长期敞开。③

四、预算时期的公共预算发展与民主化特点

预算时期的公共预算发展与民主化也是从技术与政治两个方向向前推进。从技术属性视角看，自 19 世纪初英、法的公共预算创制起到 20 世纪初美国的公共预算改革，现代公共预算的特征逐渐显现

---

① [美] 詹姆斯·W.费斯勒、唐纳德·F.凯特尔：《行政过程的政治》第二版，陈振明、朱芳芳等译，北京：中国人民大学出版社 2002 年版，第 299 页。

② Thomas D. Lynch, *Public Budgeting in America*, Englewood Cliffs：Prentice-Hall, Inc., 1979, p.33.

③ [美] 艾伦·希克：《联邦预算：政治、政策、过程》第三版，苟燕楠译，北京：中国财政经济出版社 2011 年版，第 17 页。

固定下来。这些特征，或多或少都有着"有限政府"的影子，体现了对政府权力的控制导向。随着"大政府"时代的到来，现代公共预算已从关注预算收入转向了预算支出，行政预算在一定程度上成为现代公共预算的代名词。19世纪末以来，美国的预算改革者们对当时兴起的科学管理思想倍加推崇，认为"管理位居民主政府的核心位置"[1]。在吸纳了科学管理基本理念后，进一步将公共预算技术推向精细化和理性化，对公共预算支出的项目、过程、行为、结果的管理成为新的任务。在强调对权力进行民主制约的同时，进一步将追求科学预算管理纳入公共预算民主化范围。

　　第二次世界大战后，在美国形成了居于立法控制考虑，兼顾管理需要，带有显著管理技术特征的现代公共预算准则。1945年，时任美国预算管理局局长的哈罗德·D.史密斯对此加以了总结，在原先年度性、一致性、恰当性和审计准则基础上，提出了现代公共预算八项准则：一是计划准则（programming），预算必须立法成为政府的计划，才能对政府在政治、经济和社会各方面的责任和行动产生影响。预算必须与计划结合为一个整体置于最高行政首长的控制之下。二是责任准则（responsibility），拨款只是赋予某个机构去执行花钱的任务，而不是使其变成"既得权力"机构，机构有责任用最有效率的方式去执行立法意图，行政首长也有责任要求机构这样做。三是报告准则（reporting），无论立法机构还是行政机构，在编制预算时必须依据来自政府各行政部门的全面统一的财务与执行报告。四是充足预算"工具"准则（adequate budget "tools"），预算执行机构需要有充足的行政手段来履行责任，包括建立政府专门预算机构、按月或按季度拨付资金、设立应急储备金、进行预算报告

---

[1]　Harold D. Smith, *The Management of Your Government*, New York：McGraw-Hill Book Company, Inc., 1945, p.3.

等都是政府基本的预算"工具"。五是程序多样化准则（multiple procedures），现代政府需要非常多的有效管理手段，相应地，需要多样化的预算程序与之相适应。六是自由裁量权准则（discretion），行政机构拥有拨款的自由裁量权是有效管理之需。七是实时弹性准则（flexibility in timing），预算要包含允许随经济条件变化而对财务计划立即作出调整的条款，项目时间表在执行过程中可根据经济需求进行修改。八是预算机构协调准则（two-way budget organization），有效预算需要将预算编制与预算执行置于行政首长领导下，各机构及其内部部门积极合作行动。中央预算部门与机构预算部门要通过双向联系以协调行动达成预算目标。① 在 20 世纪中期美国的预算改革者看来，这些准则，能使立法控制与行政管理有机协调统一，对民主制度提供了保障。

从公共预算的政治属性视角看，这个时期以美国为代表的公共预算民主化认识进一步深化了，具有以下特点：一是对公共权力的监督是公共预算民主化必然要求。制约权力是公共预算民主化的目标，前预算时期仅仅完成了公共权力对专制王权的监督，而对公共权力自身的监督是更加重要的要求，否则必会导致公共权力的蜕变。美国通过分权制衡的原则，形成了对公共权力及其委托人的监督；二是清晰的公共预算分类体系规范了政府权力的边界。政府权力边界模糊既是政府低效的原因，又为腐败的产生提供了土壤。美国以功能分类为基础的公共预算改革，有利于界定政府责任的特征和范围，因而能够重塑公权和私人权力之间的边界。同时，公共预算也明确了联邦、州和地方等不同层级政府间的责任划定，为政府有效管理奠定了基础；三是公共预算信息的公开透明保障了公民权。纽

---

① Harold D. Smith, *The Management of Your Government*, New York: McGraw-Hill Book Company, Inc., 1945, pp.90-93.

约的城市预算改革"主要将公民权定义为对政府行为的监督"①，民主政治要求预算成为公共政治话题的一部分，公民通过公共预算文件来了解政府是最有效的监督方式之一。纽约的预算改革者认为，在正当的预算体制下，是信息而不是个人关系在连接选民与代表。预算改革将信息作为确保那些与选民疏远了的代表重新负起责任的新手段，因此，预算改革的理念作为代议民主无可比拟的工具，应在民主文献的圣典中占有一席之地;② 四是公共预算塑造了公众民主精神，并因此优先于其他所有改革。③ 现代公共预算所形成的一系列准则，蕴含着民主价值，事实上起到了教育、培养公民的作用，增强了人们的民主观念与意识，进而影响到国家治理与民主制度的建构，所以，公共预算在国家政治生活中居于核心位置，公共预算改革对国家政治或行政体制改革具有基础性、先导性作用。

第三节　后预算时期的公共预算发展与民主化

沿着强化现代公共预算管理的道路，20 世纪中期成为行政预算管理技术创新最具活力的时期。此时，公共预算规模急剧扩大，公共预算不再看起来"小而美"。④ "大政府"时代已然来临，强化行

---

① ［美］乔纳森·卡恩：《预算民主：美国的国家建设与公民权（1890—1928）》，叶娟丽等译，上海：格致出版社、上海人民出版社 2008 年版，第 108 页。

② ［美］乔纳森·卡恩：《预算民主：美国的国家建设与公民权（1890—1928）》，叶娟丽等译，上海：格致出版社、上海人民出版社 2008 年版，第 96 页。

③ ［美］乔纳森·卡恩：《预算民主：美国的国家建设与公民权（1890—1928）》，叶娟丽等译，上海：格致出版社、上海人民出版社 2008 年版，第 97 页。

④ ［美］查尔斯·斯图尔特三世：《预算改革政治：众议院拨款程序的形成（1865—1921）》，张炭、章伟译，上海：格致出版社、上海人民出版社 2014 年版，第 85 页。

政预算管理的必要性凸显。经过持续改革，公共预算尤其是支出预算的效率得到明显提升，支出控制尤其是行政部门内部控制得到持续加强，但是，政府丑闻、僵化繁琐、浪费腐败、赤字欺诈等问题以及政府"预算最大化"的自利主义形象也在 20 世纪 70 年代达到一个高峰。80 年代新公共管理运动对公共预算管理产生了重要的影响，治理要求使公共预算管理增加了对基层民主的兴趣。在作为对政府收支的安排机制之外，公共预算越来越多地被认为具有体现民主价值、推动民主发展的文化意义。后预算时期的公共预算从弱化行政控制、提高支出效率出发，在多个方面挑战了传统，并先后出现了三个相对集中的主题，分别是 20 世纪 80 年代以来的"民营化"，90 年代以来的"使命驱动或结果导向"，2000 年以来的"公共价值管理"。

一、民营化的公共预算

立法权与行政权的预算冲突反复激化，这种斗争游戏使公共预算更加远离公众，促使人们思考公共预算民主化的方向，是继续通过预算程序改革调和立法机构与行政机构的权力，还是使公共预算更接近公众？20 世纪 80 年代，澳大利亚、新西兰、英国等国家率先兴起了新公共管理运动，这项运动作为对传统公共行政理念与模式的替代，强调将企业化管理引入政府管理过程，并采取民营化方式，把政府所提供的服务通过订立合同外包给私人公司来提供。这引起了公共预算改革一连串的反应，正好反映了公众对"大政府"时代公共预算的不满，对"小政府"时代"好预算"的期盼大大加强。

澳大利亚政府在 20 世纪 80 年代初制定了《改革澳大利亚公共服务白皮书》（*Reforming the Australian Public Service*），全面推行公共预算的企业化管理，其要点是：强调目标管理，引入项目管理预算；

关注产出，弱化投入；进行企业式规划，预算资源配置着眼于长期目标的实现；采用绩效测评的手段来保持管理者的责任感。从1984年起澳大利亚还实行了财政管理改进项目（FMIP）。该项目主要的构成部分是公司管理、项目管理、组织设计、改进的管理信息系统以及项目评估。澳大利亚的创新成为了新公共管理时代公共预算改革的早期"指示灯"。新西兰的公共预算改革除拥有澳大利亚的特点外，更强调诸如结果的经济责任、业绩的测评、支出机构增加的财政权力的授予以及改进的信息和成本测量。并且，新西兰在三个方面扩展了政府预算和管理的范围。① 第一，既在买方和卖方之间建立了新型关系，又引入了服务的提供者。每个部门的部长代表了提供的产出和服务的拥有者或者购买者。预算变成了巩固财政合约关系的工具。第二，为了支持这一设置，预算分类被广泛修改而且每年都被修改，从而实现了核心由收入到支出的转变。第三，人事管理中出现深远变化。替代了传统的方法，公司惯例被引入每个预期由有合约关系的首席执行官（合同制的公务员）所领导的部门。英国的民营化改革也很直接，包括公用事业民营化、把公共服务以合同的方式外包给私人部门以及用购买者/提供者协议来建立准市场结构。

民营化的公共预算对传统公共预算造成巨大的挑战，私人部门介入了之前政府独立完成的预算支出活动，公共部门和私人部门的职能边界进一步交叉。事实表明民营化的公共预算在降低成本，提高效率上确实起到了明显的成效，从而为众多国家所重视和采纳。萨瓦斯（E.S.Savas）在《公共部门的民营化：如何缩小政府》一书中，将民营化作为重回"小政府"预算的关键途径。他经过长期观

---

① ［美］A.普雷姆昌德：《美国、澳大利亚、新西兰以及英国的财政管理》，见罗伊·T.梅耶斯等：《公共预算经典（第一卷）：面向绩效的新发展》，苟燕楠、董静译，上海：上海财经大学出版社2005年版，第77—81页。

察世界各国的公共物品和服务的提供形式，总结了 10 种具体的安排模式，其中有 7 种的生产者是私营部门：合同、补助、凭单制、特许经营、自由市场、志愿服务和自我服务，只有 3 种的生产者是政府部门：政府服务、政府间协议和政府出售。对美国、加拿大、英国、德国、日本、瑞士等国的研究表明，在服务水平和服务质量保持不变的前提下，将管理与监督合同实施的成本计算在内，合同承包平均节省约 25%的费用。[①]

二、使命驱动/结果导向的公共预算

民营化探索促进了新一轮的公共预算的效率改革创新，20 世纪 90 年代以美国为代表的西方国家不仅推动公共支出项目上的民营化，也试图以企业家精神来改造公共预算流程，展现了全新的方向[②]：一是结果导向预算。更关注支出结果的质量，进一步强化了公共产品和服务的消费者是顾客的观念，把公众的回应性引入绩效测量和评估中。结果导向预算要求预算官员同时也是优秀的公共事务管理者，要将包括支出结果和支出机构活动在内的信息全部透明。二是富于灵活性的预算。增加公共预算的灵活性，形成鼓励节约的正向激励机制，避免政府"突击花钱"。美国加利福尼亚州的费尔菲尔德市实行资金总额预算，允许各部门保留其没有花掉的预算经费，从而十分有效地控制了支出。三是有使命感的预算。实行"责任管理"，授权各个机构去实现自己的使命，而不要受过去支出范围的束缚，由此产生了新的激励动力，"把钱花掉，不然就丧失掉"的想法让位于

① ［美］E.S.萨瓦斯：《民营化与公私部门的伙伴关系》，周志忍等译，北京：中国人民大学出版社 2002 年版，第 152 页。

② 朱芳芳：《西方发达国家公共预算管理改革及发展趋势》，《经济社会体制比较》，2008 年第 3 期，第 22—27 页。

"把钱省下来，进行投资"。四是中长期预算。预算资金配置着眼于长期目标的实现，建立连贯执行的框架，对公共预算进行以前所没有过的战略管理。此外，公民参与公共预算也在一定程度上得到了扩大。

20世纪90年代，公共预算发展最大的特点和最有成效的改革就是美国引领的结果导向预算改革。1992年是美国"政府再造"的起始年。[①] 1993年克林顿总统发动了"重塑政府运动"，成立国家绩效评估委员会，国会同年也通过《政府绩效与成果法案》，在全国推行绩效预算，使命驱动和结果导向是此次绩效预算改革的核心。美国联邦政府全面实施绩效预算是新公共管理运动中具有里程碑意义的事件。早在1949年胡佛政府时期，就提出了绩效预算的概念。它要求预算注重政府服务的最终结果而不是政府花了多少钱。胡佛委员会认为绩效预算这样做，可以"在国会和公众面前清楚地划分成果和成本"[②]。20世纪90年代，绩效预算在克林顿政府时期卷土重来，故这次回归，又被称为"新绩效预算"。新绩效预算以周密的契约安排，强化了支出责任，并把绩效与成本有机结合起来，增强了公共预算的透明度与确定性，对支出机构形成了有效监督与激励。美国的新绩效预算借鉴企业"平衡记分卡"的形式来设置预算步骤，从而能够为把预算置于一个战略或长期视角的背景中提供框架，并传达这样的理念：绩效预算不仅是包括追踪服务提供的产出和结果，必须追踪财务绩效；必须促进能够影响服务提供绩效的雇员的创新和学习环境；必须为管理服务提供内部的商业过程；从顾客角度要

---

① ［美］尼古拉斯·亨利：《公共行政与公共事务》第八版，张昕等译，北京：中国人民大学出版社2002年版，第298页。

② ［美］凯瑟琳·塞克勒-哈德森：《政府的绩效预算》，见阿尔伯特·C.海迪等：《公共预算经典（第二卷）：现代预算之路》第三版，苟燕楠、董静译，上海：上海财经大学出版社2006年版，第583—597页。

求政府在服务提供过程中承认居民对服务质量的感知以及对服务提供的满意度的重要性。① 90年代衍生自"政府再造"的各种名称的公共预算，如使命预算（Mission Budgeting）、企业家预算（Entrepreneurial Budgeting）、绩效预算（Performance-based Budgeting），基本上指的都是同一种预算，沿习PPBS以来预算改革直观反映过程焦点的传统，一些学者更偏好使用结果导向预算（Budgeting for Results）的名称。② 但严格来说，结果导向的新绩效预算与传统绩效预算存在不同之处，传统绩效预算的政策制定是渐进主义模式，结果导向的新绩效预算不仅是渐进的，而且还是参与性和分权化的。绩效预算中预算机构最主要的工作重点是产生效率，而结果导向的新绩效预算中预算机构的重要角色是确定责任。③ 经过近10年的努力，结果导向预算已成为当今世界的主流预算模式。

三、管理公共价值的公共预算

不论是民营化还是结果导向，公共预算中缺乏价值理性的问题仍然没有得到根本解决。新公共管理总体上过分强调了公共预算管理与执行工具的作用，面对新的多元治理需求，就显现出了局限性。

一方面，民营化的目标要求与公共预算的公共性内在要求存在着矛盾。对民营化的批评来自三个方面：第一，民营化以及试图模

---

① ［美］珍妮特·M.凯丽、威廉姆·C.瑞文巴克：《地方政府绩效预算》，苟燕楠译，上海：上海财经大学出版社2007年版，第106页。

② OECD对20世纪90年代各主要成员国的公共预算改革的新变化提交了总结报告，认为产生了"结果导向预算"这一共性。参见经济合作与发展组织：《比较预算》，财政部财政科学研究所译，北京：人民出版社2001年版。

③ ［美］尼古拉斯·亨利：《公共行政与公共事务》第八版，张昕等译，北京：中国人民大学出版社2002年版，第391—392页。

仿私营部门的种种努力缩小了政府责任范围并且把关注的焦点放在了达到标准和使顾客满意上。这样的方法并没有反映公共部门中多重的、重叠的责任途径，私营部门的标准更缺乏严格性。私人公司总是负责产生利润，公共部门则必须更加关注过程和政策，强调公共权力的责任。第二，新的管理模式没有适度强调公法和民主规范，公共责任因而被减少了。第三，公共行政官员被视为企业家，这是狭隘的观点，它不适合于实现诸如公平、正义、参与和表达公共利益这样的民主原则。正是使行政官员成为企业家的那些品质可能会使其成为一个低效率的公务员。①

另一方面，结果导向预算无法有效回应治理碎片化等挑战。虽然后预算时期的公共预算显现出了与以往不同的灵活性和政府放权，但非年度性的连续预算所致的非弹性（inflexibility）、预算多变所致的不可预测性（unpredictability）、预算分散所致的碎片化（fragmentation）和民营化所致的公共责任模糊等，偏离了传统预算准则，也反映了现代预算改革的失灵。② 威尔达夫斯基对这些现象表示了担忧，他认为这表明传统的预算准则已发生了变化，转变成一种"无法辨认的令人厌恶的形式"，预算改革应该恢复年度性、平衡性、全面性等传统的预算准则，并提倡彻底变化。③ 特别是结果导向的新公共管理改革仍然停留在专业化部门应对治理挑战的思维上，反而进一步加剧了碎片化，引起政府治理碎片化。其结果：一是成本与问题在部门间相互转嫁，每个部门都可能有部门中心主义的倾向，把

① ［美］珍妮特·V.登哈特、罗伯特·B.登哈特：《新公共服务：服务，而不是掌舵》，丁煌译，北京：中国人民大学出版社 2014 年版，第 132—133 页。

② Naomi Caiden, "A New Perspective on Budgetary Reform", *Australia Journal of Public Administration*, Vol.48, Iss.1, 1989, pp.51-58.

③ ［美］阿伦·威尔达夫斯基：《预算与治理》，布莱登·斯瓦德洛编，苟燕楠译，上海：上海财经大学出版社 2010 年版，第 227 页。

责任推给别的部门，转嫁解决问题的成本；二是项目相互冲突，政府部门在具体项目的内容上相互冲突，或在参与同一个项目时的运作方式与手段是冲突的；三是重复建设，下级政府或机构往往在进行项目运作时与多个不同上级部门进行沟通，导致资源浪费；四是服务目标相互冲突，不同部门所服务的目标会产生相互冲突的情况；五是不同部门与机构之间缺乏沟通机制，政府难于有效干预社会事务；六是各自为政，部分部门往往忽视公共事务的复杂性，高估自身能力，最后无法满足真正需求。① 公共预算面临的这些挑战，说明结果导向预算的先天不足之处在于狭隘地定义了"结果"，结果实现的不只是效率、还有公共价值，不只是"企业家"责任、还有公共责任。珍妮特·V.登哈特和罗伯特·B.登哈特批评了某些新公共管理的倡导者，指出他们所喜欢的关注成果或结果没有满足对民主规范和价值负责的需要。② 因此，预算改革的关键还在于将长期在实践中被割裂开的工具理性与价值理性重新连接起来，政府单纯以管理主义还不足以达到善治，还需要适应公共利益创造并实现公共价值。

形成于 20 世纪 90 年代后期的公共价值管理思想，是新公共管理自身发展又一次重大突破。马克·H.穆尔 1995 年在《创造公共价值：政府战略管理》一书中提出了"公共价值"的概念，并指出：正如私营部门管理工作的目的是创造"价值"一样，公共部门管理工作的目的是创造"公共"价值。③ 约翰·布赖森（John M.Bryson）等人认为，公共价值管理代表着一种新的公共行政运动正在出现，

① 杨博、谢光远：《论"公共价值管理"：一种后新公共管理理论的超越与限度》，《政治学研究》，2014 年第 6 期，第 114 页。

② ［美］珍妮特·V.登哈特、罗伯特·B.登哈特：《新公共服务：服务，而不是掌舵》，丁煌译，北京：中国人民大学出版社 2014 年版，第 96 页。

③ ［美］马克·H.穆尔：《创造公共价值：政府战略管理》，伍满桂译，北京：商务印书馆 2016 年版，第 49 页。

它超越了传统的公共行政和新公共管理运动。新的运动回应了一个网络、多部门、无人完全负责的世界的挑战，并回应之前公共行政方法的不足。在新的方法中，民主重新回到价值体系的中央，公民、公民权和民主是新方法的中心。政府扮演了公共价值维护者的特殊角色，公民以及企业和非盈利组织作为积极的公共问题解决者同样重要。公民变成了问题解决者、共同创新者和积极治理者。①

这种寻求管理公共价值的公共预算变革主要从三个方面体现出来：一是公共预算注重民主相关价值的塑造。不仅传统预算中的平衡性、全面性等准则被赋予了复兴民主的意义，而且预算透明、绩效责任等作为价值要求成为预算新的准则；二是公共预算的重心从控制、管理，进一步转向服务。公共预算不是为了向顾客服务，而是为了向公民服务，因此，公共预算也要追求效率、效力之外的公平。马克·H.穆尔强调要从两个角度看待问题："既不能不考虑高效地生产和分配服务的问题，也不能忽视公平地分配利益和义务的问题。一旦涉及公共权力，就不得不考虑公平问题。一旦需要花费税收，就得涉及公共权力。"② 三是公民参与预算的扩大。公民参与预算的迅速兴起传播，是 21 世纪以来最令人激动的创新之一。参与式预算使选民代表之外的广大公民也能够参与公共预算的决策与执行，更大限度体现了公众的利益需求和价值倾向。参与式预算能够提高人们的生活质量，实现公众平等享有权利。③ 作为公共预算民主的最

---

① John M. Bryson, Barbara C. Crosby and Laura Bloomberg, "Public Value Governance: Moving Beyond Traditional Public Administration and the New Public Management", *Public Administration Review*, Vol.74, Iss.4, 2014, pp.445-456.

② ［美］马克·H.穆尔：《创造公共价值：政府战略管理》，伍满桂译，北京：商务印书馆 2016 年版，第 69 页。

③ 陈家刚、陈奕敏：《地方治理中的参与式预算：关于浙江温岭市新河镇改革的案例研究》，《公共管理学报》，2007 年第 3 期。

新实现形式，参与式预算改革值得更加详细的分析。

四、后预算时期的公共预算发展与民主化特点

后预算时期的公共预算发展总体上没有偏离预算时期的"管理"定位和效率方向，但现代公共预算体制框架被拓展了，而且越来越多地要求责任与价值体现。一些原来的单纯技术要求，被赋予了价值内涵，如预算平衡原则，已不只局限于资金，更涉及权力、利益的安排。一些原来的单纯价值要求，有了现实的技术支撑，如预算公开透明原则，在信息化时代成为可能。因此，技术的进步与价值的实现进一步融合了。

从技术属性视角来看，公共预算被赋予了更多管理主义（包括新公共管理）的技术—价值内涵，其中部分源自古典预算准则，部分则具有新的时代特征。核心的问题是效率是否是价值？这个问题在预算时期就有过争论，如古利克坚持"不管是公共还是私营，最基本的'善'就是效率"，而沃尔多（Dwight Waldo）则认为效率自身不是一个价值观，永远只能根据其追求的目的来定义，目的改变了，有效率就有可能变成无效率。但在预算时期，主流的观点是把效率作为一个中立的概念，一个衡量社会表现的公正和客观的手段。① 而到了后预算时期，特别是在公共选择理论的影响下，效率作为一种价值的判断已在公共预算准则上发生了反应。詹姆斯·M.布坎南直言：在制度选择理论中，"效率"准则和"正义"准则可以并为同一种东西。"有效率的财政制度也是公平的，或公平的财政制

---

① ［美］罗伯特·丹哈特：《公共组织理论》第二版，项龙、刘俊生译，北京：华夏出版社 2002 年版，第 67—68 页。

度也是有效率的。"① 在这种思想作用下，新的准则与古典准则结合到了一起，形成了后预算时期的公共预算准则。OECD 将目前世界各国在实践中遵循的主要公共预算准则概括为十项②：一是权威准则（Authoritativeness），预算决策权要被合适地配置到立法与行政机构，决策权威部门可以依次将权力委托给下一级的机构。这是公共预算最重要的准则。二是年度准则（Annual basis），预算按年度授权，年度预算先于每一财年颁布，预算结果按年评估。三是广泛准则（Universality），所有的预算收入和支出包含在一个预算中，收入不指定用途，支出也不能用收入抵消。四是统一准则（Unity），预算提交审议或颁布时，所有的收支都应在同一时间同一文件中体现。五是专门准则（Specificity），预算估算时无论收支都要附上细节说明，支出或拨款机构在每个项目上都必须有法定的最大支出限额。六是平衡准则（Balance），预算支出要与收入平衡。七是责任准则（Accountability），在行政机构内，预算管理者的责任是清晰的，预算执行部门要提交如何履行法定责任的报告，每年还要由独立的外部审计机构来向立法或行政机构提交审计报告。八是透明准则（Transparency），各级政府的职责是清晰的，所有与预算有关的财政或非财政信息都能及时向公众公开。九是稳定准则（Stability），要建立中长期的预算框架，包括税率等在内的预算变化应该是相当稳定。十是绩效准则（Performancc），把预算的效率、效力、效果等联系起来，并报告预算的过去、现在情况及未来预期。今天，这些准则中已无法看出政治与行政的绝对区分，它们都已不是单纯的技术准则，同样被视作价值要求与立法原则。

---

① ［美］詹姆斯·M.布坎南：《民主财政论》，穆怀朋译，北京：商务印书馆1993年版，第307—308页。

② OECD，"The Legal Framework for Budget Systems：An International Comparison"，*OECD Journal on Budgeting*，Vol.4，No.3，OECD publications，2004，pp.132-150.

虽然公共预算准则越来越多，但在现实中还无法找到一种理想化的公共预算。在现代，公共预算要满足多种目标和需要，比如，公共预算为了计划需要持续性，为了政策评估需要变化性，为了经济需要灵活性，为了限制支出需要刚性，为了责任需要公开性。这些目标各不相同，有些在某种程度上是对立的。威尔达夫斯基认为："很明显，没有一种预算模式能够同时实现持续性和变化性、刚性和灵活性。""这些不同并且（在某种程度上）对立的目的暗示了预算编制永远都不会令人满意。"① 这很好地解释了近几十年来频繁预算改革的动因，毕竟公共预算总不能令人满意。在威尔达夫斯基看来，不改变政治过程，公共预算过程就不可能有重大变革，"预算只是这种政治体制的一种表现形式，说想在不改变影响力分配的情况下实施重大预算改革是没有意义的。"② 这就意味着，现行的民主政治制度尤其是代议制民主制度存在的局限制约了公共预算改革，必须从中找到原因。基于此，通过扩大公民直接参与，采取新的方式来重新分配预算权的改革在实践中逐渐发展起来，公共预算民主化开始出现了新的气象。

从政治属性视角来看，这一时期的公共预算民主化具有以下特点：一是对公共预算权力的合理安排仍然是公共预算民主化的主题。其中，最显著的变化是预算权力的分散化趋势。预算权由中央向地方层级分权，由政府部门向代理机构、非政府组织分权，预算权力主体多元化，公众参与预算成为公民权保障的重要内容。预算分权与善治紧密联系起来，善治分权在行政、政治、财政和经济等层面实践中得到进一步拓展，"分权现在不仅包括社会在形成公共政策中

---

① ［美］阿伦·威尔达夫斯基、娜奥米·凯顿：《预算过程中的新政治》第五版，苟燕楠译，北京：中国人民大学出版社2014年版，第159页。

② ［美］阿伦·威尔达夫斯基、娜奥米·凯顿：《预算过程中的新政治》第五版，苟燕楠译，北京：中国人民大学出版社2014年版，第161页。

政府权力、权威和责任的转移，也包括权威和资源的共享。"① 二是对国家财富和社会资源的高效组织、管理和使用成为公共预算民主的内在要求。通过提升公共预算管理的效率和效力，促进国家经济社会发展，人民生活水平提高，才能使民主的成果为民所享，民主制度也才有吸引力。加强公共预算科学化、精细化管理，是公共预算民主向更高水平发展的必经之路。三是公共预算民主的传播方式发生了变化。一方面，与预算时期不同，公共预算民主化自上而下的传播方式逐渐变为自下而上，地方政府的创新行动为公共预算民主发展增添了新的动力。另一方面公共预算改革与治理改革相互影响、融合。政治行政二分的界限不再鲜明，政府改革的理念、方法能很快在公共预算改革中全面体现。绩效、责任、服务等新的治理理念在公共预算改革中找到了可操作的办法。特别是公共预算民主化与善治在发展方向上趋于一致，形成互为促进的态势。四是民主价值以新的形式内化到公共预算过程。民主从一个外在于预算管理和技术的政治价值，逐渐转变为内在于公共预算过程的公共价值。公共预算的目标从控制到管理再到服务并创造实现公共价值，预算过程中逐渐形成了一个以民主权利与义务实现为核心的公共价值集，年度性、全面性、平衡性等传统技术标准具有了规范政府责任的政治含义，包容、公开、公平等在这个价值集里拥有自己的重要位置。巴里·波兹曼（Barry Bozeman）提出：一个社会的公共价值（public values）是这样一些有规范共设的东西，包括（1）公民应该（和不应该）被赋予的权力、好处、特权；（2）公民对社会、国家和公民

① ［美］G.沙布尔·吉玛、丹尼斯·A.荣迪内利编：《分权化治理：新概念与新实践》，唐贤兴、张进军等译，上海：格致出版社、上海人民出版版社2013年版，第5页。

彼此间的义务；（3）政府和政府应该遵守的原则。① 因此，民主作为公共价值是公共预算要实现的目标，民主价值与传统公共预算的技术性准则进一步融合在一起，或者说，技术性准则具有了民主意义。

在后预算时期出现了预算难以预测、碎片化等问题的同时，公共预算改革兴起了恢复传统预算准则的呼声。威尔达夫斯基认为，后预算时期特别是第二次世界大战之后出现了诸多问题，关键是抛弃了预算准则。预算准则已退回到一个不重要的位置，并且这些准则一个接一个地被削弱，人们比以往更少关注预算准则，而预算实践仍在继续，似乎什么都没发生。基于年度性准则的可预见性下降，恶化了财政部门维持全面性的能力，全面性的下降又弱化了控制。由于无法均衡所有主要形式支出，平衡性受到侵蚀，进而"致使维持预算斗争在可容忍的限度内的内部约束受到腐蚀"，预算控制将是混乱的。"目前广泛运用的新支出制度使得现代预算成为一个毫无价值的东西"。② 为此，威尔达夫斯基提出预算改革就是要恢复传统的预算准则。艾伦·鲁宾对传统与现代的预算经典准则进行了比较分析后发现，一些预算的核心概念已失去了本意或被加上了新的东西，研究者需要重新审视预算概念，弄清这些概念现在是如何使用的，在什么情况下使用的，以得出更好的定义。在这些概念中，"平衡"和"持续性"是其中最重要和发人深思的术语。她指出，在当代一致性预算已为碎片化预算所取代，年度预算也不再是准则，作为预算基石的年度平衡概念，在业已生成的混乱中失去了确定性。

---

① Barry Bozeman, *Public Values and Public Interest*: *Counterbalancing Economic Individualism*, Washington, DC: Georgetown University Press, 2007, p.17.

② ［美］阿伦·威尔达夫斯基：《预算与治理》，布莱登·斯瓦德洛编，苟燕楠译，上海：上海财经大学出版社 2010 年版，第 221—225 页。

在恢复传统预算准则的改革中，恢复和坚持平衡性准则最具有意义，因为一方面，"预算平衡的衰败给年度性准则和全面性准则带来的有害影响最明显"。①另一方面，"追求平衡经常被用作是强制削减支出的杠杆，所以，定义和测量平衡变得更加重要。"② 回顾公共预算准则的起源，预算平衡很早就成为了同时兼具技术要求和政治价值的一项准则。18 世纪的古典政治经济学家就倡导平衡的财政与预算。美国民主制度的重要设计者、首任财政部长亚历山大·汉密尔顿（Alexander Hamilton）特别强调了平衡的战略意义，指出政府债务的发生，总是伴随着偿债的方式，这就是使政府常保公信力于不坠的真正秘诀。他曾警告：当政府债务成长超过公民的负荷时，动乱和革命就是必然的结果。③ 现代预算制度形成过程中，预算平衡长期是作为立法权（拨款权）与行政权（执行权）平衡的要求。但随着行政预算的出现，预算平衡逐渐弱化为一个财务管理概念，凯恩斯主义被认为彻底破坏了预算平衡。④

20 世纪 70 年代以来，公共选择学派再次强调预算平衡与政府责任的重要关系，试图重构平衡预算规则，并借此对财政"立宪"。后预算时期，预算平衡再次逐步由一个管理要求上升为政治价值。一方面，平衡代表着对政府预算规模及行为的约束，失去平衡意味着政府失控。公众已习惯于把预算平衡当作政府机器及社会制度处于

① ［美］阿伦·威尔达夫斯基：《预算与治理》，布莱登·斯瓦德洛编，苟燕楠译，上海：上海财经大学出版社 2010 年版，第 225 页。

② Irene Rubin, "Past and Future Budget Classics: A Research Agenda", *Public Administration Review*, Vol.75, Iss.1, 2014, pp.25—35.

③ ［美］尼古拉斯·亨利：《公共行政与公共事务》第八版，张昕等译，北京：中国人民大学出版社 2002 年版，第 376—377 页。

④ ［美］娜奥米·凯顿：《粉饰的平衡预算和现实的平衡预算》，见罗伊·T.梅耶斯等：《公共预算经典（第一卷）：面向绩效的新发展》，苟燕楠、董静译，上海：上海财经大学出版社 2005 年版，第 183 页。

良好运行状态的保证，以此形成对民主制度的一个价值判断。另一方面，公共预算是政府的承诺，也是对民主的承诺，资金失衡的赤字，亦是民主的赤字。再一方面，预算平衡对于民主的实现意义重大，对预算平衡的追求有助于形成公众信任、合作与协商的基础。威尔达夫斯基从文化的角度指出："平衡产生了自我牺牲的感觉，因为每一部分都必须以牺牲来获得一个外部目标。参与者由于了解行动将彼此影响，从而促进了参与者之间相互容忍和相互尊敬。"①

进入 21 世纪，面对令人堪忧的财政赤字及公共债务现状，预算平衡以"黄金法则"的身份重回当今世界舞台的中心。例如，2011年 3 月，法国总理提出了《关于公共财政平衡的宪法草案》，提出要创建一个新的法律文书，即"公共财政平衡的法律框架"，目的是"为了使得公共财政回归平衡并让公共账户继续朝可持续性发展方向"。米歇尔·布维耶（Michel Bouvier）认为，"黄金法则"的回归，表明经济与财政环境中"经济逻辑（或管理逻辑）"与"政治逻辑（或法律逻辑）"之间的矛盾必须得到化解。"这不仅是为了让各国尽快走出经济危机而提出的一项法则，它同样还显示了更深层面的意义：即政治与管理正在相互渗透。而这种相互渗透，最终在一种'理性地管理公共资金'的文化背景下，以新公共财政管理的形式出现。"②

---

① ［美］阿伦·威尔达夫斯基：《预算与治理》，布莱登·斯瓦德洛编，苟燕楠译，上海：上海财经大学出版社 2010 年版，第 225 页。

② ［法］米歇尔·布维耶：《"黄金法则"：通向公共预算平衡及削减公共债务的法律之路？》，黄严译，《公共行政评论》，2011 年第 6 期，第 103—178 页。

第四节　参与式预算：公共预算民主的最新实现形式

在公共预算的诸多改革创新中，没有哪种模式比参与式预算更加重视公共价值的实现，也没有哪项改革能像参与式预算那样直接提出民主的目标，并对实现与扩大公共预算民主进行了卓有成效的探索。参与式预算的兴起是预算民主化进程中的新进展，它鼓励普通公众参与预算分配的决策，被认为是一项"民主发明"。自从 20 世纪 80 年代巴西阿雷格里港市首创了参与式预算民主实践后，到目前，全球五大洲约有 1500 个参与式预算项目在实施。21 世纪以来，虽然有些参与式预算试验结束了，但更多的参与式预算改革正融入地方政府的制度创新中不断传播，深入地改变着公共预算制度的面貌。参与式预算远不再是一个才刚刚受到广泛关注的地方性倡议行动，而是在许多地方成为政治现实。①

一、拉丁美洲的参与式预算

当代具有世界影响的参与式预算模式产生于巴西，其产生的背景正好是 20 世纪 80 年代巴西从独裁到民主的转型取得决定性成果的阶段。② 1989 年，巴西南里奥格兰德省的首府阿雷格里港市首创

---

① ［德］鲁道夫·特劳普-梅茨：《导言》，见 ［法］伊夫·辛多默、［德］鲁道夫·特劳普-梅茨、张俊华编，《亚欧参与式预算》，上海：上海人民出版社 2011 年版，第 1 页。

② ［法］伊夫·辛多默、卡斯滕·赫茨贝格：《参与式预算：一个全球视角》，见 ［法］伊夫·辛多默、［德］鲁道夫·特劳普-梅茨、张俊华编，《亚欧参与式预算》，上海：上海人民出版社 2011 年版，第 8 页。

了参与式预算。工党选举获胜后，实施了"机会之窗"政策，基本理念就是让普通公众参与到预算决策中来，行使预算决策权，决定公共资源的配置。20 世纪 80 年代，在经历了"巴西奇迹"的高速增长后，巴西的发展遇到了长期通货膨胀、外债高悬和地区发展严重不平衡等问题，无论在城市还是农村，收入不平衡和贫困现象相当突出，被认为是当时世界最不平等的社会之一，民主治理和公共投资均等化的呼声日益高涨。阿雷格里港尽管地处巴西最发达的地区，也面临着极为困难的形势，1988—1993 年间，其消费者价格指数平均一年增长 13784%。① 新上台的工党政府为此推进了一系列后来称为参与式预算的改革。改革的主要做法是在全市 16 个行政区成立向所有人开放的"地区大会"，市政府代表与市民沟通提出公共投资项目初步意向；"地区大会"选出代表组成"代表论坛"，在各行政区举办会议与市民进一步讨论当地预算项目，之后将讨论结果带回第二次"地区大会"投票决定最终建议方案；每个行政区选出两名代表参与"全市预算委员会"，与政府、有关市民组织、团体的代表一起在"全市预算委员会"审议预算提案，之后由"全市预算委员会"将提案提交市长及市议会批准。在整个程序中，政府提供了相关的配合与保障。

阿雷格里港的参与式预算是预算民主化发展的一个里程碑，公众、社会组织、非政府组织、工会与政府通过协商分享了预算权，住房、道路、供水、教育、公共卫生与医疗、社会福利等公众需求得到了积极的回应与改善，民主与社会公平得到了明显增强，公众对这一制度的信任度和参与度迅速增加。据统计，1989 年全市有1510 人参与预算，1993 年达到 10735 人，2002 年则达到 28907 人。

---

① 乔斯林·梅代罗斯：《财政分权背景下的公民参与：市政管理中的实践——公民参与政府预算：来自巴西的经验》，邹玥译，见马骏、侯一麟、林尚立主编：《国家治理与公共预算》，北京：中国财政经济出版社 2007 年版，第 132 页。

12 年时间里参与人数增长了 18 倍。[1] 尤其突出的是，阿雷格里港市政府对承诺项目的实施率几乎达到了 100%，从而发挥了非常良好的示范效应。1990 年，巴西有 12 座城市实施了参与式预算，到 2001 年，巴西有 200 多个城市实施了参与式预算。在 2001—2004 年间，巴西 10 万人以上的城市中，有三分之一实施了参与式预算；在 100 万人以上的城市中，有 60% 的城市实施了参与式预算。继巴西之后，秘鲁、厄瓜多尔、玻利维亚、委内瑞拉、哥伦比亚等"安第斯地区国家"先后发展起了制度化水平较高的参与式预算，成为参与式预算实施经验的第二大来源。[2] 进入 21 世纪，参与式预算迅速影响到拉丁美洲的每一个区域，2010 年前后，约有 900 座城市引入了参与式预算。拉丁美洲的参与式预算实现了"赋权协商民主"（empowered deliberative democracy）的参与战略创新，积极促进公民参与治理朝着深度延伸，增加了人们对民主治理转型的兴趣。[3]

二、欧洲的参与式预算

对于现代预算民主化的重要发源地欧洲而言，参与式预算反而是舶来品。2000 年以来，参与式预算才在欧洲出现了快速传播的局面。2001 年在阿雷格里港举行的世界社会论坛（WSF）极大推动了阿雷格里港模式参与式预算向欧洲的传播，此后世界银行等国际组

---

[1]　Andreas Novy and Bernhard Leubolt, "Participatory Budgeting in Porto Alegre: Social Innovation and the Dialectical Relationship of State and Civil Society", *Urban Studies*, Vol.42, No. 11, 2005, pp.2023-2036.

[2]　联合国人居署：《参与式预算 72 问》，城市社区参与治理资源平台编译，北京：中国社会出版社 2010 年版，第 5 页。

[3]　Dennis Rodgers, "Contingent Democratisation? The Rise and Fall of Participatory Budgeting in Buenos Aires", *Journal of Latin American Studies*, Vol. 42, 2010, pp.1-27.

织利用地方伙伴合作项目支持欧洲的参与式预算试验也有力地促进了传播，欧洲国家的左翼政党则是参与式预算早期传播的重要推手。欧洲最初的参与式预算出现在德国、英国和意大利，很快就传播到欧洲各主要国家。2000 年欧洲有 6 座城市实施了参与式预算，到 2005 年达到了 55 座，其中包括巴黎、伦敦、罗马、里斯本、柏林这样的首都城市，2008 年则有超过 100 座城市实施了参与式预算。①欧洲的参与式预算不只局限于基层试验，在英国等发达国家，参与式预算获得中央政府的支持。在欧洲，参与式预算因能有效回应政府缺乏责任、公众疏远政府以及对民主制度合法性的质疑而受到欢迎，参与式预算在欧洲的发展摆脱了政治结构的约束，得到了众多跨党派和政府网络的支持和"由上而下"的倡导。

欧洲的参与式预算呈现出模式的多样性，辛多默等人将之归纳为六种模式②：（1）阿雷格里港的改编版，这种模式是阿雷格里港的欧洲版，公众个人仍是重要的参与者之一，并集中讨论具体的投资和项目；（2）利益集团参与，在这种模式中，非政府组织、工会和其他利益集团是主要参与者，政策目标的拟定及议程设置更受关注；（3）社区参与预算，在这种模式中，由非政府的主要参与者设立专门基金来资助社区发展的项目，决策由一个由公民代表组成的董事会、委员会或大会来决定；（4）多方利益相关者的参与，在这种模式中，私营公司参与进来，通过公私谈判发挥影响力；（5）就近参与，在这种模式中，参与者是纯咨询性的。就近参与者只是对

① Yves Sintomer, Carsten Herzberc and Anja Röcke, "Participatory Budgeting in Europe: Potentials and Challenges", *Internationl Journal of Urban and Regional Research*, Vol.32, No.1, 2008, pp.164-178.

② ［法］伊夫·辛多默、卡斯滕·赫茨贝格：《参与式预算：一个全球视角》，见［法］伊夫·辛多默、［德］鲁道夫·特劳普-梅茨、张俊华编：《亚欧参与式预算》，上海：上海人民出版社 2011 年版，第 14 页。

96

一般性战略目标而非投资额度提供咨询性建议，决策由地方政府或议会作出；（6）公共财政咨询，在这种模式中，政府就预算信息情况向公众通报，增强透明度。在地理分布上，这些模式虽散布欧洲各国，但相对而言，前两种模式比较集中在西班牙和伊比利亚半岛国家，第三、四种模式可以在中东欧国家和英国找到影子，第五种模式主要集中在法国和葡萄牙，第六种模式则以德国居多。

　　欧洲参与式预算的多样性，反映了预算民主化内涵的丰富性。预算民主化不只是涉及在更大范围（甚至是全民范围）实现公众参与决策、民主分权、社会公平、社会再分配等主题，还涉及克服政治不满、政治不信任、公民参与冷漠等代议制民主现实难题等主题，更涉及开放式政府伙伴关系等新的治理创新主题。基于不同的政治认知和行动目标，欧洲参与式预算发展出了多样化的模式，这些模式与拉丁美洲的做法是有差别的。比如德国的参与式预算就不能用巴西阿雷格里港的视角来解读。① 在德国城市中，公众参与的出发点是对公共服务实施一种参与式评估，而不是讨论优先项目的投资。因此，德国参与式预算的亮点是预算的透明度，最终也实现了民主化的部分目标：社区需求得到更好响应，公共服务更贴近公众，行政机构与公众建立起更加密切的关系，行政机构的形象也随之改善。

三、亚洲、非洲与北美洲的参与式预算

　　总体上，亚洲的参与式预算发展晚于欧洲。在个案上，亚洲最早的参与式预算发生在 1996 年印度的喀拉拉邦。1996 年，在左翼政党推动下，"喀拉拉邦第九个计划的人民运动"开始实施，当年动员

---

　　① ［法］卡斯滕·赫茨贝格：《参与与现代化：参与式预算在德国——以柏林利希滕贝格区为例》，见［法］伊夫·辛多默、［德］鲁道夫·特劳普-梅茨、张俊华编：《亚欧参与式预算》，上海：上海人民出版社 2011 年版，第 141 页。

了该地区 300 多万居民参与决定预算，参与者可对该邦近 40% 的收入作出预算决定。目前，多数亚洲国家都或多或少引入了参与式预算，但最具活力的地区主要在东亚和东南亚。日本在 2000 年后开展了分权化改革，推动了众多城市引入参与式预算。在日本形成了五种参与式预算：（1）预算制定过程的信息公开披露（鸟取县，2003年）；（2）由市民委员会提出预算制定意见书（志木市，2004年）；（3）将预算资金提供给社区居民，让他们执行自己的项目（名张市，2003年）；（4）将百分之一的预算提供给非营利组织，用于执行基于市民表决的项目（市川市，2005年）；5. 行政部门与非营利组织之间联合进行项目规划（千叶县，2004年）。① 韩国 2003 年最初由光州引入参与式预算，此后，卢武铉政府推动的 "参与式政府" 行动，有力地由上而下促进了韩国参与式预算在全国的发展。到2009 年，超过三分之一的韩国地方政府颁布了参与式预算法令。在做法上，韩国的参与式预算受到了巴西阿雷格里港模式的较多影响，形成了阿雷格里港的改编版。中国的参与式预算自 2005 年起开始发展，而此前中国在广大农村推动了扩大基层民主决策与监督的改革以及在城市地方预算改革中推行 "阳光财政" 建设，已不断积累了参与式民主的要素。在 20 世纪 90 年代实行的村务公开等措施中，农村基层群众有机会对基层预算进行监督。1999 年，浙江温岭开展了 "民主恳谈" 实践，开启了公众参与公共事务决策的新途径。2005 年温岭市将乡镇的财政预算编制和审查列入 "民主恳谈" 的内容，温岭模式的参与式预算由此产生。② 2005 年后哈尔滨市、无锡

---

① ［日］松原村晶：《日本市川市参与式预算》，见［法］伊夫·辛多默、［德］鲁道夫·特劳普-梅茨、张俊华编：《亚欧参与式预算》，上海：上海人民出版社 2011 年版，第 27—30 页。

② 陈奕敏主编：《从民主恳谈到参与式预算》，北京：世界知识出版社 2012 年版，第 154 页。

市、上海市的惠南镇和闵行区、焦作市、顺德市、淮南市等地也正式引入公民参与预算，参与式预算在中国的城乡不断发展。近年来，地方参与式预算探索与民主治理进一步结合起来，例如福建厦门市、云南盐津县探索了全过程参与、实现"共治共享"的基层参与式预算形式。中国不仅成为亚洲"对参与式预算兴趣与日俱增的地方"，并成为了"国际交流的中心"。① 此外，孟加拉、菲律宾、印度尼西亚等也是引入了参与式预算并取得明显成效的亚洲国家。较欧洲而言，亚洲国家间的政治、经济和文化差异更大，虽然不少实践受到阿雷格里港等形式的启发，但在具体做法上更加多样而复杂。有的学者认为，亚洲国家的政治结构差异比欧洲或拉丁美洲大得多，文化和生活水准方面的差异也很显著，并且都处于一个经济加速发展、连续分权化的阶段，亚洲的参与式预算难以勾画一幅全景，总的来说有点像混合体。②

从 2000 年左右开始，非洲一些国家引入参与式预算，这块世界最贫穷的大陆开始新的民主探索。莫桑比克的曼希萨市 2000 年设立了多利益相关者管理委员会，社区成员联合参与地方政府的项目规划、实施、监督和评估。肯尼亚的内罗比市 2003 年让公众参与预算过程，公众提议和实施的项目数量大幅上升，在 2002—2003 年所确定的 154 个项目中，有 106 个项目列入候选名单给予资金支持并付诸实施。南非、坦桑尼亚、乌干达、赞比亚、津巴布韦等国家也先后发展了参与式预算，南非在增强政府信息透明度、坦桑尼亚在鼓

① ［法］伊夫·辛多默、卡斯滕·赫茨贝格：《参与式预算：一个全球视角》，见［法］伊夫·辛多默、［德］鲁道夫·特劳普-梅茨、张俊华编：《亚欧参与式预算》，上海：上海人民出版社 2011 年版，第 17 页。

② ［法］伊夫·辛多默、卡斯滕·赫茨贝格：《参与式预算：一个全球视角》，见［法］伊夫·辛多默、［德］鲁道夫·特劳普-梅茨、张俊华编：《亚欧参与式预算》，上海：上海人民出版社 2011 年版，第 16 页。

励私人捐款、乌干达在公众参与中长期预算等方面都取得了成效。非洲的参与式预算中，公众参与大多数是非强制性的。非洲的参与式预算项目相当多地得到了联合国人居署、世界银行及其他国际组织的支持，但非洲经济文化不发达以及政治不民主不透明程度较其他地区更加严重，严重制约了参与式预算的发展。世界银行评估报告认为，非洲特别是撒哈拉以南国家的参与式预算面临相似的挑战，包括缺乏能力、行动者角色和职责的理解有限、参与范围有限、立法限制、监管和评估系统不利、缺乏透明与信任、沟通不畅、资源不足以及政治和社会分歧。①

北美洲是参与式预算发展水平较高的地区。在美国和加拿大，公民参与有着比较悠久的历史传统，二战后，公民参与制度又得到了丰富发展。在地方治理层面，形成公众听证会、焦点团体、公民咨询委员会等多种参与形式，公民社区不断壮大，公众对预算等公共事务的决策权也在不断扩大。美国在 20 世纪 60 年代兴起了新公民参与运动，创造了"城市重建项目咨询委员会"等新的公民参与模式，扩大公民在政策执行中的参与作用。60 年代至 70 年代中期，公民参与在很多联邦政府项目运作中迅速展开。60 年代末期有 31 项联邦拨款项目实施了公民参与，到 1974 年底，公民参与项目管理的数量超过 60 年代末的三倍，达到了 100 项。在其后的两年中，参与数量再度增长了 50%。与此同时，法律也不断强化对公民参与必需性的要求，公民参与的形式呈现出多样化态势。② 1975 年戴顿市建立了"公民优先顺序小组"，公民优先顺序小组作为社区利益代表者对预算的制定监督发挥着重要影响，已经具有了后来源自拉丁美洲的

---

① ［美］沙安文主编：《参与式预算》，北京：中国财政经济出版社 2013 年版，第 169 页。

② ［美］约翰·克莱顿·托马斯：《公共决策中的公民参与》，孙柏瑛等译，北京：中国人民大学出版社 2010 年版，第 3 页。

"参与式预算"的部分特征。公民参与的传统与环境，为参与式预算被北美洲接纳提供了重要土壤。北美洲第一个正式引入"参与式预算"的是加拿大安大略省的威尔夫市（Guelph），该市 1999 年引入参与式预算，此后，包括最大城市多伦多市在内的一批加拿大城市实行了参与式预算。2007 年，芝加哥的 49 街区成为美国第一个正式引入参与式预算的地方，很快在包括纽约、旧金山等大城市在内的美国城市产生了多个参与式预算的项目。北美的参与式预算一开始就与现行的政治权力结构较好结合在一起，并获得制度性支持。在纽约和芝加哥，由市议员行使其权力创立和推动了参与式预算。奥巴马总统推行了"开放政府国家行动计划"（Open Government National Action Plan），对参与式预算给予认可。北美洲国家的参与式预算与拉丁美洲国家的差别是明显的，从结果上看，拉丁美洲的参与式预算通常为虚弱或根本不存在的政治制度带来了合法性，而美国的参与式预算支持现行政治制度，它更贴近于"存在的自我实现"。[①] 在有的学者看来，当今代议制民主治理面临着若干关键的合法性问题。尤其在美国，财政权力运作中的政治过程腐败被广泛认为对民主理念造成了严重伤害，而对无法治愈这种伤害的失望正被迅速地硬化成对政治制度更大程度的嘲讽。因此，公民参与有时被当作巩固治理过程的民主合法性的一个解决办法。[②]

---

① Hollie Russon Gilman, "Transformative Deliberations: Participatory Budgeting in the United States", *Journal of Public Deliberation*, Vol.8, Iss.2, 2012, p.3.

② Archon Fung, "Putting the Public Back into Governance: The Challenges of Citizen Participation and Its Future", *Public Administration Review*, Vol.75, Iss.4, 2015, pp.513-522.

四、参与式预算的主要特点

参与式预算的产生顺应了民主治理发展需求，它不仅是公共预算制度的一项重要创新，也成为了当代复兴民主的一项重要工具。因此，参与式预算最主要的特点便是更加注重经济逻辑与政治逻辑的一致性，力图将参与治理的民主技术与民主价值要求整合在一起。

1. 参与式预算在制度设计上遵循了参与式治理变革（participatory governance reform）的标准和要求。

在过去 20 年左右的时间里，公民参与无疑为民主治理发展提供了强大的动力，参与式治理变革在全球尤其是在发展中国家得到了迅速推广，参与式预算身处这一潮流当中并受到了强烈影响，其自身也成为了参与式治理变革重要而富有成效的形式之一。

乔安娜·斯皮尔（Johanna Speer）总结了参与式治理的理论与实践，认为参与式治理可以分为四种主要类型，即民主分权、协商民主、赋权和自治，每种类型具有自身的特点与要求。首先，从功能定位上看，民主分权将参与式治理视作增进治理合法性的一条途径，协商民主将其视作聚合优先选择的更好途径，赋权将其视作提供解决缺乏决策影响力的一种可能性，自治将其视作集体决策的一种灵活方式。其次，从关键环节上看，民主分权需要提升公共服务供应的治理水平，协商民主需要使决策更民主，赋权需要克服不发展的结构性条件（尤其针对不发达国家），自治需要注重引导定制公共服务供应的条件。再次，从理念基础上看，民主分权以义务和责任为基础，协商民主以协商和争论为基础，赋权以赋权和能力为基础，自治以适应性和顺应力为基础。四种主要类型都在实践中形成了典型的案例，其中，民主分权普遍存在于分权化的发展中国家，协商民主主要存在于巴西以及亚洲和非洲的参与式预算中，赋权的主要案例是秘鲁、印度和孟加拉国，而多数拉丁美洲的参与式治理则体现为自治。①

　　总的来看，参与式预算的技术设计明显受到治理标准和理念的影响，关于参与式预算的主题混合着多种治理改革的观点，包括参与式民主/治理、协商民主、公共部门现代化和公共管理改革等，呈现出了多样性。比如，关于参与式民主/治理的讨论聚合在有关参与式预算有助于与"不安"领域（如政治冷漠、不信任和不满）斗争的表述上；关注协商民主的研究者考察参与式预算培养对话与沟通的能力；按照公共部门现代化的观点，参与式预算能够通过打开预算过程的"后门"和使公民学习和决定取舍，来增强公共行政的透明度与责任；在适应新公共管理以及之后那些依次出现的"后—后—新公共管理"，即所谓新韦伯式国家（New-Weberian-State）的观点看来，参与式预算用公共服务的共同生产者和政治决定的一般"共同决定者"的新义务改变了公民。②

　　进一步的研究发现，虽然环境多样性（比如财政自主权、政治文化、规模、地方政府的异质性和繁荣程度）可能影响着不同地方政府选择参与式预算的灵活性。但影响参与式预算决策核心因素是参与的主体，正是参与主体决定着"游戏规则"。表2—1归纳了全球不同参与式预算模式及其过程设计的要素。

---

①　Johanna Speer, "Participatory Governance Reform: A Good Strategy for Increasing Government Responsiveness and Improving Public Services?", *World Development*, Vol.40, No.12, 2012, pp.2379-2398.

②　Jelizaveta Krenjova and Ringa Raudla, "Participatory Budgeting at the Local Level: Challenges and Opportunities for New Democracies", *Halduskultuur-Administrative Culture*, Vol.14, No.1, 2013, pp.18-46.

表2—1 参与式预算：过程设计要素

参与式预算决策主体	谁制定游戏规则？
参与	参与者如何被选出？ 用什么形式的参与机制？（公共会议、焦点小组、模拟、咨询委员会、民意调查等） 公民如何参与（直接对间接参与）？ 会议如何组织（区域或主题，城市、地区或邻里层次）？
协商	协商什么？（投资或服务交付，特别项目或通用内容） 参与者如何沟通并作出决定？
赋权	公民社会是什么角色？ 参与者的决定对当局有约束力吗？
控制与监督	谁控制预算执行？

资料来源：Jelizaveta Krenjova and Ringa Raudla, "Participatory Budgeting at the Local Level: Challenges and Opportunities for New Democracies", *Halduskultuur-Administrative Culture*, Vol.14, No.1, 2013, pp.18-46.

由此可见，虽然作为公共预算制度，参与式预算深度介入了公共资金的分配，但这种分配方式是由政治参与的机制来决定的，是政治因素定义了参与式预算的主要特征。参与式预算在实践中不仅是要解决预算问题，而且要解决如何实现民主治理的问题。

2. 参与式预算直接体现了实现价值的目标追求

治理变革始终承认依靠"共同的被认可的价值和原则"，治理的正当性取决于其文化根基。[①] 在从治理到善治的转变中，其中"善"

---

① ［法］皮埃尔·卡蓝默：《破碎的民主：试论治理的革命》，高凌瀚译，北京：生活·读书·新知三联书店2005年版，第92页。

的含义也更多地体现为价值要求。在当代政治语境下，善治就是民主治理。参与式预算是民主治理变革的产物，作为一种以公民参与为主要特征的民主预算模式，它在实践中自然要追求民主价值的实现。冯雅康认为，公民参与促进着民主治理价值的实现，他指出："公民参与的潜能促进了民主治理的三个价值：效力、合法性与社会正义。"① 参与式预算探索始终遵循着这些价值准则，并在各个具体的案例中寻求价值准则的转化与实现。

首先，参与式预算遵循着从效率（efficiency）到效力（effectiveness）的价值转变。长期以来，效率用来揭示成本与收益的关系，是纯技术性的概念。自从公共预算关注效率之后，将效率作为价值追求的努力就没有间断过。管理主义的公共预算认为效率有助于维持民主，公共选择学派甚至认为，既然实现个人利益最大化是有效率的衡量标准，那么，效率的价值等同于公平与正义。布坎南指出，与正统财政理论明显不同的是，公共选择理论中的"效率准则与正义准则可以并为同一种东西，至少在该理论的理想形式中可以这样"。"有效率的财政制度是公平的，或公平的财政制度也是有效率的。"② 可是，效率的价值化还不能解决公共预算发展过程中出现的经济逻辑与政治逻辑的矛盾。罗伯特·达尔认为，效率本身就是一种价值观，但在许多情况下，效率不会成为人们选择的首要价值观。③ 受新公共管理运动影响，公共预算改革朝向追求效力价值。

---

① Archon Fung, "Putting the Public Back into Governance: The Challenges of Citizen Participation and Its Future", *Public Administration Review*, Vol.75, Iss.4, 2015, pp.513-522.

② ［美］詹姆斯·M.布坎南：《民主财政论》，穆怀朋译，北京：商务印书馆1999年版，第307—308页。

③ ［美］珍妮特·V.登哈特、罗伯特·B.登哈特：《新公共服务：服务，而不是掌舵》，丁煌译，北京：中国人民大学出版社2014年版，第7页。

效力将政府责任与公众需求、偏好的认同结合起来考虑，以公众满意度为衡量标准，由此超越了"价值中立"，将注重"量"的技术标准与注重"质"的社会政治标准联系起来。在后现代时期，绩效预算或结果导向预算都是追求预算效力的典型，参与式预算则试图通过引入公众参与，由公众参与决策并选择支出优先顺序来取得一致性结果，进而提升预算效力。在20世纪初美国城市预算改革运动就已关注到公众参与的重要性，在克里夫兰强调行政责任的同时，他的伙伴威廉·艾伦（William H. Allen）鼓励公共教育和参与，强调他称为"效率民主"的另一种非常不同的改革。① 事实也表明，参与式预算促进了效力提高。由于引入参与式预算来重新配置资源以及对优先顺序重新排序，政府能够更加准确定位公众需求，而且，政府与公众和其他非政府组织形成了合作关系，确保了回应性得到增强。参与式预算对效力价值的追求，改变了预算参与者的角色。政府机构成为召集人、中介和合作者，有时掌舵、有时划桨、有时做伙伴、有时只是旁观，而公民变成了问题解决者、共同创新者和积极治理者。②

效力价值一方面通过推动有效治理、解决好公众提出的实质性问题来实现，另一方面需要通过强化个体学习、判断、协商合作而不是集体选择与社会运动的方式来实现。因而，在参与式预算中，志愿、合作与民主精神是内在的要求。

其次，追求合法性是参与式预算价值追求的另一项重要特征。合法性指的是社会秩序和权威被自觉认可和服从的性质和状态。合

---

① Roy T. Meyers and Irene S. Rubin, "The Executive Budget in the Federal Government: The First Century and Beyond", *Public Administration Review*, Vol.71, Iss.3, 2011, pp.334-344.

② John M. Bryson, Barbara C. Crosby and Laura Bloomberg, "Public Value Governance: Moving Beyond Traditional Public Administration and the New Public Management", *Public Administration Review*, Vol.74, Iss.4, 2014, pp.445-456.

法性越大，善治的程度便越高。取得和增大合法性的主要途径，是尽可能增加公民的共识和政治认同感。参与式预算产生于拉丁美洲并在西方发达国家受到重视的一个主要原因，就在于参与式预算被当作有助于解决包括由经济萧条、政府低效、政治不信任等所引发的"民主赤字"与制度合法性下降等问题。巩固与提高合法性，需要强化公开性与包容性两个重要价值，而公开与包容被视作民主政府需信奉的民主价值核心。

就公开性而言，预算透明是基本要求。公开性在文化上呈现三个定义：不保密、可接近信息和过程透明。而且，为了真正的公开，预算必须是易懂的。[1]现代公共预算民主化逐渐重视了公众的知情权，并在此基础上提出了预算透明度的原则。但是在管理主义视角下，预算透明主要是作为良好管理的一个方面。透明度的"原始定义强调的是向公众公开政府的结构和职能、财政政策的意向、公共部门账户和财政预测。"[2] 但是，这一透明度认识并不全面，只是部分解决了公众获取政府信息难易程度的问题。预算本身十分复杂，政府能够左右信息公开的程度，而大多数公众缺乏预算知识，事实上难以凭借政府公布信息进行有效监督。参与式预算通过吸引公众参与，拓宽了公众直接接触信息的渠道，并需要利用这些信息作出决策，这就促使政府还要解决信息对公众的可理解程度问题。公众参与预算过程也解决了决策过程公开的问题，从而实现了更为全面的透明度要求。

---

① Doralyn Rossmann and Elizabeth A. Shanahan, "Defining and Achieving Normative Democratic Values in Participatory Budgeting Processes", *Public Administration Review*, Vol.72, Iss.1, 2011, pp.56-66.

② 国际货币基金组织：《财政透明度》，财政部财政科学研究所整理，北京：人民出版社 2001 年版，第 2 页。

就包容性而言，代表性与参与性是基本要求。参与式预算被认为有效结合了间接民主与直接民主。代议制的价值要求民选代表与政府必须是代表民意的。西方式的选举制度带来了民主的不连续性和决策间断，以及民选代表在反映基层或社区价值上不及时、不充分的问题，这为参与式治理以直接民主方式优化民主制度提供了空间与机会。因此，扩大公众参与，承认基层多元化利益诉求就成为包容性的必然要求。包容性也只有在公众参与决策过程中才能获得，参与式预算提供了一个重要的包容性价值实现平台。

最后，社会正义一般被视作参与式预算的最高价值实现。从巴西的实践开始，参与式预算就贴上了追求"社会正义"的标签。巴西曾长期被普遍认为是世界上最不平等的社会之一，参与式预算兴起的一项主要动机就是深化民主，实现社会正义。现代西方的社会正义观念虽然引起了巨大的理论争论，追求福利最大化的功利主义、尊重个体权利的自由主义、倡导公民道德与共同善的政治理论都从各自的角度对社会正义作出不同的解读。但总体上，"'社会正义'思想包含了这样一种现实，即努力把社会分配的所有形式与正义的原则调谐一致"。它建立在两个假设之上：第一，社会进程至少粗略地看是受人类发现的法则支配的，因而有意识地重塑社会是有意义的；第二，存在找到足以用来重塑社会的权力渊源的可能。[①] 在绝大多数当代政治哲学家的著作中，社会正义被视作分配正义的一个方面，这两个概念经常被相互替换使用。[②] 参与式预算的早期设计者们正是借助大众对社会正义的一般信仰来设计预算过程，并以此来推动民主化。在阿雷格里港，参与式预算的明确目标是将权力向那些

---

① ［英］戴维·米勒、韦农·波格丹诺编：《布莱克维尔政治学百科全书》，中国问题研究所等译，北京：中国政法大学出版社1992年版，第383页。

② ［英］戴维·米勒：《社会正义原则》，应奇译，南京：江苏人民出版社2008年版，第2页。

过去被社会和政治边缘化的人们转移，工党一开始即把参与式预算作为把财富向穷人再分配的有力手段，进而形成"赋权参与式治理"，以引起更加深刻的社会与政治转型。当然，也有相当一部分参与式预算改革过分注重于发展对公共投资作直接分配的途径，缺乏确立再分配原则和大众动员，而这些正好是实现分配正义所必需的要素。对此，冯雅康指出，在参与技术在全球传播的过程中，社会正义却从参与式预算的议程中后退。参与式预算包括各种各样将公民直接参与作为基本元素的制度设计，但是推进社会正义却是偶然的结果。这也恰恰反映了公共预算的政治属性，预算改革受制于政治结构和条件。冯雅康认为，对于这些希望通过参与实现社会正义的人们来说，阿雷格里港的案例揭示了参与式改革是政治挑战而不是体制设计问题。"他们必须创造政治条件，让强有力的组织和领导者增进社会正义的积极性得到激发。"①

作为资源配置与资金安排的制度，公共预算自然追求分配的效率。但是，一旦介入社会分配，必然触及公平问题。对于参与式预算改革而言，引入公众参与是为了提高分配效率亦或是增进分配公平，决定着改革的路径与议程。从全球参与式预算的发展态势来看，参与式预算遇到了一些约束条件，包括缺乏系统化的领导与组织推动、普通大众如何有效与政治精英、专业人士形成一致、参与式预算改革如何与政府改革进一步融合等，这些都需要新的政治考虑。因此，通过参与式预算改革来推进社会正义，仍然是其在当下面临的最大挑战。

---

① Archon Fung, "Putting the Public Back into Governance: The Challenges of Citizen Participation and Its Future", *Public Administration Review*, Vol.75, Iss.4, 2015. pp.513–522.

第三章 中国基层公共预算制度变迁与民主化发展

第一节 中国基层公共预算的定位

一、地方政府与基层政府

所谓基层，就是与公众联系最直接最密切的基础层次，是各种组织中最低的一层。在中国的政治生活中，基层占有重要的地位，形成了反映中国实践的特殊含义，基层既用来指政治权力结构的底端，也用来指政权的社会基础。因此，基层除了指基层政权外，还指群众性的基层组织，基层的最大特点是它直接面向人民群众，没有任何中间环节。[①] "基层实际上既包括了公民社会，主要是城市和农村社区以及各类社会组织；也包括了基层政府，即城市的街道办

---

① 徐勇等：《基层民主发展的途径与机制》，北京：北京师范大学出版社 2015 年版，第 23 页。

事处和农村的乡镇政权。"①

西方国家最常见的是政府三级分级结构，即中央—省（州）—地方政府。在这一结构分类中，地方政府（local government）是一个宽泛的概念，一般指省（或州）以下的所有政府组织形式，既包括了对一定区域实行综合管理的城市政府，如较大的市、县，也包括了众多最接近公众的小城市和其他政府管理与服务机构，如美国的镇、特别区、学区，加拿大的市、乡镇、村，英国的市镇、教区等。自治政府概念有助于我们理解西方国家的"基层政府"。西方国家地方政府中普遍存在着自治政府，这些自治政府不论面积大小、人口多少，在政治地位上一律平等，互不隶属。自治政府各自具有一定的自治权，在辖区内组织地方选举，能够自主决定辖区内公共预算的主要安排，并直接向辖区公众提供具体服务。如果把基层定义为最接近公众的层次，那么没有什么比"自治"更能体现政府与公众的接近性了，因此可以说，这些自治的地方政府，都是基层政府，它可能是较大的市，也可能是较小的镇。

在欧美国家的相关文献中，一般使用"地方政府"来表达"基层政府"，即使是单一功能的直接服务社区的教育、卫生等服务机构，也是以"地方政府"来表达。《布莱克维尔政治学百科全书》定义"地方政府"这一辞条时强调："在大多数国家中，与多功能地方政府同时存在的，还有数量不同的、用于特殊目的的单一功能机构，或用于几种密切相关的服务的专门机构。……如果它们是由地方选举产生或是由多功能地方政府任命产生的机构，特别是如果它们拥有地方税收权的话，那么它们也是地方政府体制中极为重要

---

① 何增科主编：《中国社会管理体制改革路线图》，北京：国家行政学院出版社2009年版，第243页。

的一部分。"① 在西方国家，地方选举与实质性公众参与是地方政府的重要特征与要求，因此，地方政府无法脱离"基层"，地方政府可视同为规模大小不一的基层政府，地方政府不能仅仅通过行政权力分割标准而区别于基层政府。

中国政府实行五级分级，中央政府之外的是地方政府，地方政府又包括省、市、县、乡（镇）四级，其中，乡（镇）位于分层结构最底层，理所当然被视作基层。在城乡分治背景下，乡（镇）是管理农村的政府形式，在城市则形成了相应层次、但不是一级政府只是政府派出机构的街道办事处，两者通常合称为"街镇"，构成了基层政府形式。

如果简单按照行政权力分级结构来确定基层，显然是不全面的，比如三级结构与五级结构下基层的确定就是不一样的。实际上，中国五级分级这种金字塔式的分权结构划分也不严密。中国上下级政府具有隶属关系，并且依照行政事权赋予不同层级政府以不同的行政等级，相应地形成省（部）级—地、市（厅）级—县、市（处）级—乡、镇（科）级的权力分级。其中，省以下地方政府的行政级别不是整齐划一的，情况复杂多样。同样为市，就有副省级市、地（厅）级市和县（处）级市之分。相应地，副省级市的下属区是副厅级，地级市的下属区只是处级。再往下分，副省级市的街镇是处级，地级市的街镇只是科级。同名不同级，这就易使基层政府的概念发生混乱，既有处级的县，也有处级的街镇；既有处级的街镇，也有科级的街镇。若以处级为分界，基层政府已经包括了与处级街镇同级的县（市）。

因此，在考虑政府结构分级的同时，还需要按照与公众的接近

---

① ［英］戴维·米勒、韦农·波格丹诺编：《布莱克维尔政治学百科全书》，中国问题研究所等译，北京：中国政法大学出版社 1992 年版，第 421 页。

性来确定基层政府才是合理的。近年来，中国进行了精简政府层级的改革，主要方向是扩权强县、省直管县，最终形成中央—省—县（市）三级政府结构。如果中国采取三级政府结构，县、市自然成了政府结构的基层。事实上，在实际生活中，中国的县、市一级政府介入了大量具体的基层事务，承担了大量的基层服务，本身就具有基层政府的特征，公共预算体制也反映出这一特征。

二、中国的地方预算与基层预算

现行中国公共预算体制将预算分为中央与地方预算两块，其中省及省以下层级预算为地方预算。在这个分类体系中，地方预算内部的权力与责任划分因为层级过多、过于分散而显得混乱，政府间事权与支出责任并不明晰，常常权力错配、责任缺失。这个问题特别是对推进基本公共服务均等化，产生了较大的制约作用，重新定义中国的地方与基层公共预算范围，有着重要的意义。

虽然《中华人民共和国预算法》规定国家设立中央、省、自治区、直辖市，设区的市、自治州，县、自治县、不设区的市、市辖区，乡、民族乡、镇五级预算，但在实践中，中国的公共预算体系并没有严格按照五级政府层级形成五级独立预算，存在着预算权收缩与延伸的情况：一方面，县与街镇的预算有着紧密的内部联系和一致性，承担着大量的乡镇公共收支和管理责任，已经构成了事实上的基层预算主体。由于乡镇一级缺乏稳定的预算收入和过高的债务风险，多数地方实行了乡（镇）财县（区）管，把乡镇预算纳入县级预算体系。另一方面，地处城市基层的街道办事处由于大量介入招商引资、出资兴办企业和政府融资公司等经济事务而获得了丰富的财政收入，开始编制名义上附属于派出政府、事实上相对独立的预算。因此，现实中国的基层公共预算，至少是由县（区）和乡镇构成，并涵盖街道的预算。

中国地方预算体系中，在省级预算和县级预算中间还存在着设区市（地级市、州）级预算。从行政权力依附及公共支出责任安排上看，设区市级预算在财政管理关系上更接近县级预算，设区市常对所辖区、县等下级政府拥有直接的行政控制力和自上而下的预算控制权，县级的预算目标由设区市来确定并考核。多年来，设区市这一行政层次的存在已备受批评。20 世纪 80 年代起，设区市在"撤地设市"过程中大量出现并形成了"市管县"的格局，但"市管县"也引发了新的问题，造成管理链条长、效率低、福利损失大、政府间责权利不明确，制约了县级区域发展，加剧了城乡二元结构矛盾。① 对此，2005 年 6 月全国农村税费改革试点工作会议正式提出具备条件的地方，可以推进"省直管县"财政体制改革试点。党的十六届五中全会进一步提出要优化组织结构、减少行政层级，条件成熟的地区可以实行省直管县的财政体制。改革的目标是将地方"省—市—县"三级管理转变为"省—市、县"二级管理，最终在全国形成"中央—省—市、县"的财政关系，市、县并列体现了城乡分治，但至今这项改革推进并不理想，依旧是"雷声大，雨点小"。② 不论是从"市管县"的现实制约，还是从"省管县"的改革方向来看，分析中国的基层公共预算必需将视野延伸至设区市级预算，将省级以下（不含省）的预算作为一个整体来考虑是有必要的。

预算是政治的反映，预算权的来源及其自主权大小制约着预算安排。中国地方预算权来源存在两个方面需要重视的特殊性。一方面，从国家制度设计上来看，现行地方人民代表大会的产生办法以

---

① 吴俊培：《中国地方政府预算改革研究》，北京：中国财政经济出版社 2012 年版，第 88—89 页。

② 谢宝富：《政府层级改革势在必行》，《人民论坛》，2014 年 12 月，总第 462 期，第 27 页。

县为边界定义了基层。《中华人民共和国预算法》规定一级人大审议批准一级预算，而中国的地方人大制度采取直接民主与间接民主相结合方式，县级和县级以下人大代表由直接选举产生，这就意味着县级和县级以下公共预算的产生方式、监督方式具有直接选举优势，更有利于直接对基层公众负责、受到基层公众直接监督。这与设区市以上人大代表间接选举产生，公众以间接民主方式进行预算监督是有很大差别的，这种差别，为将省级公共预算与县级和县级以下公共预算区分开来提供了政治基础。

另一方面，近年来地方立法权改革有利于提高设区市公共预算的自主性与独立性。这项改革支持了把省以下公共预算作为一个整体来考虑的构想。预算法定是现代公共预算的基本原则之一，地方政府可以通过地方立法来界定预算收支的规模与政府绩效。长期以来中国的地方公共预算缺乏必要的地方立法支撑，没有形成与人大预算监督相匹配的立法权，地方人大的预算监督权因缺乏配套的地方立法权而被弱化甚至流于形式，省级政府形成了对下级地方政府预算权的过度干涉。虽然设区市的地方人大没有以直接选举方式产生，但2015年新修订的《中华人民共和国立法法》明确将地方立法权下放延伸至设区市，赋予设区市更大的事权自主，这一改革方向将有力促进《预算法》所赋予设区市及以下政府的预算权的真正落实，降低设区市与省级政府的预算权依附，设区市地方立法权的逐步扩大有助于使"省—市、县"两级财政关系的确立成为可能。

因此，从地方预算体制内在联系、地方政府结构改革要求、地方人大的组织形式要求以及地方立法权的下移趋势来综合考虑，省级预算与省以下预算分离是合理的，将省以下预算作为一个整体来看待是符合改革方向的。

三、基层公共预算的定位

中国的财政体制正逐渐由五级分级向"中央—省—地方"三级转变。省以下公共预算与省级预算进行分离是有必要的，通过设区市地方立法权的扩大以及县级人大代表直接选举等方式，省级以下地方政府的预算权法律地位得到巩固。同时，从政府支出责任划分上看，省以下地方政府承担了主要的地方公共产品提供和公共服务责任，不论是设区市，还是县（市）、乡（镇）都存在直接回应公众需求的领域。正因为如此，党的十七大以来，中央多次强调："完善省以下财政体制，增强基层政府提供公共服务能力"，将省以下财政体制与基层政府公共服务能力紧密联系起来。

将省级以下公共财政（预算）定义为基层财政（预算），得到了学界越来越多的认同。有的学者直接提出了基层财政的概念，如安体富、贾晓俊使用三级分类口径来考察中外基层政府财政能力，他们将世界各国政府分为三级：中央（或联邦政府）、省（或州）政府和基层政府（如城市、学区等），省（或州）政府和基层政府合称地方政府。[①] 王玉华、李森所著《基层政府公共服务能力研究：基于完善省以下财政体制的视角》，将中国基层财政定位于省以下财政。[②] 吕凯波、邓淑莲从支出责任划分出发，进一步强调了基层财政的重要性。他们认为，随着"省直管县"和"乡财县管"等财政体制改革在全国范围内展开，我国五级财政体制逐步向三级财政转变，地市级政府和县乡政府成为直接提供城市基本公共服务和农村基本

---

① 安体富、贾晓俊：《外国基层政府公共服务能力考察及对我国的启示》，《地方财政研究》，2010 年第 5 期，第 4—10 页。

② 王玉华、李森：《基层政府公共服务能力研究：基于完善省以下财政体制的视角》，北京：中国财政经济出版社 2010 年版。

公共服务的基层政府。如果把地市级财政和县乡级财政统一归为多级财政框架中的基层财政，我国基层财政占全国公共财政预算支出比重将高达70%左右。[①] 有的学者如世界银行学院首席经济学家沙安文与西南财经大学团队2012年起采用世界银行基本范式和方法，分别针对中央、省级和地方财政运行状况进行监测和报告。[②] 在此类研究应用中，地方财政（预算）等同于基层财政（预算），已成为一个独立的财政（预算）体系。

因此，从财政和预算角度来看，基层公共预算所指的"基层"与政府层级的"基层"以及宪法所指的基层政权的"基层"是不同的。基层公共预算包括了省以下各级地方层次预算，是指省以下各级地方预算的整体体系。将中国公共预算划分为中央—省—基层预算是科学的，而且这种划分才真正有助于明确基层公共预算改革的方向、范围、内容，提高改革的针对性与实效性。以省以下预算为对象研究基层预算改革，将传统上局限于乡镇的基层民主研究拓展到省以下各级地方政府，增强了政策分析的整体性和系统性，有助于防止改革与政策设计的碎片化。本书将中国的基层公共预算定位于省以下各级公共预算整体体系，其范围涵盖了具有法定预算权、独立编制预算、与一级政府一级预算要求匹配的设区市、县、不设区的市、市辖区、乡、镇公共预算和不作为一级政府预算但事实上相对独立实施预算管理的街道公共预算。

2016年8月，国务院出台了《关于推进中央与地方财政事权和支出责任划分改革的指导意见》（国发〔2016〕49号），在这份国家公共财政与预算改革的文件中，可以看见新的变化。在文中第三部

---

① 吕凯波、邓淑莲：《省以下地方政府支出责任划分理论、挑战与政策建议》，《地方财政研究》，2016年第5期，第47—54页。

② 西南财经大学财政税务学院公共经济中心、[加] 沙安文主编：《中国公共财政监测报告2012》，北京：经济科学出版社2012年版。

分"改革的主要内容"的第三条"加快省以下财政事权和支出责任划分"的内容表述中，淡化了对省以下市、县政府的概念，代之以基层政府的统称。文件这样表述："将部分适宜由更高一级政府承担的基本公共服务职能上移，明确省级政府在保持区域内经济社会稳定、促进经济协调发展、推进区域内基本公共服务均等化等方面的职责。将有关居民生活、社会治安、城乡建设、公共设施管理等适宜由基层政府发挥信息、管理优势力的基本公共服务职能下移，强化基层政府贯彻执行国家政策和上级政府政策的责任。"

第二节　中国基层公共预算建立与改革

中华人民共和国成立以来，国家初步建立了国家预算报告和审批制度。但在相当长的一段时期内，预算制度有两个主要的特点：一是有基层政权无基层预算，二是有国家预算无公共预算。通过财政分权逐步完善建立了基层预算和从国家预算向公共预算转变成为中国预算制度改革制度变迁的两条主要脉络。中华人民共和国成立以来的基层公共预算发展总体上经历了四个阶段：中央集中预算阶段、基层分权预算阶段、基层公共预算形成阶段、基于治理现代化要求的基层公共预算改革阶段。

一、中央集中预算阶段（1949—1979 年）

中华人民共和国成立伊始，即着手建立国家预算制度。中国人民政治协商会议第一届全体会议通过的起临时宪法作用的《共同纲领》规定："建立国家预决算制度，划分中央和地方的财政范围，逐步平衡财政收支，积累国家生产资金"。1951 年 7 月，政务院颁布了

《预算决算暂行条例》，对国家预算的基本原则、预算编制、审核、执行等均作出具体规定。这个条例一直沿用至 1991 年，国务院发布了《国家预算管理条例》才废止，对中国预算制度建设产生了长期深刻影响。1951 年的《预算决算暂行条例》要求，"各级人民政府及所属机关"均应编制预决算报告。其中：总预决算，分别由各级人民政府汇总编制；单位预决算分别由各级人民政府直属机关编制；附属单位预决算分别由各级人民政府直属机关之所属机关编制。该条例同时明确要求预算编制采取由上至下的程序，即按照行政隶属关系逐级分解预算概算指标的方式来依次编制中央到地方各级人民政府再到人民政府直属机关和单位的预算。预算报批与决算则按照相反的自下而上的程序进行。预算程序的要求事实上形成了上级政府对下级政府预算的层层控制，中央政府处于预算控制权的顶端。

由于中华人民共和国建立后，国家建设、政治稳定、民生保障与战争准备需要巨大资金支持，中央政府在 1950 年实行统一财政经济管理，对财政进行高度集中的统收统支。1950 年 3 月，政务院先后颁布《关于统一国家财政收支的决定》和《关于统一管理 1950 年度财政收支的决定》。中共中央也发出了《关于全党保证实现〈中央人民政府政务院关于统一国家财政经济工作的决定〉的通知》，通过政治动员确保财政集中管理制度的建立。按照这一要求，除中央政府特殊批准外，一切财政收支活动均归中央政府统筹管理。中央政府对财权的高度集中管理，取消了省级以下政府的预算自主权。1951—1952 年间，初步形成了中央高度集权下的分级管理的财政体制，实行中央、大行政区、省（市）三级财政，大行政区以下为地方财政。

随着国家财政经济状况的不断好转，以及 1953 年中国开始实施第一个五年计划，为调动地方积极性，中央财权开始向地方分权。主要做法是取消大行政区划分，国家财政分为中央、省（市）和县

（市）三级财政，实行三级预算。20 世纪 60 年代，强调中央到地方"上下一本账"，"全国一盘棋"，地方的预算权又收归中央。70 年代实行"定收定支、收支包干、保证上缴、结余留用、一年一定"的财政包干体制，地方一度又获得了一定的预算自主权。但是，由于预算编制程序方式没有发生根本变化，地方政府预算仍然受到中央政府的全面收支控制。

同时，受各种政治运动的冲击和影响，这一阶段虽有名义上的预算，实际上制度经常被破坏，预算的编制与报告制度长期处于不正常状态，甚至用建设计划代替了预算，直至 1979 年全国人大五届二次会议才全面恢复了预算报告制度。

在这种中央高度集权的预算体制下，地方政府尤其是基层政府长期没有财政收支权和预算自主权，有基层政权无基层预算成为这一阶段的明显特点。

二、基层分权预算阶段（1980—1993 年）

1980 年后，国家预算管理制度基本恢复正常。1983 年全国人大六届一次会议决定设立全国人大财政经济委员会，作为人大预算报告审查和预算草案审查的专门机构，人大对预算审查监督开始正常化。国家审计署也于当年成立，并被赋予了向国务院提出年度中央预算执行和其他财政收支情况进行审计报告，以及受国务院委托向全国人大提出中央预算执行和其他财政收支情况的审计工作报告、审计发现问题的纠正和处理结果报告等职权。在国家层面，预算监督体系逐渐建立健全，并自上而下对地方预算监督体系的建立产生了影响。

十一届三中全会后，"简政放权"成为改革的主攻方向，财政预算体制则是改革的突破口。1980 年起，国家全面推行了"划分收支、分级包干"财政改革，形成"分灶吃饭"、放权让利的新机制。"包干"改革最早于 1977 年在江苏省试行，它明确了地方财政预算由地方编制。在财政自主权上明确中央与地方划定收入留缴比例和基数，地方收入大于支出的，多余部分按比例上交；支出大于收入的，不足部分由中央从税收中确定一定比例进行调剂，或由中央给以定额补助；分成比例和补助数额确定以后，地方可多收多支，少收少支，自行安排预算，自求收支平衡。这一改革针对性强，旨在打破过去中央高度集中带来的弊端，调动地方的积极性。它扩大了地方自主权，把过去的以"条条"为主改变为以"块块"为主，地方预算相应也得以走向正常化。1980 年的改革打破了收入统一管理模式，但未解决支出统一管理的问题，中央与地方的支出责任没有明晰划分，留下了之后中央与地方在财政分成上讨价还价等问题。20 世纪 80 年代"预算包干"虽经几次调整，也未能理顺中央与地方的支出责任，地方政府为平衡自身建设资金需求，转而寻找预算外收入，财政支出也出现无序状态，盲目建设、重复建设现象十分突出。

为加强预算管理，促进各级政府行为与关系的规范化。1991 年 10 月，国务院颁布《国家预算管理条例》，与以前的预算制度相比，有三个突破：一是预算的职能定位发生了变化。条例将原"预算依照国家施政方针和建设计划编制"的表述，改为预算根据国民经济和社会发展计划，参考上一年预算执行情况编制，同时，提出"强化预算的分配、调控和监督职能"；二是政府预算采用复式预算的编制办法，将预算收支按照经济性质分为经常性预算和建设性预算两大部分；三是设立中央、省（自治区、直辖市）、设区的市（自治州）、县（自治县、不设区的市、市辖区、旗）、乡（民族乡、镇）五级预算。由此，省以下基层预算开始在分权基础上获得了相对自立地位。

三、基层公共预算形成阶段（1994—2012 年）

随着改革开放的深化扩大，中国的市场经济逐渐发展。1992 年党的十四大将建立社会主义市场经济体制作为改革的目标，1993 年底中央颁布《中共中央关于建立社会主义市场经济体制若干问题的决定》，市场化经济体制改革推动了基层公共预算体制的建立。

为与发展市场经济相适应，1994 年 3 月，《中华人民共和国预算法》正式颁布，决定从 1995 年起施行，取代了 1991 年的《国家预算管理条例》。《预算法》要求各级政府按照复式预算进行编制，明确了地方各级人大及其常委会的预算权：地方各级政府的预算草案、预算执行情况的报告，由同级人大审查批准，地方各级人大具有监督预算外资金使用的权力。《预算法》从法律高度规定了基层政府预算的自主权以及预算的程序。《预算法》同时明确，中央和地方实行分税制。

1993 年底，国务院发布《关于实行分税制财政管理体制的决定》，决定从 1994 年起开始新的税制改革，核心是通过实行分税制，明确中央与地方的收支划分。分税制对中央和地方的收入作出了明确的划分，中央固定收入有 8 种：关税、海关代征的消费税和增值税、消费税、中央企业所得税、地方银行和外资银行及非银行金融企业所得税、铁道部门、各银行总行、各保险总公司等集中交纳的营业税、所得税、利润和城市维护建设税、中央企业上交的利润、外贸企业的出口退税；地方固定收入有 18 种：营业税（不含铁道部门，各银行总行，各保险公司集中交纳的营业税）、地方企业所得税（不含地方银行和外资银行及非银行金融企业的所得税）、地方企业上交利润、个人所得税、城镇土地使用税、固定资产投资方向调节税、城市维护建设税（不含铁道部门，各银行总行，各保险总公司集中交纳的部分）、房产税、车船使用税、印花税、屠宰税、农牧业税、农业特产税、耕地占用税、契税、遗产和赠予税、土地增值税、国有土地有偿使用收入；中央与地方共享收入有 3 种：增值税（中央 75%、地方 25%）、资源税（海洋石油资源税归中央，其他资源税归地方）、证券交易税（中央地方各 50%）。

相应地，中央和地方的支出范围也得到了规范：中央支出有 14 种：国防费、武警经费、外交和援外支出、中央级行政管理费、中央统管的基本建设投资、中央直属企业技改和新产品试制费、地质勘探费、由中央财政安排的支农支出、国内外债务的还本付息支出、中央本级负担的公检法支出、中央本级负担的文化支出、中央本级负担的教育支出、中央本级负担的卫生支出、中央本级负担的科学支出；地方支出有 13 种：地方行政管理费、公检法支出、部分武警经费、民兵事业费、地方统筹的基本建设投资、地方企业技改和新产品试制费、地方企业技改和新产品试制费、城市维护建设支出、地方文化支出、地方教育支出、地方卫生支出、价格补贴支出、其他支出。

分税制对于中国的预算现代化具有重要意义，一是促进了公平税负的实现，政府与国有企业的利润依附关系被打破。改革前中国财政收入结构中，税收和企业上缴利润大体各占一半，改革后转变为以税收为主；二是确立了增值税作为第一大税种的地位，更好发挥市场在资源配置中的作用；三是增强了税收支出范围的公共性，建设支出的比重逐步减少，民生支出的比重逐步扩大；四是中央与地方政府间的财政关系更加公开、稳定、合理。因此，分税制可以说是中国预算公共化的事实起点。

1995 年 11 月，《预算法实施条例》颁布实施，将复式预算进一步分为政府公共预算、国有资产经营预算、社会保障预算和其他预算，开始从法律上明确建立公共预算的方向。1998 年 12 月，全国财政工作会议作出了具有划时代意义的决定：构建中国的公共财政基本框架，建立完善公共预算制度成为各级政府公共财政改革的题中应有之义。1999 年 9 月，财政部要求在部分中央部门试行部门预算，开启了"在中国预算改革史上具有重要意义"的部门预算改革。①部门预算改革改变了过去功能预算做法，按部门编制预算，部门的所有收支都要求按统一的程序、格式、内容、时间编制成一本预算，从而能够全面反映该部门各项资金的来源、使用方向和具体使用内容，实现了各项收支清晰、项目预算到位，使公共预算的管理、执行、监督更加透明可控。

此后，以部门预算改革为先导，中国进行了一系列重要财政改革，逐步建立起了与公共财政相适应的公共预算框架。1999 年启动了政府采购改革，将分散式的政府采购模式改为政府采购机构集中采购。2001 年启动国库集中收付制度改革，逐渐形成了国库单一账户为基础、资金缴拨以国库集中收付为主要形式的国库管理制度，推动了预算资金支付的透明、安全和高效。2007 年起启动了政府收支分类改革，建立了收入分类和支出分别按功能分类、经济分类的收支分类科目。

2002 年财政部等部门发布了《关于将部分行政事业性收费纳入预算管理的通知》，逐步将有关部门收取的行政事业性收费纳入预算管理。2004 年，财政部发布《关于加强政府非税收入管理的通知》，要求将政府非税收入纳入预算管理，2006 年，国务院制定了《关于规范国有土地使用权出让收支管理的通知》，要求将土地出让收入纳入地方预算管理，到 2011 年，基本实现了将预算外收入全部纳入了预算管理。随着各类预算外资金纳入预算管理，各级政府财政部门

---

① 杨志勇：《现代财政制度探索：国家治理视角下的中国财税改革》，广州：广东经济出版社 2015 年版，第 24 页。

开始编制公共预算、政府性基金预算、国有资本经营预算、社会保险基金预算等"四本预算"。

绩效预算管理自 2005 年试点以来取得了较好的进展，2011 年财政部颁布《关于印发预算绩效管理工作规划的通知》，全面启动地方预算支出绩效管理改革。自 2011 年起开展的全国县级财政支出管理绩效综合评价，对基层特别是县级公共预算绩效管理产生了较大的推动作用。2011 年、2012 年、2013 年、2014 年分别有 1986 年、1985 年、1974 年、1959 年个县（县级市、旗）参加了综合评价，扣除市辖区，全国几乎所有的县级政府均实施并参与了综合评价。到 2014 年，河北等多个省市已实现了绩效预算管理在基层预算的全覆盖。

基层公共预算体制在这一过程中也得到逐步建立和完善，其独立性得到进一步确定，基层公共支出责任也更加清晰。1994 年分税制改革推动了省以下财政管理体制的发展，1996 年，财政部颁布了《关于完善省以下分税制财政管理体制意见的通知》，要求各地区参照中央对省级分税制模式，将分税制落实到市、县级；省级财政取消下级财政原体制上解的递增，并承担调节辖区内地区间财力差异的责任。2000 年，为适应农村税费改革，促进县、乡发展，财政部印发了《改革和完善农村税费改革试点县、乡财政管理体制的指导性意见》，要求地方明确划分县、乡政府的支出责任，实行分税制财政管理体制，明确收入归属，并建立规范性的转移支付制度。2002年，国务院转发了财政部《关于完善省以下财政管理体制有关问题的意见》，明确要求各地按照建立公共财政框架的基本要求，依法界定各级政府的事权范围，进一步明确省以下各级政府的财政支出责任。各地要根据各级政府的财政支出责任以及收入分布结构，合理确定各级政府财政收入占全省财政收入的比重。要进一步规范省以下转移支付制度，省、市级财政要采取措施保证中央安排的转移支付资金落实到县、乡。要合理确定乡财政管理体制，妥善处理县与乡的财政分配关系，避免向乡财政转嫁支出。《意见》特别强调要按照建立公共财政框架的要求并区别轻重缓急，调整支出结构，合理确定财政支出顺序。

在基层公共预算发展阶段，"省直管县"和"乡财县管"是两项重要的改革。财权管理意义上的省直管县最早出现在浙江省，1982年中央要求"撤地建市"时，浙江提出了行政市管县和财政省管县并举的制度，之后还进行了四轮"强县扩权"改革，多项省级经济社会管理权限下放至县级行政区。分税制实施后，客观上形成了财力上移、事权下移的局面，2005年国务院要求加快推进省直管县财政体制改革，2009年财政部颁布《关于推进省直接管理县财政改革的意见》，提出到2012年底前，力争全国除民族自治地区外全面推进省直接管理县财政改革的目标。实践中这项改革在各地发展是不平衡的，推行较好并取得明显成效的地区集中在东中部省份，浙江、湖北、海南、安徽等省还形成了典型模式。省直管县改革的意义是深远的，它在我国政府层级及行政管理体制尚不宜大动的情况下，通过改革财政管理体制，减少财政管理层级，间接实现了政府管理层级"扁平化"和行政管理效率化的改革目标，在减少政府层级的改革方面迈出了第一步，打下了必不可少的财政体制基础。[①]

"乡财县管"是21世纪初中国基层在乡镇撤并及取消农业税后采取的一项重要改革。1999年起，民政部推行撤并乡镇工作，为配合农村税费改革，2004年国务院实施了乡镇机构改革，重点在转变乡镇政府职能，精简机构人员，加强乡镇公共服务职能。广东省2001—2003年即撤并了245个"麻雀乡镇"，相应进行了"镇财县

---

① 中南财经政法大学、湖北财政与发展中心、中国地方财政研究中心：《2010 中国地方财政发展研究报告：省管县财政体制研究》，北京：经济科学出版社 2010 年版，第 57 页。

管镇用"，乡镇收支规范为县管，但同时仍保留了乡镇政府的资金使用审批权。农业税取消后，原有的乡镇财政失去了主要财源，事权与财力不相匹配，乡镇财政陷于困难，严重影响了乡镇正常运行和社会管理职责的履行。2003 年，安徽率先推行了旨在控制乡镇债务、缓解基层财政困难的"乡财县管"改革。2006 年财政部要求在全国全面推广"乡财县管"，并将管理模式规范为"预算共编、账户统设、集中收支、采购统办、票据统管"，但县乡的财政关系仍坚持了"三权"不变，乡镇的预算管理权不变、资金所有权和使用权不变、财务审批不变。"乡财县管"改革之后进一步扩展到"镇财区管"，如 2009 年上海实行了"镇财区管"。乡财县管或镇财区管是对省直管县的进一步深化，对基层公共预算权力与责任作了进一步的明晰。为进一步解决县级财政困难问题，财政部 2010 年起在全国范围内部署推进以实现县乡政府"保工资、保运转、保民生"为目标的县级基本财力保障机制，按照以地方为主、中央财政适当奖补的原则，引导各省对县级政府实行"托底"保障。县级基本财力保障机制推动了"省直管县"改革，到 2011 年底，全国已有 27 个省（自治区、直辖市）对 1080 个县实行了财政直接管理。

"省直管县"和"乡财县管"改革，有力推动了中国基层公共预算框架的建立，基层公共预算在国家公共预算中的地位作用不断提高，基层公共预算在直接满足公众需求上承担了越来越大的责任。对比分税制以来基层公共预算支出的数据，基层公共预算支出占国家公共预算支出的比重，从 1994 年的 51.3%，增加到 2010 年的 65.1%，到 2013 年达到 69.4%。其中，县级公共预算支出从 1994 年的 20.4%，增加到 2013 年的 41.1%，增长了一倍。乡级公共预算支出从 1994 年的 9%，下降到 2013 年的 5.3%，下降了四成。市级公共预算支出基本保持了稳定，约占比在22%左右。[1] 这表明了当前中国基层公共预算的两个主要特征：一是县级公共预算成为基层公共预算的主体，二是市级政府直接承担了大量的基层公共支出责任，而最接近公众的乡镇政府，承担的公共支出责任反而降低了。表3—1反映了基层公共预算改革20年中支出占比变化情况。

表3—1　我国各级公共预算支出占比变化情况（单位：%）

年份	全国	中央预算	省级预算	基层预算		
				市级	县级	乡级
1994	100	30.3	16.6	21.9	20.4	9.0
1995	100	29.2	16.9	23.9	21.2	8.8
2000	100	34.7	19.3	20.1	19.1	7.4
2005	100	25.9	18.9	22.7	26.7	5.9
2010	100	17.8	17.1	22.5	37.4	5.2
2013	100	14.6	16.2	23.0	41.1	5.3

资料来源：《1994—2013年我国公共财政预算支出级次情况》，《地方财政研究》，2015年第9期，封三。

四、基于治理现代化要求的基层公共预算改革阶段（2013至今）

2013年11月，十八届三中全会通过《中共中央关于全面深化改革若干重大问题的决定》，对全面改革提出了"完善和发展中国特色

---

[1] 《1994—2013年我国公共财政预算支出级次情况》，《地方财政研究》，2015年第9期，封三。

社会主义制度，推进国家治理体系和治理能力现代化"的总目标和总要求，对预算改革提出了具体要求。特别是决定关于"经济体制改革核心问题是处理好政府与市场关系，使市场在资源配置中起决定性作用和更好发挥政府作用"、"财政是国家治理的基础和重要支柱"、"必须完善立法、明确事权、改革税负、透明预算、提高效率，建立现代财政制度，发挥中央和地方两个积极性"等论断，对中国公共财政与预算改革方向产生了重大影响。

2014年10月，国务院发布《关于深化预算管理制度改革的决定》，提出四项原则：一是遵循现代国家治理理念。按照推进国家治理体系和治理能力现代化的要求，着力构建规范的现代预算制度，并与相关法律和制度的修订完善相衔接。健全财政法律制度体系，注重运用法律和制度规范预算管理，提高政府公共服务水平。二是划清市场和政府的边界。凡属市场能发挥作用的，财税等优惠政策要逐步退出；凡属市场不能有效发挥作用的，政府包括公共财政等要主动补位。三是着力推进预算公开透明。实施全面规范、公开透明的预算制度，将公开透明贯穿预算改革和管理全过程，充分发挥预算公开透明对政府部门的监督和约束作用，建设阳光政府、责任政府、服务政府。四是坚持总体设计、协同推进。既要注重顶层设计，增强改革的系统性、整体性、协同性，又要考虑外部环境和制约因素，实现与行政管理体制改革的有序衔接，合理把握改革的力度和节奏，确保改革顺利实施。

新修订的《中华人民共和国预算法》也于2015年1月1日起正式实施，在规范政府收支行为，强化预算约束，加强对预算的管理和监督，建立健全全面规范、公开透明的预算制度方面提出了法定要求。新《预算法》历经两届全国人大、四次审议、十年修订，最具意义之处在于较好体现了从"治民之法"向"治权之法"的转变，被认为"翻开了预算法律制度的新篇章，也标志着新一轮财税体制改革在预算领域的率先破冰"①。"治权之法"的制定，恰恰是预算民主化的一个重要基石。

总的来看，十八届三中全会后，基层公共预算改革的地位明显得到了较大增强，各地按照"全面规范、公开透明"的思路积极推进改革，改革的步伐进一步加快。

一是加快了各级事权与支出责任的合理划分。继续推进行政审批制度改革，优化了各级预算权安排。调整、下放审批权，事权向基层下沉；取消部分审批权，划清政府与市场边界。

二是加快了预算制度规范化科学化建设，预算硬约束的法律责任进一步明确，改进了预算控制方式，着手建立跨年度平衡机制。2015年1月，国务院颁布《关于实行中期财政规划管理的意见》，要求由财政部门会同各部门研究编制三年滚动财政规划，对未来三年重大财政收支情况进行分析预测，对规划期内一些重大改革、重要政策和重大项目，研究政策目标、运行机制和评价办法，通过逐年更新滚动管理，强化财政规划对年度预算的约束性。最终目标"使中期财政规划渐进过渡到真正的中期预算"。

三是继续强化基层公共预算地位和作用。2013年，国务院对2010年建立的县级财力保障机制进行了调整，由解决财力缺口问题转向解决财力均衡问题，中央财政对县级政府新增基本财力保障需求予以补助，对县级财力均衡度较高、县级财政管理较为规范和绩效管理水平较高的地区给予奖励。中央财政以直接下达到县的方式来推进县级基本公共服务均等化，切实保证县级政府履行基本支出责任的财力需要，客观上强化了省以下基层公共预算的自主地位和作用。

① 连家明：《新预算法：一次历史性的进步》，《地方财政研究》，2015年第1期，第1页。

四是加快了公共预算管理市场化改革。特别是在地方债务风险管理上疏堵结合，迈出了允许地方举借债务的突破性步伐。2014 年国务院批准上海、浙江、广东、深圳、江苏、山东、北京、宁夏、青岛 10 地试点地方债自发自还。这标志着地方政府融资方式正从以往主要靠平台融资向以政府债券为主体的市场化举债融资机制转变。

五是加大了预算公开改革力度。特别是推进政府会计改革，建立全面反映政府资产负债、收入费用、运行成本、现金流量等财务信息的权责发生制政府综合财务报告制度。2014 年 12 月，财政部制定了《权责发生制政府综合财务报告制度改革方案》，提出建立健全政府会计核算体系、政府财务报告体系、政府财务报告审计和公开机制和政府财务报告分析应用体系四大任务。

六是进一步强调公共预算改革的系统整体协同推进。要求公共预算改革实现与行政管理体制改革等其他改革的有序衔接，客观上将公共预算改革置于治理现代化的大环境中加以考虑。公共预算改革从着重于控制转向着重于管理，再进一步转向着重于兼顾绩效与民主回应的治理改革。

第三节 基层预算民主化的探索与成效

改革开放以来，在中国特色社会主义民主政治发展中，基层民主发展是一大亮点，也是一个重点。基层民主是人民群众在基层政治、经济、文化和社会生活领域直接行使民主权利，参与管理公共事务和公益事业的制度和实践。① 各地在发展基层自治、党内基层民

---

① 徐勇等：《基层民主发展的途径与机制》，北京：北京师范大学出版社 2015 年版，第 1 页。

主、基层人大选举、企事业单位民主管理、城乡基层公共管理等方面创造了不少经验和做法，相对而言，基层预算民主探索起步较晚，但重要性日愈凸显，特别是显现了对国家治理现代化所产生的关键性和基础性作用，已成为基层民主的重要表现形式，极大拓展了基层民主的空间。改革开放以来中国基层预算民主化伴随着经济市场化而主动或被动地得到推进，基层预算民主化的探索与成效从四个方面充分体现：预算分权改革奠定了基层预算民主化政治基础，公共预算改革开启了基层预算民主化的实质性进程，预算管理改革不断丰富了基层预算民主化的技术支持，参与式预算探索形成了基层预算民主化的新动力。

一、预算分权改革奠定了基层预算民主化政治基础

预算不仅是对资金进行分配，也是对政治权力进行安排。现代预算发展的历史已表明，政治权力的变动与重置贯穿始终。预算权力的分配包括了四个层面：一是要明确各级政府间事权关系，对不同层级尤其是中央与省（州）、地方（基层）的财力分配作出制度安排，保障基层具有预算自主权；二是要明确政府与市场间的权力边界，规范政府干预行为的范围；三是要明确政治体系内部的权力制约关系，特别是预算立法权与预算执行权相分离；四是要保障和实现公民的预算权，公民预算权关乎公民个人参与社会政治经济生活的自由权、生存权和发展权，也是基本的人权。

改革开放以来，中国把预算分权放在重要位置，对原来高度集中的国家预算权进行向地方的分权改革，经过历次调整，最终从法律上确立了五级预算体制，从而使地方预算获得相对独立地位和预算权，分税制改革进一步巩固了基层预算主体地位。政府与市场关系调整也一直作为改革的关键环节，政府的支出责任不断优化，政

府逐步退出了生产经营性和竞争性领域，转向公共基础设施建设和公共服务领域。现代财政管理体系逐步完善，人大对政府的预算监督得到了加强，开始形成预算立法权对执行权的分离制约的框架。《预算法》明确了上级与本级人大预算双重监督机制，"全国人民代表大会及其常务委员会对中央和地方预算、决算进行监督。县级以上地方各级人民代表大会及其常务委员会对本级和下级预算、决算进行监督。乡、民族乡、镇人民代表大会对本级预算、决算进行监督"。在政府内部，部门预算改革强化了财政部门的预算控制权，形成了统一的预算编制与执行机制。公民预算权通过听证、恳谈等直接方式和人大代表视察、社会监督等间接方式在一定程度得到保障和实现。这些改革，一方面努力"制权"，把政府权力关进制度"笼子"，一方面努力"扩权"，实现人民群众对预算的知情权、参与权、表达权和监督权，从而为基层预算民主化奠定了政治基础。

二、公共财政改革开启了基层预算民主化的实质性进程

公共财政本质上就是民主财政，它具有服务公共利益、满足公共需求的公共性，同时体现市场公平与政治公平，为市场主体和社会成员提供一视同仁和均等化的服务。公共财政对政府行为提供了最为有效的制约手段，也是代议制民主的重要制度基础。

20 世纪 90 年代起，中国确立了建立社会主义市场经济体制的改革方向。1994 年进行的财税体制改革，迈出了适应社会主义市场经济发展要求，建立公共财政体系的重要步伐。1998 年国家正式明确了建立公共财政的目标，并推进公共预算改革。随着经济市场化和财政公共化，基层预算民主化不断发展。预算收入由过去税收与利润上缴并重转向以税收为主，政府规费行为也得到规范，税收"一

视同仁"的民主价值得到实现。分税制对基层公共预算的独立性和
自主性给予肯定。预算支出从直接投入生产建设领域转向社会保障、
环境保护、公共教育、公共卫生、公共文化建设等民生领域，体现
了公共资金"取之于民，用之于民"，基层政府越来越重视对人民群
众利益诉求的积极回应，人民群众的基本利益和权利不断得到满足
和实现。在公共预算结构优化的同时，预算公开也有了较大发展。
特别是在基层乡镇，预算公开与基层政务公开紧密结合在一起，基
层群众集体决策、自我管理部分公共事务支出的机制已经形成，基
层民主得到新的发展。近年来，随着"全口径预算"改革，公共预
算"全面性"、"一致性"原则得到进一步体现，为公众对政府进行
实质性监督提供了有利条件。

三、预算管理改革不断丰富了基层预算民主化的技术支持

人类以追求实质性民主为目标，但不否认程序性民主的地位与
作用。不少理论家都表达了对民主工具理性的重视，熊彼特、唐斯、
布坎南和图洛克等人更是都拥护一种工具主义的民主观。[1] 民主的实
现需要一定的技术支持。所谓民主技术包括为保证民主原则与民主
价值得以实现的一系列方法、手段以及制度、程序，通过对民主技
术的设计和运用，最大程度地反映民意，最大幅度地保障民意，最
大效率地实现民意。现代预算正是这样一种充满各种复杂技术手段
来服务并保障民主实现的工具。在 20 世纪初的预算改革者看来，预
算是"催生新的代议民主并使之满足城市工业社会需要的手段"。

---

① [美] I.夏皮罗：《民主理想的构成要素》，见 [加] A.布来顿等：《理解民主——
经济的与政治的视角》，毛丹等译，上海：学林出版社 2000 年版，第 232 页。

"预算通过一个单一的文件并在其中详细地界定政府的责任和功能，从而将政府整合为一个整体。公开的预算将充当人民的向导，帮助他们理解政府行为的特征和范围，并因此为那些疏远了的公民提供他们亟须的与政府紧密相连的意识。"[①]

近年来，中国基层公共预算管理改革取得了很大的进步，管理科学化、精细化水平不断提高，管理绩效不断加强。比如，通过健全公共财政预算、国有资本经营预算、政府性基金预算和社会保障预算组成的政府预算体系，使政府收支总量、结构和管理活动得到全面反映；通过实行部门预算、完善收支分类科目体系等，细化了预算编制，提高了预算编制的科学性和准确性；通过建立国库单一账户、实施政府采购、健全政府会计制度、实行绩效评价等，优化了预算管理环节，提高了资金使用效率和安全性，增强了政府对公众的回应性；通过健全人大预算审查制度、预算信息公开制度等，增强了预算透明度，强化了社会对政府的监督；通过实施"金财工程"、建立一体化预算管理信息系统和数据中心，使利用现代信息技术服务保障大数据时代的预算运行、管理、监督成为可能；等等。预算管理的技术创新客观上丰富了民主技术，促进了民主价值的实现。

四、参与式预算探索形成了基层预算民主化的新动力

参与式预算作为 21 世纪预算民主化的最新形式，不仅在中国基层播种，更在中国基层生根。从东部的浙江温岭、上海闵行、江苏无锡，到中部的河南焦作、安徽淮南，到西部的云南盐津；从北部

---

① ［美］乔纳森·卡恩：《预算民主：美国的国家建设与公民权（1890—1928）》，叶娟丽等译，上海：格致出版社、上海人民出版社 2008 年版，第 3 页。

的黑龙江哈尔滨，到南部的广东顺德的广大区域，都出现了基层直接以"参与式预算"名义开展的探索，并结合中国基层实际形成了多种预算民主管理形式。中国基层参与式预算探索始于 2005 年前后，浙江温岭的新河、泽国两镇率先"试水"，运用民主恳谈为主要形式吸引普通民众参与预算审查和制定。统计显示，到 2011 年，全国超过五分之一的省、三分之一的市（地级市）和县（县级市、区）开展了参与式预算探索，发展了民主恳谈会、决策听证会、社会听证、专家论证、项目公示、人大审查等多种参与式预算形式。① 参与式预算有效扩大了直接民主和公众参与，为中国基层预算民主化增添了新的动力。参与式预算被认为是基层民主发展的着力点，"推动基层参与式公共预算的改革可以是现在中国基层民主发展的一个主要内容。"②

表 3—2　各省、市、县开展参与式预算情况

内容	省（%）	市（%）	县（%）
建立参与式预算领导机构	21.1	35.9	38.1
制定具体的参与式预算办法或文件	5.6	16.7	20.0
制定对参与式预算的评估机制或办法	5.3	17.5	15.3

资料来源：财政部财政科学研究所：《地方公共财政预算管理改革与实践——中国财政管理科学化、精细化研究报告（2011）》，北京：中国财政经济出版社 2012 年版，第 254—272 页。

---

① 财政部财政科学研究所：《地方公共财政预算管理改革与实践——中国财政管理科学化、精细化研究报告（2011）》，北京：中国财政经济出版社 2012 年版，第 271 页。

② 李凡主编：《温岭试验与中国地方政府公共预算改革》，北京：知识产权出版社 2009 年版，第 12 页。

第四章　基层公共预算的问题、困境与原因

第一节　基层公共预算存在的主要问题

改革开放以来中国基层公共预算发展取得了重要的成就，特别是 2013 年以来基层公共预算改革进一步探入深水区，指向一些制度性缺陷，但许多重要的深刻性改革只是刚刚起步，成效尚待检验。历史中形成的积弊与新形势下新问题叠加，基层公共预算面临着失衡困境。

一、不均衡的地区财力基础

中国基层政府数量众多，规模环境各异，发展水平不一，基层公共预算进步水平是不一样的。多年来中国形成了非均衡发展的局面，从发展程度和地理位置上看，形成了三个发展地带，即发展较快、经济实力较强、市场化程度较高的东部地带，发展速度、经济实力和市场化程度次之的中部地带以及发展较慢、经济相对落后、市场化程度相对较低的西部地带。本节从东部、中部、西部三个区

域分别考察中国基层公共预算情况，分析存在的主要问题。①

地区公共预算收入是衡量地区财力的主要指标。OECD 国家广泛应用地方政府对其收入来源的控制程度来衡量地方自治水平，而地方自治水平的高低决定着地方政府对待政府改革的态度。布赖恩·多莱里等人发现："由地方政府自治从低到高的频谱，我们可以看到一种极端，即新公共管理最容易发展的国家，是那些地方政府要么有高自治水平要么有低自治水平的国家。"② 中国基层公共预算改革的经验也表明，财力基础对于公共预算改革的发起、战略及政策选择具有重大影响。本节将首先考察三个地带的财力差别。

东部地带包括了北京、天津、上海 3 个直辖市和辽宁、河北、山东、江苏、浙江、福建、广东、海南 8 个省。按 2014 年经济总量从大到小排名，顺序为：广东、江苏、山东、浙江、河北、辽宁、福建、上海、北京、天津、海南。其中广东、江苏、山东不仅经济总量在全国排名前三位，其地方（含省和基层）一般公共预算收入和支出均排名全国前三位，体现出了较强的财政实力。在这 11 个省（市）中，有 6 个经济总量排名全国前十，有 3 个接近前十（分别为全国第 11—13 名）；有 7 个一般公共预算收入排名全国前十，有 3 个接近前十（分别为全国第 11—13 名）；有 6 个一般公共预算支出

---

① 本部分基于 2013—2015 年全国地方公共预算执行情况和预算草案等报告文本内容进行分析，资料和数据主要来源于各省（市、区）财政厅（局）《关于 2013 年预算执行情况和 2014 年预算草案的报告》、《关于 2014 年预算执行情况和 2015 年预算草案的报告》、《关于 2015 年预算执行情况和 2016 年预算草案的报告》；各省（市、区）人大常委会关于相关年度预算执行情况和预算草案的《审查结果报告》；各省（市、区）审计厅（局）关于 2013—2015 年度预算执行和其他财政收支情况的《审计工作报告》。报告文本既反映存在的问题，同时也能反映报告人对问题重要性的判断和认知态度。东部、中部、西部三个经济发展地带的划分依据国家统计局的分类。

② ［澳］布赖恩·多莱里、内尔·马歇尔、安德鲁·沃辛顿：《重塑澳大利亚地方政府：财政、治理与改革》，刘杰等译，北京：北京大学出版社 2008 年版，第 33 页。

排名全国前十，有 2 个接近前十（分别为全国第 11、13 名）。这 11
个省（市）一般公共预算收入与支出在全国的排名上，一般公共预
算收入与支出位次相同的有 5 个，相近的有 2 个，差别较大的有 4
个，都表现为预算收入位次靠前与支出位次靠后：天津一般公共预
算收入排名全国第 12 位，支出排名全国第 26 位，位次相差 14 位；
福建一般公共预算收入排名全国第 13 位，支出排名全国第 22 位，
位次相差 9 位；北京一般公共预算收入排名全国第 6 位，支出排名
全国第 13 位，位次相差 7 位；上海一般公共预算收入排名全国第 4
位，支出排名全国第 10 位，位次相差 6 位。从地方一般公共预算收
入占 GDP 的比重看，除山东（8.5%）、河北（8.3%）两省外，其
他各省的比重均在 10% 以上，最高的两省是上海（19.5%）、北京
（18.9%）。可以看出，东部地带总体上财政状况较好，财力较强。

表 4—1　东部地带各省 GDP 与一般公共预算收支情况（2014 年）

省份	GDP			一般公共预算收入			一般公共预算支出		
	绝对值（亿元）	地区位次	全国位次	绝对值（亿元）	地区位次	全国位次	绝对值（亿元）	地区位次	全国位次
广东	67809.85	1	1	8065.08	1	1	9152.64	1	1
江苏	65088.32	2	2	7233.14	2	2	8472045	2	2
山东	59426.59	3	3	5026.83	3	3	7177.31	3	3
浙江	40173.03	4	4	4122.02	5	5	5159.57	4	6
河北	29421.15	5	6	2446.62	8	11	4677.30	7	11
辽宁	28626.58	6	7	3192.78	7	7	5080.49	5	7
福建	24055.76	7	11	2362.21	10	13	3306.70	9	22
上海	23567.70	8	12	4585.55	4	4	4923.44	6	10
北京	21330.83	9	13	4027.16	6	6	4524.67	8	13

（续表）

省份	GDP			一般公共预算收入			一般公共预算支出		
	绝对值（亿元）	地区位次	全国位次	绝对值（亿元）	地区位次	全国位次	绝对值（亿元）	地区位次	全国位次
天津	15726.93	10	17	2390.35	9	12	2884.70	10	26
海南	3500.72	11	28	555.31	11	28	1099.74	11	30

资料来源：国家统计局：国家数据。网址：http://data.stats.gov.cn。

注：一般公共预算收入、支出均为本级收入、支出，收入不包括国内外债务收入。

中部地带包括了山西、吉林、黑龙江、安徽、江西、河南、湖北、湖南 8 个省。按 2014 年经济总量从大到小排名，顺序为：河南、湖北、湖南、安徽、江西、黑龙江、吉林、山西。中部地带与东部地带相比，在经济总量上与东部地带有一定差距。在这 8 个省中，有 3 个经济总量排名全国前十，最好排位为河南（全国第 5），其他 5 个省排名在 14—24 位之间。有 2 个省一般公共预算收入排名全国前十，其他 6 个省排在 14—26 位之间；有 3 个省一般公共预算支出排名全国前十，其他各省排在 12—25 位之间。这 8 个省的一般公共预算收入与支出在全国的排名位次上，所有各省的一般公共预算收入排位均低于支出排位，位次差最大的是湖南（相差 8 位）。从地方一般公共预算收入占 GDP 的比重看，除山西（14.3%）、江西（12%）、安徽（10.6%）外，其他各省的比重都在 10% 以下，最少是湖南（8.4%），这充分表明中部地带各地财力相对紧张，弱于东部。

西部地带包括了内蒙古、广西、重庆、四川、贵州、云南、西藏、陕西、甘肃、青海、宁夏、新疆 12 个省（市、区）。按 2014 年经济总量从大到小排名，顺序为四川、内蒙古、陕西、广西、重庆、

表4—2　中部地带各省 GDP 与一般公共预算收支情况（2014 年）

省份	GDP			一般公共预算收入			一般公共预算支出		
	绝对值（亿元）	地区位次	全国位次	绝对值（亿元）	地区位次	全国位次	绝对值（亿元）	地区位次	全国位次
河南	34938.24	1	5	2739.26	1	9	6028.69	1	5
湖北	27379.22	2	9	2566.90	2	10	4934.15	3	9
湖南	27037.32	3	10	2262.79	3	14	5017.38	2	8
安徽	20848.75	4	14	2218.44	4	15	4664.10	4	12
江西	15714.63	5	18	1881.83	5	18	3882.70	5	16
黑龙江	15039.38	6	20	1301.31	7	24	3434.22	6	20
吉林	13803.14	7	22	1203.38	8	26	2913.25	8	25
山西	12761.49	8	24	1820.64	6	20	3085.28	7	24

　　资料来源：国家统计局：国家数据。网址：http://data.stats.gov.cn。

　　注：一般公共预算收入、支出均为本级收入、支出，收入不包括国内外债务收入。

云南、新疆、贵州、甘肃、宁夏、青海、西藏。西部地带总体上是经济实力最弱的区域。在这 12 个省（市、区）中，除四川省经济总量排名全国第 8 外，其他 11 个省（市、区）中只有 3 个排名在 10—20 位之间，另外 8 个排名 20 位之后。西部各地在一般公共预算收入和支出规模上相对东部和中部较少，一般公共预算收入和支出在全国排名在 20 位以后的分别有 8 个和 6 个省（区）。在全国排位上，除重庆、宁夏一般公共预算收入排名高于支出排位（位次分别相差 7 位、3 位）、甘肃收支排位一致（都是全国第 27 位）外，其他各地一般公共预算收入排位均低于支出排位，位次差最大的是云南（位次相差 7 位）。这表明西部地带的支出压力是比较大的。西藏、青海、甘肃、宁夏的一般公共预算支出绝对值分别达到了一般公共预算收入绝对值的 9.5 倍、5.4 倍、3.8 倍和 2.9 倍，这一比例远高于东部地带最高的海南（2.0 倍）、中部地带最高的黑龙江（2.6 倍），中央转移支付对于西部西藏、青海、甘肃、宁夏等省（区）预算平衡具有举足轻重的作用，西部各地对中央财政的依赖性更强，但也从中获得更多的中央财力支持。从地方一般公共预算收入占 GDP 的比重看，西部除甘肃（9.8%）外，其他省（区）的比重均超过 10%，最大的是贵州（14.8%），新疆（13.8%）、重庆（13.5%）、西藏（13.5%）、云南（13.3%）均超过 13%，虽然西部的经济实力总体不如中部，但财力集中度反而好于中部。

表 4—3　西部地带各省 GDP 与一般公共预算收支情况（2014 年）

省份	GDP			一般公共预算收入			一般公共预算支出		
	绝对值（亿元）	地区位次	全国位次	绝对值（亿元）	地区位次	全国位次	绝对值（亿元）	地区位次	全国位次
四川	28536.66	1	8	3061.07	1	8	6769.61	1	4
内蒙古	17770.19	2	15	1843.67	4	19	3879.98	4	17
陕西	17689.94	3	16	1890.40	3	17	3962.50	3	15
广西	15672.89	4	19	1422.28	6	22	3479.79	6	19
重庆	14262.60	5	21	1922.02	2	16	3304.39	8	23
云南	12814.59	6	23	1698.06	5	21	4437.98	2	14
新疆	9273.46	7	25	1282.34	8	25	3317.79	7	21
贵州	9266.39	8	26	1366.67	7	23	3542.80	5	18
甘肃	6836.82	9	27	672.67	9	27	2541.49	9	27
宁夏	2752.10	10	29	339.86	10	29	1000.45	12	31

省份	GDP			一般公共预算收入			一般公共预算支出		
	绝对值（亿元）	地区位次	全国位次	绝对值（亿元）	地区位次	全国位次	绝对值（亿元）	地区位次	全国位次
青海	2303.32	11	30	251.68	11	30	1347.43	10	28
西藏	920.83	12	31	124.27	12	31	1185.51	11	29

资料来源：国家统计局：国家数据。网址：http://data.stats.gov.cn。

注：一般公共预算收入、支出均为本级收入、支出，收入不包括国内外债务收入。

二、主要问题表现及分布

通过对 2013—2015 年连续三年各地预算执行情况相关报告的分析，可以发现基层公共预算在一些地方主要存在六个方面的问题，当然，六个方面问题在东部、中部和西部地区的分布存在差异，问题突出程度的排序是不同的①。

一是财政增收乏力，收支矛盾突出，平衡压力大。就算是财力较好的东部 11 个省（市）都不同程度地反映出面临维持预算平衡的压力，特别是 2013 和 2015 年 100% 的东部省市表示这一问题最为突出。分别就地方本级收支来看，普遍存在支出大于收入的情况，只

---

① 文本分析资料来源：各省（市、区）财政厅（局）《关于 2013 年预算执行情况和 2014 年预算草案的报告》、《关于 2014 年预算执行情况和 2015 年预算草案的报告》、《关于 2015 年预算执行情况和 2016 年预算草案的报告》；各省（市、区）人大常委会关于相关年度预算执行情况和预算草案的《审查结果报告》；各省（市、区）审计厅（局）关于 2013—2015 年度预算执行和其他财政收支情况的《审计工作报告》。见国家财政部及各省（市、区）财政厅（局）官网，以及各省（市、区）政府政务网站。

能依赖中央补助或自行筹集资金方式来实现年度预算平衡。收入不足的主要原因是近年来经济增长放缓，税收收入下降。同期民生保障、科技创新、基础建设等支出持续增长，造成了较大收支矛盾。以经济实力最强的广东为例，2015 年全省一般公共预算收支差额达到 3436.88 亿元，其中近 2000 亿元需地方筹集一次性财力解决。东部经济实力最弱的海南省，2015 年地方一般预算收入 627.7 亿元，中央补助则达到 536.3 亿元。类似地，中部 8 个省 2014、2015 年 100% 的地区存在这一突出问题，2013 年除湖北外，其他地区都存在这一情况。西部 12 个省（市、区）2015 年 100% 的地区存在这一问题，2013、2014 年除宁夏外，其他地区都存在这种情况。

二是政府间事权与支出责任不匹配，政府与市场边界不清晰，支出结构不合理。东部 11 个省（市）中 2013、2015 年分别有 5 个、6 个省市表示这一问题突出，占比约一半。2014 年只有 3 个表示这一问题突出，占比不及三分之一。虽经过多年的基层预算放权改革，但省、市、县、乡镇间的权力分配仍不够清晰，特别是各级支出责任划分不清，存在责任错位，各级支出结构不合理。政府与市场边界也不够清晰，政府行为越位现象还比较突出，财政资金的引导作用发挥不好，反而对市场资金产生了"挤出"效应。北京市财政局针对 2015 年预算情况直言："政府间事权和支出责任划分尚需理顺，政府资金引导金融资本、产业资本仍有'越位'和'缺位'之处，厘清政府与市场的职责边界是一项长期任务。"① 不过，也有近一半的东部省（市）没有将这个问题作为当前最突出的问题，这从一个侧面反映了东部各省（市）市场化改革较为成熟，市场化程度比较高。中部 8 个省中，约三分之二的

---

① 北京市财政局：《关于北京市 2015 年预算执行情况和 2016 年预算草案的报告》，2016 年 1 月 22 日在北京市第十四届人民代表大会第四次会议上。

地区认为这一问题突出，比例明显高于东部。与东部和中部相比，西部多数地方不认为这一问题突出，这与西部财力状况相对较好有关，因为在现行体制下能获得相对稳定的公共预算收入，而且西部各地对中央财政转移支付的依赖性更强，这些地方对提高地方预算独立性的需求反而不够迫切。

三是粗放管理，不注重绩效评价，预算支出效率低下，存在浪费现象。东部 11 个省（市）中，2013、2014、2015 年分别有 7 个、9 个、8 个省（市）表示这一问题比较突出，占比约为 64%、82%、73%。多数东部省（市）都认为存在预算有效性不足的问题，一方面是"重预算、轻执行，重分配、轻管理"的老问题没有得到根本改变，资金使用效率低下甚至造成浪费。特别是基层支出中占有相当比重的基建项目由于轻视项目立项、推进进度等因素，达不到资金支付条件，占用了资金额度，降低了资金使用效率。另一方面，基层绩效预算改革虽然推进多年，但在绩效评价结果应用、预算支出绩效与基层政府及官员政绩评价挂钩等方面仍存在不少问题，导致基层政府及官员只是形式上进行预算支出绩效评价，实质上并不重视。在中部 8 个省中，虽然有过半的地区认为这一问题突出，但 2015 年与 2013 年相比，已出现了向好的发展态势。西部 12 个省（市、区）在这一问题上也呈逐年向好转变的态势。

四是基层区域间财力不平衡，部分基层财政困难问题依然突出，政府债务风险过大。东部 11 个省（市）中，2013、2014、2015 年分别有 7 个、8 个、7 个省（市）表示存在这些问题，占比约为 64%、73%、64%。"财政大省"广东全省 2014 年有 6 个市没有完成年初一般公共预算收入预算，2015 年扩大到 12 个市。在区域财力比较上，2014 年珠三角 9 个市的一般公共预算收入总额已占广东全省市县级收入总额的 84.99%，是粤北山区的 14 倍，2015 年差距继续拉大。

基层财政收支矛盾促使基层政府不断扩大债务规模，资料显示，2010年至2013年6月，市级和县级的年均政府债务增长率达到17.36%和26.59%，到2013年6月全国基层政府负有偿还责任的债务规模超过了8万亿元。根据国家审计署报告，截至2012年底，全国基层共有99个市级、195个县级、3465个乡镇政府负有偿还责任债务的债务率高于100%。① 由于偿债能力不足，不少基层政府只能举借新债偿还旧债。在中部8个省中，超过一半的地区认为这一问题十分突出。从西部12个省（市、区）的情况看，这一问题在三年中没有得到明显改善，仍然居于较突出的位置。

表4—4　地方各级政府性债务规模情况表（2013年6月底）（单位：亿元）

政府层级	政府负有偿还责任的债务	政府或有债务	
		政府负有担保责任的债务	政府可能承担一定救助责任的债务
省级	17780.84	15627.58	18531.33
市级	48434.61	7424.13	17043.70
县级	39573.60	3488.04	7357.54
乡镇	3070.12	116.02	461.15
合计	108859.17	26655.77	43393.72

资料来源：《中华人民共和国国家审计署审计结果公告》2013年第32号。

五是预算管理机制不健全，约束不规范，监督不完善，预算公开不足。 东部11个省（市）中，2013、2014、2015年分别有10个、8个、10个表示这一问题较为突出，占比约为91%、73%、91%。虽然各地下力气健全预算管理机制，但仍存在管理约束不够

———————

① 国家审计署办公厅：《中华人民共和国国家审计署审计结果公告》2013年第32号，2013年12月30日公告。

规范等问题，如违规出台财税优惠政策，偷逃骗税现象时有发生，一些领域套取骗取、挤占挪用专项资金问题仍未杜绝，基层一些单位会计核算不实、资产管理不严，有的乡镇存在公款挪用、私存、私借等违纪问题。预算约束不硬、财经纪律松弛的原因是多方面的，但与基层预算监督不完善，预算公开不足有较大关联。特别是人大对预算的监督常常流于形式，政府预决算信息没有做到及时公开、100%全公开，或是公开内容不够细化、不易解读，社会监督难于发挥作用。中部 8 个省中，认为存在这一问题的在 2015 年大幅度减少，这种情况恰恰与东部相反，东部 2015 年对存在这一问题的认同比例高达 91%，远高于中部 38%的比例。西部 12 个省（市、区）中对存在这一问题的认同比例为 33%。西部地区三年中这一问题有了较大改善，特别是 2015 年比 2014 年认为这一问题突出的地方约减少 60%。

六是预算改革推进不够深入，系统性、协同性不强，政策碎片化。东部 11 个省（市）2013—2015 年认为这一问题突出的比例为 27%、45%、36%，中部 8 个省 2013—2015 年认为这一问题突出的比例为 38%、25%、38%，西部 12 个省（市、区）认为这一问题突出的比例低于东部和中部，2013—2015 年认为这一问题突出的比例为 17%、25%、50%，呈逐年上升之势。应该说，东部各省市在推动基层预算改革上比较积极，公共预算改革与其经济和行政体制改革的衔接性较好，改革行动也领先于中部和西部。如 2014 年 6 月中共中央国务院颁布《深化财税体制改革总体方案》后，当年 9 月，江苏省就率先制定了《中共江苏省委江苏省人民政府关于深化财税体制改革加快建立现代财政制度的实施意见》，明确要求"注重财税改革与各项改革的关联性、系统性及互动性，坚持立足全局、统筹推进，既要使财税改革得到其他改革的配合，也要通过财税改革为其他改革提供财力保障和动力支持，形成协同推进改革的合力，着力破解影响科学发展的瓶颈问题。"11 月，山东省制定了《中共山东省委山东省人民政府关于深化财税体制改革的意见》，确定 24 条财税体制改革新举措，提出争取在全国率先建立现代财政制度的目标。广东省也制定了《深化财税体制改革率先基本建立现代财政制度总体方案》。

不过，与其他问题相比，各地对这个问题的认同比例总体上都是偏低的。特别在国家推进治理体系和治理能力现代化的背景下，这一现象值得关注。比如东部 11 个省（市）中认为这一问题突出的比例还不到一半，而 2015 年只有 3 个省表示这一问题突出，占比不及三分之一。这可以从两个方面来解释：一是说明各地对公共预算的治理取向重要性还缺乏深刻认识，对问题还没有进行深入的剖析；二是比例更多地反映了政府解决问题的选择顺序。实际上，2014 年9 月国务院颁布《关于深化预算管理制度改革的决定》，并提出遵循现代国家治理理念、划清市场和政府边界、着力推进预算公开透明、坚持总体设计、协同推进等预算改革原则，截至 2015 年底已有 82% 的东部省（市）、88% 的中部省和 67% 的西部省（市、区）颁布了贯彻实施意见。① 上述现象恰恰表明，多数地方对推进预算改革重要性的认识主要停留在文字与表面，还没有在思想认识上真正重视起来，治标不治本的碎片化策略往往在财力压力下成为首选，缓解财力不足常常被视作首要任务，系统性、协同性改革设计得不到应有重视。

---

① 根据各地政府网站公开信息统计。2015 年底前已制定公布实施意见的东部省份为广东、江苏、山东、河北、辽宁、福建、北京、天津，中部为河南、湖南、安徽、江西、黑龙江、吉林、山西，西部为四川、内蒙古、陕西、广西、云南、甘肃、宁夏、青海。

三、问题认同与改革顺序

经济总量和财政收支总体水平对预算行为构成重要约束，经济发展水平决定着地方财政收入水平，收入与支出水平的平衡，则反映着财政能力与社会需求之间的"匹配"程度。一旦地方财政困难，政府充分按照民众意愿提供公共服务的可能性就会降低，财政压力过大易引起预算短期行为甚至助长投机，从而使预算改革偏离既定的目标和方向。因此，基层公共预算稳定的渐进改革，需要良好的财政可持续性为支撑。如同文森特·奥斯特罗姆等人所指出那样：只有维持收益和开支的合理平衡，地方政府部门才可能得到公平和效率的长远结果。[①]20世纪80年代以来，中国经济一直保持着较高的增长速度，为预算改革尤其是公共财政体系的构建提供了有利的环境。但是，受到发展不均衡影响，各地面临的财政压力差别增大，由此影响到了不同地区解决存在问题时的优先性选择。在六个主要问题中，各地反映出最大最急迫的问题正是财力不足问题。社会对资源的需求是趋向无限的，而政府获取满足这些无限需求的资源总是有限的，基层政府获取资源的选择更是有限。这种压力将迫使基层政府主动进行改革，并对改革方案的设计产生制约作用。

表4—5根据各问题地区分布情况和在年度相关预算报告文献中出现的频次，按照存在问题的省（市、区）在本地区所占比例高低，对各地区问题的认同程度进行排序（按1—6，由高到低）。这一排序，既直接反映了各地政府对问题紧迫性认识和在解决问题时的优先选择顺序，也反映了各地面临问题的不同突出程度。

---

① ［美］文森特·奥斯特罗姆、罗伯特·比什、埃莉诺·奥斯特罗姆：《美国地方政府》，井敏、陈幽泓译，北京：北京大学出版社2004年版，第208页。

从 2015 年的情况看，无论东部、中部还是西部，"财政增收乏力，
收支矛盾突出，平衡压力大"都是排在第一位的突出问题。对于
"政府间事权与支出责任不匹配，政府与市场边界不清晰，支出结
构不合理"问题，中部更为突出，排在本区第二位，东部排在本
区第四位，西部排在本区最后的第六位；对于"粗放管理，不注
重绩效评价，预算支出效率低下，存在浪费"问题，东部、中部、
西部都排在了第三位；对于"区域财力不平衡，部分基层财政困
难，存在政府债务风险隐患"问题，西部排在本区第二位，中部
排在本区并列第三位，东部排在本区第五位；对于"预算管理机
制不健全，约束不规范，监督不完善，预算公开不够"问题，东
部比较突出，排在本区第二位，西部排在本区第五位，中部排在
本区第六位；对于"预算改革推进不够深入，系统性、协同性不
强，政策碎片化"问题，西部排在本区第四位，中部排在本区第
五位，东部排在本区第六位。

表 4—5　基层公共预算主要问题认知程度（2013—2015 年）

主要问题表现	财政增收乏力，收支矛盾突出，平衡压力大	政府间事权与支出责任不匹配，政府与市场边界不清晰，支出结构不合理	粗放管理，不注重绩效评价，预算支出效率低下，存在浪费	区域财力不平衡，部分基层财政困难，存在政府债务风险隐患	预算管理机制不健全，约束不规范，监督不完善，预算公开不够	预算改革推进不够深入，系统性、协同性不强，政策碎片化
东部	1(2015) 1(2014) 1(2013)	4(2015) 5(2014) 5(2013)	3(2015) 1(2014) 3(2013)	5(2015) 3(2014) 3(2013)	2(2015) 3(2014) 2(2013)	6(2015) 4(2014) 6(2013)
中部	1(2015) 1(2014) 2(2013)	2(2015) 3(2014) 5(2013)	3(2015) 5(2014) 1(2013)	3(2015) 3(2014) 2(2013)	6(2015) 1(2014) 4(2013)	5(2015) 6(2014) 6(2013)

（续表）

主要问题表现	财政增收乏力，收支矛盾突出，平衡压力大	政府间事权与支出责任不匹配，政府与市场边界不清晰，支出结构不合理	粗放管理，不注重绩效评价，预算支出效率低下，存在浪费	区域财力不平衡，部分基层财政困难，存在政府债务风险隐患	预算管理机制不健全，约束不规范，监督不完善，预算公开不够	预算改革推进不够深入，系统性、协同性不强，政策碎片化
西部	1（2015） 1（2014） 2（2013）	6（2015） 5（2014） 5（2013）	3（2015） 3（2014） 1（2013）	2（2015） 4（2014） 3（2013）	5（2015） 1（2014） 3（2013）	4（2015） 6（2014） 6（2013）

注：本表根据六个主要问题在各地年度提交地方人大审议的预算执行情况及预算草案报告中出现的频次，按照自述存在该问题的省（直辖市、自治区）的数量占本地区总数（东部 11 个/中部 8 个/西部 12 个）的比例高低进行排序（按 1—6，由高到低）。

　　显然，除了加大收入控制、解决收支矛盾这个问题外，东部更关注预算管理机制的完善，着力于构建现代预算制度；中部更关注财政预算分权的制度安排，以及进一步推进市场化的相关配套措施；西部更关注的是支出效率低下和资金浪费等问题，并忧虑于基层政府的债务风险。不论东部、中部还是西部，总体上都表现出对强化预算过程与结果管理的重视，但对于系统协同推进预算改革的重要性认识相对不足。

　　上述分析揭示了地方财力状况对问题排序的影响关系。财力相对越强的地区，对基层预算制度化建设越发关注，如东部地带各地。财力相对越弱的地区，对预算管理尤其是支出效率、债务风险等越发关注，如西部地带各地。中部地区虽然预算收入绝对值平均高于西部，但其财力集中度低于西部，中部更关注财力与事权相配的问题，对基层公共支出责任的合理划分有更强烈的要求。进一步来讲，财力状况影响了改革的方向定位与政策选择。

同时，也要看到各地区存在的问题具有明显的同质化倾向，尽管程度不一，但都主要表现了前述六个方面问题。一方面，这与自上而下的改革推动相关。六个方面问题基本上反映出了近年来中央所主导的财政预算改革所关注的重点，基层公共预算改革重点基本按照国家部署来推进。这从一个侧面反映出部分地方基层公共预算改革的自主性、针对性不强，上级政策制约对基层改革影响较大，对基层预算方面开拓改革的激励不足。另一方面，剔除上级部署的新改革任务要求会引起问题关注度转移的因素，各地各年度对同一问题表现出重视程度差异，有的问题反复呈现，说明改革改不深、改不透问题还比较突出。这也表明当前中国基层公共预算改革正进入深水区，长期以来难以解决的问题和矛盾不断积累沉淀，基层公共预算改革的要求十分迫切。对于这些问题矛盾，必须从公共预算体制机制内部来剖析深层次原因。

第二节　基层公共预算的失衡困境

当前基层公共预算面临着一个失衡困境。这不仅是表现在基层公共预算处于不均衡的地区财力背景下，更是由于基层公共预算体制机制内部也存在着诸多不平衡问题，触及到了制度结构失衡与功能冲突等深层次矛盾。

一、权力失衡

权力失衡从三个方面体现出来：

一方面，纵向的预算权失衡。中央、省和基层的预算分权始终在不断调适以达到合理平衡。经历了几次改革之后，总体上仍然呈现了财权向中央集中，事权向基层下沉的趋势，放权改革以下放事权为主，基层公共预算收支自主权仍然受到较大的上级控制。每次改革，都不得不对纵向财政分权作出新的安排。

另一方面，横向的预算权失衡，预算立法权与行政权关系不顺，人大的预算立法权以及监督权得不到充分落实，在预算编制过程中，人大缺乏实质性介入，预算审查大多是"走过场"，政府预算行为缺乏来自人大以及社会公众的监督。同时，在政府内部也存在着预算权失衡的问题，财政部门与其他业务部门关系紧张，各部门预算权分散，政府内部预算控制的全面性、一致性不足。

再一方面，市场化改革任务远未完成，计划经济时代行政强势干预的行为理念不同程度存在，政府与市场边界没有得到清晰界定。政府的权力范围有弹性，可大可小、时大时小，预算支出错位现象突出，有时越位，有时缺位，预算支出结构不能满足基层公众需要。权力失衡导致预算过程中约束乏力，出现管理粗放以致失控状态，无法进行绩效回应并保证支出效率。

二、资金失衡

资金失衡包括了纵向和横向的失衡：

一方面，纵向的资金失衡。按照《预算法》要求，基层公共预算需收支平衡，各级人大和审计机构也按此进行预算监督，因此，每年大多数基层公共预算执行情况报告都能声明达成目标，甚至略有节余。但实际上，基层公共预算达成平衡的压力非常大。基层政府长期缺乏预算收入自主权，分税制并不能解决税收留成比例合理性问题，中央和省获得了税收的大部分，基层预算收入主要依靠中央和省税收返还、专项补助和转移支付，基层自主的规范收入是不足的。所谓地方的预算收支平衡，变成了中央"给予"的形式平衡。

另一方面，横向的资金失衡。基层支出资金需求总是超过收入能力。在现有体制下，基层支出结构还带有隐性的"指令性"特征，反映着当前政策导向。支出结构不是按照基层实际需要确定，而是倾向于照搬上级，越符合上级政策要求，越有可能获得上级更多的专项支持。加上基层支出必须满足当期当地需求和刚性的权利性支出，进而引起基层公共预算支出结构全面化、支出资金最大化倾向。一旦通过上级"帮助"也不能轻松达到预算资金平衡目标，基层政府就会转向积极通过谋求新的收入渠道如进行债务融资和增加预算外收入来保证收支平衡，这就为基层预算体系埋下风险隐患，也为寻租、腐败等提供了空间。

三、利益失衡

利益失衡也可以从纵向和横向上分析：

一方面，纵向的利益失衡。公共预算制度存在的一个重要理论前提是可供分配的公共资源是有限的，预算每一次改革，都不可避免触及利益格局的调整。受过去中央高度集中的计划模式影响，地方和基层的利益补偿保障没有得到充分重视，中央与地方和基层陷入利益博弈局面，中央政令执行最终只能依靠行政与人事控制权来确保。近年来的公共预算改革在利益分配上向地方和基层作出了让步，也没能有效解决中央与地方、基层利益分配冲突的问题。目前中央与地方共享税所占比重较大，事实上使得分税制改革的复杂性增大了，税收客观上又形成一次讨价还价的过程。例如，目前实施的"营改增"对全国而言有利于经济转型发展和企业减负，但在不能及时作出通过增加其他地方收入以达到平衡的情况下，这对地方政府来说就可能会被认为是一种直接利益损失，从而导致了与国家减税目的相悖的地方营业税"运动式清欠"行为。2016 年上半年，应对"营改增"在 5 月 1 日全面实施，地方政府纷纷加大了营业税的征收，4—5 月份全国营业税收入猛增，远远超过正常水平，其中 4 月的增幅为 74.8%，5 月份达到 76%，而 1—3 月平均增幅为 14%。

另一方面，横向的利益失衡。随着预算支出公共化水平的提高，预算就不能只是满足传统以政府建设支出为核心的"公共需求"，而是要回应更大范围内社会群体的多元利益需求，如在城市化背景下"新市民"的医疗、住房、就业、养老等社会保障需求、流动进城务工人员生活及子女就学平等待遇等都是新的利益需求形式。但是，当前基层公共预算支出安排中缺乏公众利益表达机制和渠道，主要由政府"为民做主"，政府的利益出发点与公众直接的利益需求存在差距，难以形成公共利益的平衡点，基层政府面临着利益冲突压力。

四、时间失衡

基层公共预算的程序安排不科学，预算决策的各个环节不连贯现象比较突出，表现在三个方面：

一方面是预算编制过程短，没有时间进行充分的沟通、讨论、研究和审议。通常国务院每年第四季度向中央各部门和各省级政府下达编制下一年度预算草案的指示，提出编制预算草案的原则和要求，财政部按照国务院的具体要求部署预算编制工作。之后逐级往下进行传达部署，各基层预算单位结合实际提出部门预算计划。然后在次年第一季度完成预算编制及审批流程，全国人大每年 3 月初召开审议中央预算，各省人大一般在 1 月底到 2 月中旬召开省人大审议本级预算，往下的各基层人大只能在 1 月份内召开本级人大审议本级预算。这样，留给基层编制并审议预算的时间也就是一个月左右的时间，影响了预算编制的科学化、合理化水平。相比较之下，发达国家地方政府编制预算的时间多数都需花上 2—3 个季度的时间，之后一般需提前 2 个月报议会审议，利益相关各方有时间进行较为充分的沟通和讨论。

另一方面是预算审批与预算执行程序倒置。中国的预算周期采用历年制，各级预算的预算年度都是自当年 1 月 1 日算起，而此时各级人大都未开始召开会议审议预算案，造成了基层预算每年都存在一定时间的事实上的"非法"执行期，影响了预算执行的严肃性。再一方面，预算执行过程中，常常会受新增临时性任务（包括政治性任务）和项目的影响而改变预算（通常是追加预算），此类项目当年度一般不会实时报请本级人大审议，而是在下一年度向人大报告上一年度预算执行情况时说明。此类项目一多自然降低了预算的预测功能，也在一定时间内脱离了人大的监督。因此，如何进一步健全基层公共预算体系，完善制度机制并提高预算透明度，是摆在基层政府面前的重大课题。

五、文化失衡

从历史上看，社会价值与预算准则相互影响，预算准则又正好是预算制度变得可理解和促使预算参与者有序参与的基础。改革开放后，中国积极推进预算改革，在相当长的一段时间内，预算改革深受管理主义影响以控制为导向，目的是通过制度化规范化建设，使预算约束硬化，以此填补计划经济体制下预算分配管理模式被打破后形成的失控空间。20 世纪 90 年代以来，中国以建设公共财政体系为目标，以极为开放的态度推进了公共预算改革，以尽快适应市场经济发展需求。但是，公共预算制度作为一项现代制度加以引进融合，当时的制度环境尚未成熟，此时仍然面临着预算不统一、分散管理、非正式制度林立、控制弱化等突出问题。因此，之后进行的部门预算改革、国库集中收付、政府采购、非税收入管理等改革，无一不是围绕强化控制而继续推进。在此背景下，预算改革的指导思想主要是贯彻现代预算的全面性、一致性以及预算平衡等准则。

但是，中国的改革发展速度飞快，控制取向的任务还未完成，新的预算理念与预算准则已悄然发挥影响。最显著的就是新绩效预算改革的推广。新绩效预算与政府新公共管理改革相互促进，较大地改变了预算改革的面貌，突出了预算的管理取向，预算效率尤其是资金效率被放到首要的位置，灵活性作为必要的准则，这对全面性、一致性、平衡性准则形成挑战。

预算准则之间存在一种支持性关系，一个准则重要性的降低会导致另一个准则重要性的削弱，一个准则的下降将造成其他准则的应用能力受到影响。[①] 基层预算改革设计显然还没有在不断推进预算改革的过程中处理好这些关系，预算制度在不同取向的同时指引下，进一步碎片化了。

预算改革中更大的价值冲突是效率与公平，在长期改革过程中，效率优先还是公平优先一度引起争论。2006 年 10 月十六届六中全会提出："初次分配和再分配都要处理好效率和公平的关系，再分配更加注重公平"，对各项改革政策中公平与效率的对立统一关系作出了明确的回答。但从过去的实践经验来看，改革分配原则的选择取决于经济社会的价值取向，效率导向的分配政策服务于增长目标，而

---

① ［美］阿伦·威尔达夫斯基：《预算与治理》，布莱登·斯瓦德洛编，苟燕楠译，上海：上海财经大学出版社 2010 年版，第 225 页。

公平导向的分配政策服务于和谐目标。① 预算改革的实践虽然尽力两者兼顾，但在具体政策举措上仍然存在效率与公平目标分离的情况，要么把公平作为政治任务，使支出均等化变成平均化；要么强调效率，忽略了公民预算参与的权利保障。随着治理现代化理念的普及和治理取向改革的推进，基层公共预算还必须对预算民主化作出回应，公平、正义、包容、共享等价值在预算中如何体现，当前的基层公共预算只作出了抽象的回答。

第三节　基层公共预算改革困境的原因分析

近年来公共预算改革举措频出，但基层公共预算仍然问题突出，分析其原因，既包括特殊国情的阶段性约束、经济社会发展水平的客观影响，但更重要的是改革设计局限所致。基层公共预算改革对公共预算的环境制约因素重视不足，改革设计的目标、定位不能有效回应社会发展新的变化。

一、参与扩大挑战原有平衡机制

改革开放以来尤其是新世纪以来，中国的基层社会、经济和政治生活及结构发生了许多重要变化，公众参与扩大是其中一个显著变化。随着市场经济发展，国家垄断社会经济资源的传统格局被打破，思想观念的多元化和公民意识的增强，极大的促进了公众参与的热情。与此同时，中国共产党积极推动基层民主发展的努力，更

---

① 刘承礼：《30 年来中国收入分配原则改革的回顾与前瞻：一项基于公平与效率双重标准的历史研究》，《经济理论与经济管理》，2008 年第 9 期，第 47—52 页。

是强化了扩大公众参与和民主化的方向。这些变化，直接或间接地对公共预算体制产生了重要影响。基层公众通过多种组织或形式参与到公共预算的决策执行中来。

公众参与扩大从以下方面得到体现：一是大量非政府组织的涌现，不断夯实着基层公民社会的基础。2000 年，全国民间社团共13.1 万个，民办非企业单位 2.3 万个。到 2015 年，全国社会组织总数已达 66.2 万个，其中社团 32.9 万个，民办非企业单位 32.9 万个，各类基金会 4784 个。其业务范围涉及科技、教育、文化、卫生、劳动、民政、体育、环保、法律服务、社会中介、农村专业经济等社会生活多个领域。志愿服务活动也得到长足发展，2015 年全国共有社区志愿服务组织 9.6 万个。

二是基层群众的政治参与意识得到较大增强。2015 年全国共有社区居委会和村委会等基层自治组织 68.1 万个，其中 16.5 万个村居完成选举，登记选民 2.1 亿人，参加投票 1.6 亿人，投票率达到 76%。[①]

三是民营经济加快发展，社会阶层更加多样化。1988 年中国修正宪法，允许私营经济存在和发展。之后，私营企业投资者迅速成长，约在 20 世纪 90 年代中期，私营企业主阶层开始形成。1990—2010 年的 20 年间，私营企业投资者由 22.4 万人增加到了 1794 万人，增长了 79 倍。[②] 在经济发展中民营经济的实力也迅速壮大，到2013 年，全国民营经济对 GDP 的贡献超过 60%，有的省份如广东，更是超过 80%。[③] 新兴壮大的私营企业主阶层在提高社会经济地位的

① 《社会服务发展统计公报》（2000 年、2015 年），来源：www.mca.gov.cn。

② 张厚义：《中国私营企业主阶层 20 年》，见李培林等：《2012 年中国社会形势分析与预测》，北京：社会科学文献出版社 2012 年版，第 273 页。

③ 王钦敏主编：《中国民营经济发展报告 No.11（2013—2014）》，北京：社会科学文献出版社 2015 年版，第 7 页。

同时，获得了政治待遇的提升，参选人大代表、成为政协委员等成为其政治表达的新渠道。

四是快速城市化推动了集中参与。城市化是工业化的产物，也带来了人口的高度集中。到 2015 年，全国城镇常住人口 7.7 亿人，常住人口城镇化率达到 56.1%。而 1978 年全国城镇化水平约为 18%。① 快速城市化过程中，征地拆迁、社会保障、居住环境、城市"新贫困"等问题所诱发的群体性事件频发，公众利益诉求表达的愿望与权利意识都在增强，从过去个别、分散的利益表达方式向集体、集中的方式转变，形成了更强的参与动员。

五是大规模流动人口形成了当代中国公众参与的独特变量。大规模的农民工为城市尤其是东部地区城市提供了重要的人口红利，成为东部地区经济快速发展的重要因素。由于城乡分割的户籍管理制度，导致大量流动人口在不同地区之间往返流动。到 2015 年，全国农民工规模达到 2.8 亿人，其中外出农民工 1.7 亿人。全国人户分离人口达到 2.9 亿人，其中流动人口 2.5 亿人。② 流动人口的重要性与不确定性，促使各地政府主动采取开放社会服务、鼓励外来员工参与本地事务的做法来吸引、稳定流动人口，促进了基层的公众参与。

公共预算是社会秩序的反映，在一定的时期内，预算过程是稳定而有序的，预算各参与主体的角色也是稳定的。长期以来，在基层公共预算的实际运作中，预算主要参与者是党委、人大和政府，三者间形成了相对稳定的运作模式。虽然党委虽拥有重大事项决定权，其预算控制方式却过于宽泛虚化，人大的法定预算权因体制约束不能全面履行而弱化，政府成为实际工作中最主要的预算安排与

---

① 《国民经济和社会发展统计公报》（1978 年、2015 年），来源：www.stats.gov.cn。

② 《国民经济和社会发展统计公报》（2015 年），来源：www.stats.gov.cn。

决策者。政府不仅是预算运作机制的核心，甚至分配着预算各主体的角色与工作，预算过程中各主体的作用发挥更多是形式上的要求，预算参与者的权利、作用、参与范围由政府预先确定。在民主化的形势下，公众参与必然扩大，公众参与决策成为新的制度发展压力。"来自社会民间的力量正在强烈地冲击着中国的现行体制，强烈地要求参与公共事务决策，即政策和法律的制定过程，以及参与行政执法和对政府的监督过程。"① 为解决这种力量冲突，就相应要求有一定的制度、机制、程序来吸纳、安排、平衡新的参与力量。公众参与的不断扩大在此过程中打破了先前的预算平衡，必然要求预算改革。

首先，参与扩大后，首当其冲引起预算主体的角色变化。长期游离于预算决策体制之外的普通群众对预算决策提出了知情权、参与权、表达权、监督权诉求，由此必定打破原有的围绕政府的预算分配权力平衡：党委的预算权需要重新确认，人大的法定预算权需要得到实质性确立，政府的预算权需要受到限制，公众的直接预算参与需要新的渠道并以法律保障。

其次，参与扩大后，社会多方利益均得到不同程度表达机会，原先由政府主导的公共利益及平衡机制将受到挑战。政府主导下，公共利益多数情况下是先验的，任何项目只要是"集体"程序决定，就等同于符合公共利益。公众的直接利益表达将会挑战政府的先验公共利益安排，进而引出利益失衡。

再次，参与扩大后，与多元参与主体利益诉求相关，资金需求会发生变化，进而形成资金失衡的巨大压力。比如民生项目的资金需求迅速增加，而传统上政府基建项目如不压缩，就会形成巨大的

---

① 蔡定剑：《中国公众参与的问题与前景》，《民主与法治》，2010 年第 5 期，第26—29 页。

预算资金缺口和支出压力。政府可能因缺乏资源而陷入"出力不讨好"的能力与信任危机。

最后，中国长期以来的经济高速增长固化了预算"分蛋糕"模式，政府手中握有相对充足的资源来平衡社会需求，但在公众参与扩大背景下，经济一旦降速，就会强化利益竞争，现行的预算体制中总体上没有相应的竞争性分配体制来作出回应。

二、预算功能冲突影响改革持续深化

公共预算制度是历史的产物，带有历史阶段性特征。艾伦·希克 1969 年在著名的论文《通向计划项目预算（PPB）之路：预算改革的各个阶段》中提出，现代公共预算具有控制、管理和计划三项基本功能。现代公共预算的发展史上，预算制度演进先后经历了三个阶段，即从控制定位，到管理定位，再到计划定位的阶段。他解释了预算变动的原因，并指出："每一次改革都打破了计划—管理—控制之间的均衡，有时候是不经意间的，通常情况下都是深思熟虑的。相应地，把它们看作是三个连续的改革阶段也是有可能的。"[1]他认为，每个预算体系中都包含着计划、管理和控制等方面特征，其中一个功能定位处于优势时不意味着其他两个功能不存在，而只是处于次要的地位。而行政预算的发展最终将三种功能汇集在了一起，他说："在预算的现代起源中，改进计划、管理和控制的努力使得共同目标置身于大受欢迎的行政预算概念的旗帜下"，或者说，

---

① ［美］艾伦·希克：《通向计划项目预算（PPB）之路：预算改革的各个阶段》，见阿尔伯特·C.海迪等：《公共预算经典（第二卷）：现代预算之路》第三版，苟燕楠、董静译，上海：上海财经大学出版社 2006 年版，第 67 页。

"在行政预算的推动下，各种目标趋于一致"。①

　　艾伦·希克的公共预算"三功能"论，对解释公共预算制度变迁及改革设计产生了长期重要影响。但随着 20 世纪 80 年代后预算时代的到来，公共预算之于治理的重要作用日益为人重视，艾伦·希克进一步发展了自己的观点，认为公共预算不只是行政预算内部所体现的控制、管理、计划功能，还形成了新的治理功能。在此基础上，他重新定义了"预算"概念。他说："预算"一词在很多人的想象中是填满了晦涩术语和成果数字、充满着会计惯例与绩效指标的厚厚一本文件，但这并不是预算的全部，这些只是临床表现。预算是关于人们及其意愿和目标相互影响的产物。预算是替代性选择观点妥协的结果，预算是人们一致和解的过程。② 娜奥米·凯顿在此基础上总结评价了艾伦·希克的新预算观，她说："因此，预算是由人们及其政府共同选择制定。预算是经济和社会政策手段，所以预算价值可能会划上更重要的社会价值、社会稳定、同情那些不能自给之人、正义和平等的划痕。"③ 预算所具有的治理功能，在威尔达夫斯基那里得到更加清晰的确认，他明确认为预算是治理的同义词。④ 在西方国家，公共预算在经历了控制、管理、计划三个阶段后，已进入治理取向阶段。如果说预算的"三功能"是行政预算的基本特征，那么治理则是后行政预算的显著特征。

---

① ［美］艾伦·希克：《通向计划项目预算（PPB）之路：预算改革的各个阶段》，见阿尔伯特·C.海迪等：《公共预算经典（第二卷）：现代预算之路》第三版，苟燕楠、董静译，上海：上海财经大学出版社 2006 年版，第 68 页。

② OECD, *Evolutions in Budgetary Practice: Allen Schick and the OECD Senior Budget Officials*, Paris: OECD, 2009, p.28.

③ Naomi Caiden, "Challenges Confronting Cotemporary Public Budgeting: Retrospectives/Prospectives from Allen Schick", *Public Administration Review*, March/April, 2010, pp.203-210.

④ ［美］阿伦·威尔达夫斯基：《预算与治理》，布莱登·斯瓦德洛编，苟燕楠译，上海：上海财经大学出版社 2010 年版，第 308 页。

预算能够服务于多种目标，但它难以同时实现多种功能，预算的功能取向主要受到政治安排的制约。为此，阿伦·威尔达夫斯基和娜奥米·凯顿指出："预算服务于多种目标，它的过程已经根据这个时代的政治格局做了调整以便适应这些目标。"① 在不同预算理念与功能追求取向下，预算制度的安排与关注点各有所重。

西方发达国家公共预算制度建设总体上先后经历了控制取向—管理取向—计划取向—治理取向的阶段，反映着预算权力控制变化和对预算本质认识不断深化的历史轨迹。中国基层公共预算建设起步晚，在学习借鉴西方公共预算制度过程中并没有很好地对预算功能取向尤其是其历史定位作出清晰的区分，而是更多以实用主义的态度加以选择。结果造成预算改革中各种理念方法模式"拼盘式"端出，不同的功能取向及其制度反映交织在一起并形成历史积累，进一步加剧了基层公共预算改革的复杂性。有学者指出，中国预算改革的启动主要源于立法监督机构和审计部门的外部推动，导致改革缺乏必要的理论创新支撑。并且，在总体治理结构与局部具体操作上，更加侧重于技术路线上的规则与程序改革，缺乏对整体治理结构的综合考量。②

20 世纪 90 年代中期前，预算改革大体既考虑了控制需求，也尝试了计划取向；90 年代中期后逐步强调管理取向，21 世纪前十年又回归控制与计划取向，之后再次强调管理取向，近年来则要求治理取向的改革。这些改革都不够彻底，政策措施碎片不断引起相互冲突，降低了改革成效。前述各地反映公共预算存在的六个问题中，第一和第二个问题反映的是预算的控制与计划功能要求，第三至第

---

① ［美］阿伦·威尔达夫斯基、娜奥米·凯顿：《预算过程中的新政治》第五版，苟燕楠译，北京：中国人民大学出版社 2014 年版，第 194 页。

② 马蔡琛、李璐：《再论中国公共预算改革的路径选择：基于 PPPE 和规划预算的考察》，《甘肃行政学院学报》，2009 年第 1 期，第 86—92 页。

五个问题反映的是预算的管理功能要求，第六个问题更多反映了治理的需求。

从问题分布情况反映出以控制为取向的改革任务并未完成，预算仍然缺乏硬约束，预算决策、监督权安排仍是改革的中心；以计划为取向的改革不深入，对市场经济条件下的政府资金分配和资源配置缺乏科学界定，或者把计划混同于控制；以管理为取向的改革着眼于在完善制度框架建设上发力，但轻于执行落实，缺乏对社会回应；以治理为取向的改革虽然已列入中央的重要议事日程，但目前在基层还未得到全面充分的重视，基层预算改革更多关注的是预算规范化问题，较少关注预算民主化的意义与作用。全国31个省、直辖市、自治区2016年预算草案中，除个别地方如上海提出"创新完善民主理财的体制机制"外，大多没有在指导思想和基本原则中直接明确预算民主化目标。

预算功能冲突也反映了预算改革中"功能取向"与"权宜取向"的矛盾。在西方国家同样存在预算功能冲突的情况，为了应对预算挑战，一次又一次的改革累积形成了不同的程序和制度，从而造成预算中"大量的形式主义存在"[①]。中国的预算改革中也存在着走形式、不彻底情况，这与改革设计上对预算功能的目标定位冲突有很大关系，特别是控制功能与其他功能的冲突。改革开放以来中国公共预算改革总体上坚持了"控制取向"，并试图利用预算其他功能来强化"控制"，当控制功能与其他功能在预算内容和过程的安排上出现矛盾时，当然倾向于回归控制，改革自然无法深入。典型的例子是20世纪90年代中期相当一批省市积极实施"零基预算"，全然不顾当时中国渐进式改革的环境，结果零基预算最终被当作削减

---

① ［美］阿伦·威尔达夫斯基、娜奥米·凯顿：《预算过程中的新政治》第五版，苟燕楠译，北京：中国人民大学出版社2014年版，第192页。

预算的控制方法，而不是支出管理的手段，预算评估的起点不是项目，而是归零的资金。零基预算改革还没取得成果，绩效预算的时代又已经到来了。但即使是全面推行绩效预算，也还停留在形式化表面，许多基层政府并不重视评估结果的反馈运用，仍在努力掌控资金分配权。在中国的基层预算改革中，治标不治本的情况十分严重，预算定位目标认识不清晰、不稳定情况更加突出，甚至因过分强调"权宜之计"导致产生了改革的中断。应对年度经济形势保持经济增速的短期措施是基层政府的优先选择，预算改革的重点自然集中到了加强资金管理保障建设需要上来，建立现代预算制度等长期目标则缺乏持续性推进。有些单一预算改革不能持续彻底，断断续续又反反复复，预算改革呈现出间断性特点，导致预算制度设计的碎片化，影响了改革的系统性。

预算功能的冲突是文化失衡的一个反映。预算的多种功能在任何预算体系中都存在，但是，在不同的阶段应根据当时的总体发展目标和客观需求来明确突出发挥哪种功能，进而确定预算改革的阶段性要求，这就需要宏观的考虑。某种预算功能的实现，都有相应的预算理念和预算准则来匹配，它们都是预算文化的组成部分。如前所言，文化失衡制约着预算改革，要求着预算改革。从这个角度出发，预算改革必须是宏观改革与微观改革相结合，对改革要有个通盘的考虑，不能将"功能取向"与"问题取向"对立起来，既要重视确立"功能取向"的系统性，又要防止"权宜取向"可能产生的"头痛医头、脚痛医脚"的片面性。

三、政府信任关系转型缺乏充分预算变革回应

公共预算寻求的是各参与主体间一致性的协商和解，这是由公共预算制度的本质所决定的，正因为如此，公共预算才被看作是治

理的一项重要机制。有效参与和协商建立在一定程度的信任基础上，在公共预算过程中，公众对政府的信任度至关重要。例如，没有对政府的信任，很难想象公众愿意向政府纳税。小约瑟夫·S. 奈（Joseph S. Nye Jr.）指出，假如人们认为政府无能、不值得信任，那么他们提供这些资源的可能性就会变小。没有这些关键的资源，政府就不能很好地运作，而如果政府不能运作，人们对它就会不满、更加不信任。"这种不断累积的恶性循环会对支持作为一种治理形式的民主造成侵蚀"。① 罗伯特·罗茨认为，信任构成了治理或善治的基础，地方政府与民众的信任关系在某种程度上决定了善治目标的实现。②

人们对政府的信任会形成相对稳定的政府信任关系。政府信任关系可以理解为社会公众对行政体系各要素及各要素之间的关系及其运动状况的合理期待，以及行政体系对这种合理期待回应基础上的一种互动关系。程倩认为从历史发展顺序上看，政府信任关系可分为习俗型政府信任关系、契约型政府信任关系和合作型政府信任关系，分别与统治型、管理型和服务型三种社会治理类型相对应。③现代预算制度与代议制民主制共同发展，社会契约论是其重要的理论基石。在公共选择理论对预算参与者利益最大化模型作出有力解释之后，委托—代理理论进一步解释了预算参与者的行为特征与责任约束机制。这些理论都直接或间接将公共预算关系表达为纳税人

① ［美］小约瑟夫·S.奈、菲利普·D.泽利科、戴维·C.金编：《人们为什么不信任政府》，朱芳芳译，北京：商务印书馆 2015 年版，第 8 页。

② ［英］罗伯特·罗茨：《新的治理》，木易编译，见俞可平主编：《治理与善治》，北京：社会科学文献出版社 2000 年版，第 96 页。

③ 程倩：《论政府信任关系的历史类型》，北京：光明日报出版社 2009 年版，第 26—29 页。

与政府之间的契约关系，公共预算是一系列契约的组合。在这些理论指导下，现代公共预算的制度体现了契约安排：公众向代议机构让渡了预算权进行初次委托，立法机构根据民意将预算合同委托给政府并进行监督，不同层级间政府进行委托—代理，政府通过寻找代理人完成服务和产品合同以满足具有"顾客"身份的公众的需求。因此，契约型政府信任关系是与现代公共预算制度相适应的信任关系，公共预算的运作必须得到公众的信任与委托。

改革开放加快了中国从传统农业社会向现代工业社会的转型，习俗型政府信任关系相应逐步解体。公众的权利意识与"纳税人"意识不断增强，原先建立在对权力服从和领导遵从基础上的政府信任不断丧失，这是当前基层政府不信任产生的一个重要因素。但是，在公众的预算权没能得到充分伸张和政府受托责任没有得到清晰界定前，新的契约型政府信任关系难以得到有效确立，并填补旧的政府信任关系缺失的空间，公众对政府的信任就难以有较大的提升。

一级政府一级预算是中国公共预算制度的法定要求，它要求根据本级公共服务及物品需求对各级政府的权力与责任边界作出明确法定划分。但是，虽然中央与地方分权改革持续进行了几十年，至今政府层级间的权力与责任划分仍然过于原则。与此同时，政府与市场的边界划分始终没有有效解决，政府与市场的横向分权往往被政府层级的纵向分权所取代，向市场放权变成向其他层级政府让权，公众与政府间委托—代理关系更加虚化。自上而下的分权过程强化了上下级政府间的委托—代理关系却弱化了公众与基层政府订立契约的机制，反过来会引起公众对政府的不信任。有学者将中国改革开放以来的财政分权作为重要变量研究了政府信任关系，发现财政分权总体上对政府信任产生了负向效应，且这种负向效应在农村地区更为显著。① 同时，委托—代理关系的虚化进一步导致公共预算信息不对称。预算信息不透明，使人大和社会公众无法有效监督，政府预算管理过程中的低效、浪费和腐败行为得不到及时纠正，进而破坏了政府绩效，又加剧了公众对政府的不信任。因此，当代中国基层现代预算制度建设过程中，缺乏契约型政府信任关系的支撑。

当然，委托—代理的预算制度安排自身也是有缺陷的。逆向选择与道德风险等代理人机会主义问题的存在，容易使代理人目标与委托人目标发生偏差。委托—代理关系面临的最大困难是信息不对称，预算参与者中，政府机构通常拥有信息优势。预算过程中无论是立法机构、行政机构还是代理人，都会采取信息控制策略。约翰·弗雷斯特（John P. Forrester）分析了美国委托—代理预算模式，指出行政主导的预算改革的有效性受到逆向选择和道德风险的限制。预算改革失败与改革本身关联较小，而更多的与如何执行改革有关。"大多数改革仅仅是管理一个组织而非对组织目标和组织文化进行改革。"② 西方发达国家新绩效预算的出现兴起从委托—代理分析上看正好有助于克服这一缺陷，基于绩效的合同强调事前激励惩罚和事后监督，对交易成本更好地进行了控制。③ 新绩效预算在全球广泛运用以来，促进了新公共服务理论与实践的发展，公共预算改革进入

---

① 刘勇政、冯海波：《中国的财政分权与政府信任》，《政治学研究》，2015 年第 1 期，第 32—46 页。

② ［美］约翰·弗雷斯特：《委托—代理模型和预算理论》，见阿曼·卡恩、W.巴特利·希尔德雷思编：《公共部门预算理论》，韦曙林译，上海：格致出版社、上海人民出版社 2010 年版，第 156 页。

③ ［美］劳伦斯·马丁：《弥合服务合同与公共财政管理之间的鸿沟：将理论应用于实践》，见阿曼·卡恩、W.巴特利·希尔德雷思编：《公共部门财政管理理论》，孙开等译，上海：格致出版社、上海人民出版社 2008 年版，第 61—66 页。

了治理取向的新阶段，合作型政府信任关系为人们所重视。当代理人不能很好地代表和反映公众利益时，公众的直接参与就变得很有意义了。

公众直接参与并没有改变现代预算中的委托—代理关系，它需要建立以合作为内核的参与共同体。例如在由立法机构、政府部门和其他第三方参与者（通常是从部门服务中受益的收益人）所组成的议题网络关系中，所有参与者都能认清提案项目的价值所在，拥有共同的项目目标，以及愿意共享可实现提案项目和预算成功的重要信息。[①] 公众直接参与预算部分改变了参与者的角色，政府从资金管理者成为公众社会治理的服务者，从而带来治理模式的深刻变化。公众参与加速扩大是中国基层社会发展的一个显著变化，并由此挑战了原有的预算平衡。公众参与如果不能在新的预算制度安排中得到回应，势必引起基层社会资本流失，这会加剧对政府的不信任，同时压缩了治理空间，限制了公共预算治理功能的发挥。因此，基层公共预算改革需要构建"在公共利益一致和基本价值认同基础上的信任合作关系"。对于后工业社会，"应当以契约型合作关系作为新的合作体系的建构平台，确立起一种不同于'契约型政府信任关系'的合作型政府信任关系"。[②]

没有信任就没有合法性，制度将会陷入"螺旋式下降趋势"，对治理的一个方面失去信任会传递给另一个方面。为此，不同层次的

---

① ［美］约翰·弗雷斯特：《委托—代理模型和预算理论》，见阿曼·卡恩、W.巴特利·希尔德雷思编：《公共部门预算理论》，韦曙林译，上海：格致出版社、上海人民出版社 2010 年版，第 157 页。

② 程倩：《论政府信任关系的历史类型》，北京：光明日报出版社 2009 年版，第 201 页。

治理是解决政府不信任的一个可选答案。① 当前中国既没有建立起稳固的契约型政府信任关系，也缺乏系统建立合作型政府信任关系的探索，这对基层公共预算及其改革都形成了负面的影响。不信任条件下的公众参与扩大可能是失序甚至破坏性的，缺乏稳定的信任关系导致基层公共预算改革难以获得社会的更大支持，公共预算制度也就失去了其平衡社会权力、利益及价值的作用。顺应公众参与的扩大，构建新型政府信任关系方能改变这一情况。

四、基层公共预算改革的协同性不够

公共预算的技术属性与政治属性，只是硬币的正反面，有效的公共预算改革必须是技术性改革与政治性改革的有机统一。在公共预算制度的演进历史上，技术性改革与政治性改革曾经分离进行，原因被解释为"预算理论的缺乏"。威尔达夫斯基开创性地提出了"预算政治学"，引出了公共预算过程的政治含义。公共预算改革已不再注重去单纯区分技术手段与政治手段，而是将技术与政治改革结合到预算的功能取向目标上来统筹考虑。

在计划经济时代，国家预算没有独立性，它不过是计划的反映，而且不是全部反映。在改革开放以来的相当长的时期里，预算缺乏独立性地位，预算改革仍被视作经济改革的一个角落。这个阶段里预算改革主要发展了新的预算编制办法和程序，使过去分散、零碎的预算朝向集中统一，这些改革举措总体上是技术性的，它没有改变预算权力结构，也不承担社会政治调节功能。随着公共预算改革的展开尤其是部门预算的实施，预算权力结构开始变化，政府内部

---

① ［美］小约瑟夫·S.奈、菲利普·D.泽利科、戴维·C.金编：《人们为什么不信任政府》，朱芳芳译，北京：商务印书馆2015年版，第305页。

预算权力向财政部门集中，为预算的全面性和一致性原则落实提供了可能，为人大对预算的审核监督权落实创造了条件。预算权力结构的改变既影响政治权力结构的改变，又反受政治权力结构的制约。在国家层面，政治体制改革滞后于经济体制改革，更加谨慎。当预算权力结构改变触及政治体制边界时，预算改革也变得小心翼翼，不敢越雷池一步。因此，中国的预算改革始终沿着技术线路进行，甚至主动消除预算改革的政治影响，前述改革中预算功能取向的频繁转向亦与此有关，毕竟预算改革一深入，必然要触及政治。但是，如果没有政治性改革，就无法推进预算改革。中国学术界曾围绕预算的技术性改革与政治性改革分离问题进行了讨论，马骏提出了中国"预算改革的政治困惑"命题，并指出"预算改革的推进已经越来越受制于政治改革的滞后，预算过程的某些部分或环节是预算改革本身无能为力的，预算改革的成功需要对政治过程的某些部分进行改革"[1]。

中国公共预算的技术性改革和政治性改革协同性不够突出表现在三个方面：

一是公共预算改革的内容多集中在技术性、管理性领域。[2] 自1999 年中央实行部门预算以来，公共预算制度有了较大的完善，国库集中收付、政府采购、非税收入管理改革、全口径预算管理改革等现代公共预算制度体系的主要组成部分先后建立，这些改革的共同特点是由财政部主导，主要集中在强化预算政府内部控制和资金管理领域，虽涉及部分的预算权力安排变化，但主要局限于政府内部财政部门与其他预算参与部门间，没有作出政府实

① 马骏：《中国预算改革的政治学：成就与困惑》，《中山大学学报》，2007 年第 3 期，第 67—74 页。

② 吕炜、靳继东：《中国预算改革论纲》，《财经问题研究》，2013 年第 8 期，第 3—13 页。

现公民委托责任的制度安排，所以这些改革总体上还是技术性改革。

二是公共预算缺乏规则约束消除着预算改革的政治含义。现代公共预算制度的一个主要特征是规则约束，随着制度发展所建立起来的一系列预算准则，既是政府的行为指南，也是所有预算参与者可以预测并进行一致协商和妥协的基础。这些准则既是技术性的，又被历史和制度赋予了政治含义，是预算技术性与政治性的统一。这些准则是公共精神的体现，成为了预算立法的原则。在中国现有的预算立法（包括新《预算法》）中，一方面缺乏对立法适用预算准则的明确内涵表述以及适用主体、约束边界、实施细节等具体要求，实际操作困难；另一方面适用的预算立法准则偏重技术理性要求而未提出具体预算民主化要求。2014 年新修订的《预算法》着眼于解决预算管理缺陷，如预算内容的完整性、预算编制的科学性、预算执行的规范性、预算监督的严肃性和预算活动的公开性等，对扩大预算参与、增进预算民主并没有作出明确具体的规定。可见，目前的预算立法更主要体现了预算管理意图。

三是自上而下改革与自下而上改革形成了技术性改革与政治性改革两种路径。李凡指出中国存在两种预算改革方式。[1] 一种是公共预算技术性改革，基本目标是要求各级政府将预算内容细化和规范化，同时要求将所有的收入都纳入预算管理范围。另一种是政治性改革，就是要将预算全部公开，让社会了解，让社会参与，并且依照公众的意见，调整预算内容，满足社会不同利益群体的需要。事实上，这两种不同内容和路径的改革正体现出中国公共

---

[1] 李凡主编：《温岭试验与中国地方政府公共预算改革》，北京：知识产权出版社 2009 年版，第 3—4 页。

预算改革所面临的尴尬状态，技术性改革的自上而下的推行固然重要，但政治性改革更需要自上而下的支持。当参与式预算等自下而上的政治性改革遭遇不同目标的自上而下的改革压力时，上升空间是很有限的。

不过，特别值得注意的是，中国参与式预算改革探索十余年来，不仅经受住了制度压力，而且在基层成功生长起来，并形成了多种模式，渗入到公共治理的多个层面，丰富和拓展了中国预算政治性改革和预算民主发展的空间。中国基层参与式预算的实践，其所积累的经验做法，对于中国基层公共预算走出失衡困境具有重要的启示意义。

第五章 控权与制约：基层公共预算
改革的焦作实践

近年来，基层进行了形式多样的公共预算改革探索，一些地方结合实际找准改革突破口，取得了较好的成效并积累了成功经验。河南省焦作市的公共预算改革以规范政府预算控制权为重点，通过预算公开与透明度建设形成有效制约力量，规范了政府预算权力运作，推进了公民参与和民主化，对完善政府治理进行了有益的探索。焦作的公共预算改革经验先后为浙江、江苏、安徽等省的基层政府所借鉴。①

第一节 焦作公共预算改革的背景和起因

河南省焦作市位于河南省西北部，它北依太行与山西省接壤，南临黄河与郑州相望，东连新乡，西接洛阳，处在我国南北交汇点、东西结合部，总面积4071平方公里，辖11个县市区，总人口368万人。

---

① 本章部分内容作为课题研究阶段性成果已公开发表。参见朱芳芳：《基于治理的地方预算改革路径：以河南省焦作市为例》，《经济社会体制比较》，2014年第5期。

中华人民共和国成立后，焦作依靠丰富的煤矿资源成为一座"因煤而立，依煤而兴"的资源型城市，但与之相伴随的高污染、高能耗、粗放型产业结构在 20 世纪 90 年代中后期遇到了前所未有的发展危机。"九五"期间，全市经济年均增速只有 3.5%，在全省倒数第一。

一方面是煤炭资源的逐步枯竭，煤炭产量约为过去的十分之一。另一方面是国家开始实施严格的环保治理与结构调整战略，许多煤炭矿山乡镇企业关停并转。1995 年全市共有 865 家矿山企业，到 2009 年仅剩 137 家，减少了 84%。再一方面，产业结构不合理、层次低，多数企业从事原材料和初加工生产，缺乏高附加值产品，企业效益急剧下滑，经营困难。1998 年金融危机进一步引发了焦作国民经济出现滑坡，化工、轻纺、冶金、建材等传统产业受到极大冲击，纳税大户所缴纳的税收锐减，地方财政压力迅速增大。1996 年焦作仍能维持经济高速增长，当年 GDP 增速达 16%，财政收入增速达 32.3%。1998 年 GDP 增速下降到 6.4%，财政收入增速下降到 7.2%。1999 年破天荒出现了负增长。与全国全省经济持续快速增长态势相反，1999 年全市 GDP 比上年下降 13.1%（当年河南省增长 8%），财政收入下降 12.2%（当年河南省增长 7.3%），地方财政收入下降了 24%，财政困难加大，民生保障严重缺乏资金配套。许多乡镇收不抵支，70% 左右的乡镇不同程度地拖欠公务人员和教师的工资，甚至影响到基层政府机构的正常运转。[①] 经济秩序趋于混乱，贪污腐败现象引起了群众的强烈不满，企业下岗职工和群众上访不断，经济社会发展和政府管理中的诸多矛盾集中爆发，整个焦作市政府面临严峻的社会安全和维稳形势。

---

① 申相臣主编：《财权入笼》，北京：中国财政经济出版社 2013 年版，第 3 页。

在此形势下，会计信息失真、资金体外循环、财政资金流失加剧、财政管理严重失控等在政府管理的诸多矛盾与问题中突出出来，解决财政失控问题成为重中之重。1998 年焦作市委市政府决定以解决财政收支困难、促进社会稳定为改革重点，首先治理财政失控乱局。焦作市财政局提出了"管账不如管人"、"管住会计，不做假账，财政资金全部入笼"的财政财务会计管理制度改革方案，通过"牵一发而动全身"的会计委派制改革，揭开了焦作此后十多年持续推进的公共财政与预算改革。

始于 1998 年的改革以治理会计信息失真、管住会计不做假账为改革突破口。1998 年 1 月《焦作市建账监管试行办法》以焦作市人民政府令的形式发布。建账监管是对单位设置的主要会计账簿，在建账前报经财政部门审核、登记、确认，实行监督管理的一种管理模式。在实行建账监管的基础上，焦作市财政局为消除会计人员归单位所有的"依附"关系带来的弊端，解决财政支出管理中存在的问题，开始研究制定并组织实施会计委派制工作。1999 年 6 月，焦作市委市政府出台《关于在全市实行会计委派制的意见》，1999 年底，市县共有 452 家部门单位实行会计委派制，委派会计人员 669 人。2000 年 3 月会计委派制改革进一步深化，全市设立 14 个会计工作站，首批由选拔出来的 78 名会计集中管理本级市直 251 个行政事业单位，取消了市直行政事业单位的所有会计和银行账户。在会计委派制推行几个月后，市直单位共清理出闲散沉淀资金 2 亿多元，相当于 2000 年焦作市本级一年财政收入的三分之一，澄清单位隐匿、截留、坐支非税收入近 300 万元。①

---

① 申相臣主编：《焦作：财权变革 12 年间》，北京：中国财政经济出版社 2011 年版，第 122 页。

　　随着会计委派制迅速在全市推开，焦作构筑起了市、县、乡、村"四个层次"和集中核算、分户委派、乡财统管、村账乡监、乡财县管"五种形式"的城乡一体、衔接配套的会计管理网络体系。依托会计委派制奠定的社会基础和建立的操作平台，2000年至2001年间，焦作还先后推行了部门预算、国库集中支付、政府采购、财政监督、非税收入统一管理等五项公共预算改革，公共预算改革由管人管账的单一改革转变为地方财政管理机制创新的全面探索，改革受到了国家、河南省政府的高度重视以及社会媒体的广泛关注。

　　2002年后，焦作继续推进公共预算改革，除了在工作实践中操作印证检验之前已推出的改革措施，不断加以补充完善修正。还针对工作中的一些新情况新问题，又及时推出了采管分离、项目评审、试编政府债务预算、对国有及国有控股企业派驻财务总监等新的改革措施，进一步丰富了改革创新的形式和内容。

　　2007年以来，焦作围绕建立完善公共财政体系，树立"理财善政"系统改革观，推进了预算管理的民主化、科学化和精细化，形成了内部分权制衡、外部广泛参与、资金规范运行、绩效持续提升的公共预算管理新格局。焦作市的公共预算改革经历了从单一突破到全面推进，从财政部门单干到全市部门齐抓，从解决财政资金平衡到重构政府与社会关系的变化，推动了公共预算管理由软约束向硬约束、由随意性向科学化、由粗放型向精细化的转变，有效实现了对政府预算权的制约，有力促进了治理方式的转变和治理能力的提升。

第二节 焦作公共预算改革的主要做法

一、通过"四权分离"强化政府预算权内部约束

1. 财政预算权"四权分离"

会计委派制为中心的公共预算改革，改变了预算资金管理模式，形成了预算权由分散在各政府部门向集中到财政部门的转变，财政部门的预算控制权得到了高度强化，为进一步的公共预算改革提供了基本操作平台。在对政府各部门预算形成有效约束的基础上，焦作市意识到制约财政局自身的权力更为关键。2007 年，按照"管钱不花钱、花钱不见钱"和"决策、执行、监督"分离的基本思路，将财政局预算编制、预算执行、预算监督、绩效评价四项权力分离操作，形成相互衔接、有效制约的机制。2008 年初，焦作市委市政府以 1 号文件形式出台了《关于完善公共财政体系推进和谐焦作建设的意见》，明确提出建立"四权分离"机制的基本框架。

改革首先是打破市财政局内部原来按条条设置、集预算编制执行监督评估权力合一的科室机构和权力格局。

一是成立预算编制局。将市财政局各业务科室的预算编制人员与职能集中起来，与原有的预算科整合在一起组成预算编制局。预算编制局的主要职责是拟订公共预算管理制度，编制中长期预算规划，组织好预算编制。在预算编制中，基础数据、标准定额、复式预算、社会听证等工作，分别由预算编制局和各业务科室负责，公开透明、有效制衡。

二是成立预算执行局。主要职责是执行本年度预算，合理组织收入，均衡支出进度等。预算执行权由预算执行局、国库科和局内

179

其他资金管理部门、会计委派中心等行使。在预算执行中，直接支付、授权支付、政府采购、内部监督分别由预算执行局、会计委派中心、政府采购办、财税监督局等承担。

三是成立财税监督局。主要职责是拟定预算监督制度，对预算编制、执行实行全程、适时监督。实行预算报告和文件公布制度，逐步实现预算内容定期、定例向社会公布，接受社会监督。

四是成立绩效评价中心。主要职责是对重大支出和项目专款实行绩效评估，负责公开聘请社会中介机构开展"第三方评价"，做好分口预算单位基础数据测算审核工作，将评估结果作为部门下一年度预算安排的重要依据，通过建立健全正向激励机制不断提高资金使用效益。

2. 构建"四权分离"制约协调机制

一方面，在上述新设立的四个机构之间建立监督反馈机制。预算编制局以其他三个机构反馈的检查评价结果作为预算编制的重要依据和参考，同时对预算执行进行监督。预算执行局对预算编制的合理性进行监督，将情况及时反馈给其他三个机构，以便进行预算调整和修改，或作为预算监督、绩效评价的重点，并根据其他三个机构反馈的监督结果，对预算执行进行调整和纠偏。财政监督局根据预算编制、执行过程所反馈的问题，确定监督检查的范围和重点，开展财政专项检查，以实现对预算编制、执行全过程的监督。绩效评价中心将绩效评价报告报送其他三个机构，实现对预算编制、执行的合法合理有效性的最终监督。

另一方面，强调预算编制、执行、监督、绩效评价四权相互协调，建立财政重大事项审理机制和协作制约机制。成立由市财政局党组书记、局长任主任，分管局领导任副主任，预算编制局、执行局、监督局和绩效评价中心负责人为成员的预算管理委员会。预算编制、执行、监督、绩效评价机构定期向预算管理委员会反馈预算编制、预算执行和财政监督中的重大问题或相关信息，预算管理委员会对上报的议题进行审定并交相关部门执行；建立协作制约机制，形成由部门预算复式预算编制、国库直接支付和会计委派授权支付、预算监督事前参与监督事中跟踪监督事后检查监督、绩效评价重大事项追踪问效的有机联系又相互制约的业务循环链。

3. 建立"大办制"内方外圆的工作机制

围绕财政发展战略任务和阶段性工作重点，在财政局内部实行扁平化的"大办制"，对原有的财政内部机构、职能、人员进行了跨领导分工和科室职能的人员重组整合，优化配置，分别成立包括行政管理决策、债务与融资管理、财政预算编制、执行、监督、财政绩效评价等在内的 10 个委员会。同时对业务流程再造，实现"内方外圆"的工作机制。外圆是为了平稳过渡，有效衔接，客观适应上级业务对口和地方职能部门等外部大环境的条件制约，对外原领导分工和科长职务、科室职责不变，以保持与上级财政部门的完整对接，内方是为了改革创新，强化责任，主动配合"大办制"工作创新机制，按照新的组织结构、职能整合和人员配备开展调查研究工作，更好地服务全市中心工作和社会公众，最大限度推进财政绩效管理。"大办制"内方外圆的工作机制既满足了外部职能要求又适应了内部改革需要，保证了"四权分离"机制顺畅运行，形成了专职专人管理的预算监督新体制。

二、创新"三全"监督体系机制确保"财权入笼"

在加强政府预算权内部约束，实现内部用权制衡的同时，强化对政府预算权的运行监督。焦作在全市范围逐渐建立了事前审核、事中监控、事后检查相结合，对财政资金全员、全过程和全方位监督的财政监督体系和运行机制。

首先，全员监督是财政预算监督人员按规定程序产生，由财政预算监督委员会委派到各业务科室从事监督工作。财政监督员利用对业务、资金、监督熟悉的优势，实现对预算编制、执行的即时监督。

其次，全过程监督是在预算编制环节，邀请人大代表、政协委员和社会群众等参加听证，由社会公众共同决定政府财政资金安排方向和额度；在预算执行环节，负责审核每一笔资金是否与财政预算保持一致，确保按预算进度规范支出；在绩效评价环节，引入第三方评价机制，邀请相关专家学者对项目进行评价，并将评价结果进行反馈。

最后，全方位监督是将监督工作覆盖到收支管理及人员资金安全等各个方面，日常监督管理与专项监督检查相结合，日常监督侧重于资金支付审核，专项监督检查侧重于政府重大建设项目、民生项目、人民群众高度关注项目，任何权力、资金、人员都要受到监督，实现事前预警、事中监督、事后评价、跟踪反馈的全方位监督。

三、建立支撑全部管理元素的信息技术平台实现预算权力透明

2007 年，焦作市财政局自主研制开发了一套面向财政管理的信息数据应用平台"财经沙盘"，实现了数据图形化、管理可视化、决策平台化。它不仅汇集了焦作市财政、经济等多方面信息，并以直观化、可视化的现代化技术手段为继续深化财政管理机制创新提供先进的技术服务与支撑。"财经沙盘"利用电子网络技术打破了财政管理信息化的瓶颈，贯通了各类财经数据信息的脉络，实现了管理手段和效能的突破和创新。

信息技术为预算权力公开提供了可能性，焦作以"财经沙盘"为核心构筑了预算公开与管理电子网络，形成了"制度+技术"的

双重管控体系。"财经沙盘"与行政服务中心、财政服务大厅、政府门户网站、公共场所电子屏幕等形成相互补充的信息公开平台。同时，建设"非税收入管理系统"财政监督信息化网络平台，实现了非税收入的自动分成和实时查询、实时监控，保证市级收入和资金安全。推行惠农资金"一折通"、社区公共卫生"服务卡"、公务消费"公务卡"，在更大范围对预算信息进管理。

"财经沙盘"实现了三项功能：

一是信息管控，从财政核心业务管理和人员动态管理，到预算信息公开和财政透明化建设，再到预算深化细化、财税信息联网等，每个岗位联系到信息系统之中，实现岗位权力风险防范实时、在线、动态信息管控。

二是风险预警，在重要领域、关键环节和敏感时点及时预警，公开进行分析提示，接受监督，防范用权风险和腐败问题发生。

三是服务支撑，面向社会公众实时、动态、准确地公开财政信息，接受群众咨询、投诉、意见、建议，并在线互动。

四、开展参与式预算让公众参与预算全过程

焦作公众参与预算主要体现在预算各环节均听取公众意见，逐步扩大社会公众对财政预算编制的知情权、参与权、表达权、监督权。一是项目公示，将为民办实事项目情况通过媒体、网络等形式进行公示，公开征集社会公众意见；二是专家论证，聘请专家学者对涉及民生发展的重点项目和重大资金安排开展论证，汇总意见形成论证报告，作为科学编制部门预算的重要参考和依据；三是社会听证，邀请社会行风评议代表、财政监督员及相关社会人士对部门预算中的重点预算项目进行听证，提出听证意见报市政府参考决策；四是人大监审，人大常委会选择部分市直单位进行初审，组织人大

代表对预算单位预算执行和部门预算情况公开审查，就百姓关注的热点、难点问题提出建设性意见和建议。

焦作在公共预算编制、审批、执行和评估的各个阶段设计了8个环节流程，打造公众参与式预算环境和机制。① 一是信息公开。通过政府网站和财政"财经沙盘"信息平台，公开财政预算编制基础信息、资源分布和定额标准。二是部门申报。每年7、8月份，各预算单位按照政府财政预算编制要求，在规定时间内及时编制本单位部门预算，并经其主管部门审核后报财政部门。三是财政汇审。财政部门统一汇总经主管部门审核后的各预算单位部门预算，并登录"财经沙盘"广泛征求意见，多次召开会议进行研究讨论，通过"两上两下"公开程序，进行部门之间的磋商衔接和多方审视，达成初步意见。四是民意测评。对市委市政府确定的重大支出项目和事关民生等公共支出项目梳理排队，提出项目公示意见，报政府同意后通过媒体、网络等形式进行项目公示，公开征集社会公众意见。五是专家论证。从财政决策咨询委员会委员和专家库中选择专家，并合理确定论证范围，对市委市政府中心工作经费保障和涉及民生发展的重点支出项目和重大资金安排开展论证，并将每位专家的意见汇总成册，形成论证报告，作为领导决策和科学编制部门预算的重要参考和依据。六是社会听证。从财政决策咨询委员会委员和专家库中选择专家，并邀请社会行风评议代表、财政监督员及愿意参加听证的社会人士，抽取部分预算单位的重点支出项目进行社会听证，形成听证报告，在政府网站等媒体上公开刊发，接受社会监督。七是人大审查。人大常委会选择市直单位部门预算进行事前初审，组织人大代表就

① 申相臣主编：《焦作：财权变革12年间》，北京：中国财政经济出版社2011年版，第10—11页。

百姓关注的热点问题进行公开审查，各位委员和代表分别就关心的问题提出建设性的意见和建议，依法监督和民主监督得到充分体现。八是审计监督。审计部门依法对财政预决算和部门预算执行情况进行审计监督。对审计监督检查提出的有关问题梳理分解到具体责任单位，认真整改到位并向人大常委会报告。

五、推进预算综合改革实现公共预算现代化

首先，科学合理编制部门预算。在编制部门预算时，着重把握六项原则：一是坚持预算编制的法制化、科学化、规范化，细化预算编制，实行零基预算、综合预算，将财政预算内拨款、财政非税专户拨款和其他收入作为单位预算综合收入，统筹考虑安排支出项目。二是提高预算编制的完整性，在测算收入和财力状况时，将预算内外资金、上级提前告知的转移支付资金、结余结转资金等全部纳入进来。三是与有关部门结合，早编细编生产建设性项目支出预算，提高年初预算到位率。四是完善支出定员定额标准体系，加强项目库建设，提高预算资金分配的科学性。五是集中财力办大事、保民生，项目支出向公共基础设施建设、教科文卫事业发展和社会保障等公共需求方面倾斜。六是严格预算约束，部门预算一经批复，除突发事件外，不得随意变更。

其次，健全复式预算管理体系。2007 年，在连续多年编制政府公共预算的基础上，进一步由点到面，由粗到细，由浅入深，预算编制局与相关科室（机构）共同负责，编制完成了包括公共预算、社会保障预算、国有资本经营预算、政府采购预算、政府债务预算、政府非税收入预算、政府性基金预算、社会性别反应预算和政府投融资预算等 9 本复式预算，客观真实反映政府预算的全貌和资金流向，建立起涵盖经常性预算和国有资本经营预算等在内的较为规范

的复式预算管理体系，为全口径预算管理奠定基础。

再次，探索编制中长期预算。焦作作为财政部确定的唯一一家地级市财政中长期预算编制试点，2009 年出台《关于开展市本级滚动预算编制工作的实施意见》。财政局将财政部中长期预算编制试点安排与焦作市政府预算编制工作意见紧密结合在一起，开始按照"公共性、规范性、绩效性、开放性"原则，首次编制了 2010—2012 年财政中长期预算，目前已经连续编制 7 年。在市人民代表大会审查批准市级财政预算（草案）后 1 个月内，根据全市战略规划和项目预期经济社会目标，对承担市委市政府中心任务较重、职能领域对全市经济社会发展影响较大、项目适合实施跨年度管理的 33 个部门，对跨年度生产建设及事业发展项目，按照"两上两下"程序编制完成中长期预算。财政中长期预算对项目实行滚动预算管理，有利于实现财政预算与政府中长期规划目标的有机结合，有利于整合资金、集中财力解决事关全市经济社会发展大局的重大问题，有利于财政运行的平衡和稳固，尤其是对重点支出项目预算实施跨年度管理，增强了各年度之间财政支出的连续性。

最后，建立以结果为导向的绩效预算管理体系。焦作财政局按照"事前、事中、事后"全流程预算绩效管理的思路，建立"科学、精细、实用"预算绩效管理体系。以绩效预算、支出跟踪、绩效评价为核心，以标准定制、项目管理、专家考核为辅，实现事前绩效预算、事中支出跟踪和事后绩效评价，最终形成绩效预算报告应用于相关领域。成立财政绩效评价委员会全面负责绩效管理具体工作的落实，并先后制定出台《焦作市财政支出绩效评价管理暂行办法》、《财政支出绩效评价实施办法》、《财政支出绩效评价指标体系》、《财政支出绩效评价专家管理办法》、《中介机构参与财政绩效评价办法》、《财政支出绩效评价内部协调制度》等，健全完善绩效预算管理制度。根据中长期目标和年度绩效管理目标，以项目绩效管理为突破口，探索建立定量、定性两大类内容的财政支出绩效评价指标，开展了单项项目绩效评价、民生项目综合评价以及医药卫生专项绩效管理。

第三节　焦作公共预算改革的特点、成效与挑战

一、焦作公共预算改革的主要特点

焦作公共预算改革的主要特点是通过规范和制约政府预算控制权力，并以提高预算透明度和扩大公众参与来增强对政府预算权的监督，进而提升政府治理能力与水平，在实践中体现"阳光、民主、科学、绩效"的现代公共预算理念。

1. 实行阳光预算营造透明环境

按照"全明晰公开、全过程公开、全方位公开、全景式展示"要求，以预算信息公开为核心，建立 9 本复式预算，预算编制执行全过程引入"信息公开、部门申报、财政汇审、民意测评、专家论证、社会听证、人大审查、审计监督"等八步公开流程，完善"财政预算信息、重要项目情况、政府官员薪酬、民主决策程序、权力监督制度"五项公开内容，丰富"电子网络、新闻媒体、社会公众场所、财政服务大厅、政务公开栏"五项运作载体，真正形成财政预算信息公开常态化、社会化，建立了适应社会主义市场经济体制要求、制度完备、直达民众、高效透明的财政信息公开机制，保障了社会公众的知情权、参与权、监督权。

2. 增进预算民主强化外部监督

在参与式预算流程中加入人大初审环节，实行人大初审与人大

履行职能的预算审查双重监督，实现了人大预算权的重塑，创新了人大审查监督财政预算编制的新模式。在财政预算编制中，一方面实行全口径预算，将政府全部收支纳入财政预算盘子，不存在游离于预算管理之外的政府性收支，另一方面将年度预算与中长期预算相协调，实现政府预算权的归位。在预算管理过程中，注重公众参与和监督，让预算决策者直接了解公民的公共服务需求和对具体政策措施的实际态度，督促各预算单位更认真、谨慎、合理地使用财政资金。召开财政公共预算投资项目社会听证和专家论证会已成为常态化运行机制，增强了民意的表达和公民的影响力。此外，在全国率先编制社会性别反应预算，考虑男女两性和弱势群体的需求，减少或消除制定公共政策中对他们的歧视，保障了公众预算权。

3. 完善科学管理实现内部制衡

通过"四权分离"财政管理机制有效实现财政内部的权力制约与监督，并在此基础上建立起科学规范的公共预算民主决策机制和新型财政管理机制。通过建立覆盖全部政府性资金的调控体系，加强财政管理的全面性、科学性和有效性；建立覆盖预算内外的综合财政预算体系，加强预算外资金的计划管理，使财政性资金的筹集分配、使用和管理科学化、制度化、规范化；建立覆盖政府各类资金的管理工具和管理体系，确保各类财政资金管理流程的科学化，体现各类资金管理的特殊性；建立覆盖政府各类公共资源的交易平台，实现职能、人员、机构融合，节约行政运行成本，强化政府性公共资源交易秩序；建立全员、全过程和全方位监督的"三全监督"体系，确保财政资金规范、有序、科学、高效运行。

4. 突出绩效目标确保权责一致

围绕制度、目标、组织、控制等关键环节，从绩效评价到绩效管理，逐步推进全员、全过程、全方位预算绩效管理体系建设。建立规范统一、分级负责的预算绩效管理制度，通过一系列有关政策、制度和办法对开展绩效评价工作进行具体规定，为分级管理，各司其职提供制度保障；确立方向一致、分层设计的预算绩效管理目标，项目预期绩效目标与年度绩效管理目标、绩效评价结果与预算安排相结合；构建全面覆盖、分项落实的预算绩效管理组织，开展分别由财政、单位、人大或社会主导的项目绩效评价，对重点建设项目和民生项目开展综合评价以及专项绩效管理。

二、焦作公共预算改革的主要成效

焦作公共预算改革针对性强，从加强预算控制入手，在较短的时间内取得了明显的成效。

1. 提高了财政资金的使用效益

1999 至 2013 年间，焦作市财力出现较大增长，财政收入总规模从 8.7 亿元增至 134.9 亿元，预算支出总规模从 13 亿元增至 183.1 亿元。2014 年、2015 年焦作一般公共预算收入分别增长 8.5% 和 9%，一般公共预算支出分别增长 5.7% 和 12.4%，保持着良好预算能力。财政预算、执行、监督、评价能力持续得到不同程度强化和提高，政府性资金全面纳入政府工作整体规划中，财政评审范围扩大到预算外资金建设项目和政府性融资建设项目，并且通过实现中长期预算，最大地发挥了各类资金在经济社会发展中的作用。对所有政府性债务实行统一管理，开设专户进行分类核算，建立地方财政风险预警机制和偿债机制，确保地方政府规范、适度举债。通过对各类政府性资金在使用中进行有效调控管理，规避了政府财务性风险，为地方经济社会可持续发展提供有力保障。为了发挥国有资产最大的使用效益，实施政府公物仓资产管理，以精细化配置、调剂和处置国有资产。对重大财政资金项目引进第三方机构进行评价、审核，并及时向社会公开，让有限的资金发挥更大的效力。

2. 推进了基本公共服务均等化

随着财力提升，预算资金逐步向民生领域倾斜，以满足社会公众越来越强烈对提升基本公共服务水平、拓展公共服务范围、推进基本公共服务均等化的诉求。改革使市级财政可支配财力增长了15%—20%，奠定了政府公共服务能力提高的基础，通过优化财政支出结构，加大义务教育、饮水安全、公共卫生、社会服务等基本公共服务均等化投入，焦作基本公共服务均等化成效明显。民生项目在预算安排中占据了优先权，让有限的预算资金投入到群众最需要的公共项目上，做到了用老百姓的钱办老百姓的事，2013 年全市各项民生投入达到 133.3 亿元，占公共财政预算支出的比重达到72.8%。[1] 世界银行 TCC4 项目评估显示，90%的城市居民感受基本公共卫生服务明显改善，93%的农村居民认为有所改善，基本公共服务的范围和水平有了质的改善和提升，公共财政普惠城乡居民。[2]

3. 提高了公共预算透明度

参与式预算的广泛采用，预算信息多渠道公开披露，对政府财政性投资项目实行"十个百分之百"管理（百分之百实行科学民主决策，百分之百遵循基本建设程序，百分之百符合国家产业政策，百分之百公开招标，百分之百监理到位、监察到位，百分之百不出质量问题，百分之百不出安全事故，百分之百不拖工期、按时竣工，百分之百预决算审计到位，百分之百不拖欠工程款和农民工工资），"财经沙盘"等做法，打造廉洁政府取信于民。在焦作，95%的财政预算信息都可以从"财经沙盘"上获得，公众还可以借由电子网络、新闻媒体、社会公众场所、财政服务大厅、政务公开栏等渠道获取

---

[1] 刘晓波：《关于焦作市 2013 年财政预算执行情况和 2014 年财政预算（草案）的报告》，2014 年 3 月 25 日在焦作市第十二届人大第一次会议上的报告。

[2] 申相臣主编：《财权入笼》，北京：中国财政经济出版社 2013 年版，第 9 页。

更多的财政预算信息，增强了政府的公信力。2013 年的一项研究认为，焦作市政府是我国财政透明度最高的政府，几乎所有财政信息都集中公布在"财经沙盘"上。有研究表明，"焦作市部门预算公开是我国迄今为止最透明、最完整和最详细的。"①

4. 遏制了腐败现象发生

通过引入公众对政府财政的监督，纵向到底横向到边、全员全过程全方位的财政大监督和岗位风险防控机制，从源头上铲除了腐败的条件，经济领域犯罪大幅度减少。持续的公共财政管理机制创新把预防腐败的关口前移，通过全口径预算、财政预算信息的公开透明、社会听证、专家论证、人大监审等实质性制度控制和技术创新措施，有效遏制了预算单位领导干部对财政资金随意使用的现象，建立起防范腐败的长效机制。据焦作市纪委和检察机关统计，1999年以来，全市领导干部经济犯罪立案总数、涉案金额均大幅下降，从 1997 年的 8 起 580.5 万元下降到 2011 年的 2 起 28 万元。②

同时，从制度建设的长期视角来看，焦作公共预算改革还取得了以下重要成效：

一是探索了在现行行政管理体制下规范政府预算权控制的新路径。 焦作市财政局实施预算编制、预算执行、预算监督、绩效评价四权分离制约，实现了财政机构内部的制衡监督，规范了预算编制程序，提高了预算编制效率，强化了预算管理监督。它既是理念上的创新，又探索出了具体可行的落实措施，推动了预算管理由软约束向硬约束、由随意性向科学化、由粗放型向精细化、由财政决策权过分集中向民主化的转变。在不增加人员编制的前

---

① 上海财经大学公共政策研究中心：《2013 中国财政透明度报告》，上海：上海财经大学出版社 2013 年版，第 136 页。

② 申相臣主编：《财权入笼》，北京：中国财政经济出版社 2013 年版，第 62 页。

提下，通过内部优化组织结构，建立了财政内部"大办制"内方外圆的工作机制，将科学决策、高效执行与有力监督紧密结合，提高财政管理绩效。

二是创造了"财权入笼"的有效方式。通过厘清财政四权的界限，"收支分离、管办分离、账款分离、钱物分离"，实现了用体制规范权力、用机制约束权力、用制度管控权力，把财权装入制度的笼子。率先实行全口径预算，建立了科学完善的事前审核、事中监控、事后检查相结合的，对财政资金全员、全过程和全方位监督的财政监督体系和运行机制，形成了大监督格局。构筑起市、县、乡三级网络的城乡一体、衔接配套的会计管理网络体系，达到了"财政管钱不花钱，单位花钱不见钱"的效果。

三是构建了以公共预算管理为核心的政府治理体系。全市各级各部门能够服从服务于公共预算管理的总体要求，真正树立起"财政乃庶政之母、为民是理财之本"的治理理念，找到了进一步深化政府治理改革的突破口。通过"财经沙盘"的技术层面的创新，建设"数据图形化、管理可视化、决策平台化"的财政综合信息技术支撑平台，为决策层、管理层和操作层提供全方位服务，实现所有财政预算信息等重大公开事项与政府及社会公众和传媒之间的互动联网，大大提高了政府治理能力和水平。参与式预算的推广及公共预算投资项目社会听证和专家论证会的常态化，进一步调动了公众的参与、表达、监督的积极性，治理结构不断完善。

三、启示与挑战

1. 经验启示

焦作的实践为我国基层公共预算改革提供了一种路径选择：首先，以民主预算来平衡权力、平衡利益、平衡资金，使预算体现政治民主化要求，实现更大范围的公众参与预算决策，实现对预算的全过程监督和财权"入笼"，进一步体现社会公平，完善了社会治理结构。其次，以透明预算来约束权力、约束利益、约束资金，确保预算信息真实可靠，一切预算信息向公众开放，并且为公众易于查询，增强了公众的关注度和信任感，从而提高了政府公信力。再次，以科学预算来规范权力、规范利益、规范资金，提高了预算计划性、可控性和方向性，强化预算编制准备，减少了部门争抢资金的冲动与随意，保障了预算效率，不断降低行政运行成本，提高公共服务均等化水平。最后，以绩效预算来强化政府部门的责任，将权力与责任挂钩，强化服务意识，将资金与服务挂钩，促进政府与非政府机构和社会公众间建立起和谐的伙伴关系，重构了政府与社会的关系。总的来看，焦作的公共预算改革之所以能不断推进，取得成效，关键是因为改革顺应了时代要求，抓住了改革要旨，把公共预算改革置于治理需要中推动。同时，改革者把改革动力形成放在重要位置，在制度设计上选择了一条动力最大化、阻力最小化的路径，这对于我国其他基层预算改革具有积极的启示意义。

焦作公共预算改革创新突破了现行体制的束缚，较好回答了基层政府所面临的政府预算权失控、公众参与不足、预算效率低下等问题，对我国深化基层公共预算改革产生了积极的影响，并探索了一条基于治理的基层公共预算改革路径。需要关注的是，与不少地方改革断断续续，走走停停相比，焦作公共预算改革十多年来能够坚持不间断创新，这在中国基层预算改革实践中是少见的。基层公共预算改革是一项系统工程，涉及内容庞杂，关系复杂，利益诉求多样，面临的改革阻力可想而知。但焦作在进行新制度设计的同时，重视了对制度变迁动力的分析、构建和利用，这对保障改革的稳定性和持续性意义重大。焦作公共预算改革推动力的形成来自以下方面：

一是顺应经济市场化发展进程赋予改革充分的合法性基础。我国经济市场化发展取向意味着财政的公共性要得到强化，要构建起与社会主义市场经济相适应的公共财政框架体系，20 世纪 90 年代我国公共财政制度改革已提上国家重要议事日程。焦作在这个背景下推进公共预算改革，顺应了我国社会主义市场经济发展的进程和要求，从而获得了制度性支持，改革具备了合法性基础。焦作的改革积极稳妥，既强调重点突破，又兼顾整体推进，既为市场的有序顺畅运行提供良好的外部条件，确保各项经济关系协调同步，又促进了公共资源在不同区域和利益主体间的合理配置，维护社会公平，从而实现了公共预算改革与经济体制改革、政府治理改革的同频共振。

二是融入政治民主化发展要求为改革赢得了广泛的社会支持。公共预算问题历来不是单纯的经济问题，它具有充分的政治性，预算民主化是公共财政建设的重要内容，也是社会主义民主政治建设的重要组成部分。公众预算知情权、参与权、表达权、监督权的实现程度，反映着预算民主化的程度。焦作市本着"人民的钱让人民看着花"的理念，十多年来从财政信息公开着手，以预算管理创新作为切入点，推进全方位、立体式、公开透明的阳光财政建设，引入一系列社会公众参与程序，推动了基层民主，尤其是预算民主的建设与发展，使改革符合更广大人民群众的利益，得到更广泛的公众支持。"社会公众获得了更多知情权和参与权，与政府的执政理念在一个更高的平台上达成了一致甚至默契"。①

三是路径清晰的制度创新最终产生了良好的积累效应。焦作在地方政府危机重重的形势下，抓住了公共预算改革这个"牛鼻子"，在较短时间里解决了财力不足等燃眉之急。更为重要的是，焦作将基于治理的预算改革作为一项长期的制度建设内容，按照法治思维

---

① 申相臣：《财权入笼》，北京：中国财政经济出版社 2013 年版，第 351 页。

和渐进线路持续推进预算管理创新，不断形成并释放制度创新的积累效应，最终形成了改革的强大推动力。从 1998 年焦作出台了《焦作市建账监管试行办法》之后，按照"入笼"—规范—绩效—治理的路径，先后出台了数十项重要法规制度办法，从制度层面上进一步规范了财政部门与预算单位、企业单位，政府内部预算编制权与执行权、监督权、评价权，政府与人大、社会公众等之间的关系，规定财政部门在预算编制、资金管理、信息公开等方面的责任和任务，为公共预算改革的稳步推进提供了制度保障，并形成了较为丰富而完善的制度体系。

四是通过行政组织动员形成了改革推力。对公共预算管理制度进行深层次的改革与探索时，涉及政府间、政府各个部门之间以及政府与权力机关、政协组织之间权力与责任定位的再调整。在现行体制下，发端于某个政府内部部门的改革如果不能得到行政组织的一致配合，极有可能夭折。这就需要通过高度的组织动员来形成改革合力和一致行动，尤其是地方党委政府自身的改革决心与魄力。焦作市委市政府主要领导乃至中央和省领导高度重视与大力支持预算改革，形成了焦作市的优势。在市主要领导的具体推动下，预算改革文件以"1 号文件"形式下发，政府各个部门采取了积极配合行动，确保了改革的顺畅进展。焦作的公共预算改革中，不同部门的各级领导干部都不同程度成为了改革推动者，市委市政府历届领导与财政干部队伍执着推进预算改革，一任接着一任干，一级接着一级做。

五是发展预算文化培育出创新土壤。文化尤其是政治文化对预算改革具有重要的影响，作用于预算改革创新的方向，不同的政治文化会导致不同的预算行为。[①] 持续性预算改革不仅需要勇气，更要

---

① ［美］阿伦·威尔达夫斯基：《预算：比较理论》，苟燕楠译，上海：上海财经大学出版社 2009 年版，第 276 页。

有坚定的目标、执着精神与智慧，文化在无形中将创新理念渗透到改革者的意识中，影响其价值取向，思维方式，成为其行为准则。焦作的改革者十分重视预算文化的培育，在基层政府中比较早地提出了"公共权力属于人民，公共财政服务人民""财政乃庶政之母，为民是理财之本""为民理财善政，权力就是责任""决不能因为追求完美就错失良机的创新理念，决不能因为局部利益就影响全局的大局观念，决不能因为个人得失就贻误工作的责任意识"等理念，形成了浓厚的公共预算改革创新的文化氛围，树立了强烈的改革创新意识，积极借鉴中外优秀预算文化成果，清醒设计改革，勇于开拓创新。

六是新技术应用打破了信息屏障。现代电子信息技术的发展已经深入到社会方方面面，对公共预算改革进一步提出新的挑战并带来新的机遇。焦作市财政局创建了"财经沙盘"这一实现政府财政综合管理和决策支持的系统工程。它以财经数据总库为基础，以数据仓库、数据挖掘、地理信息、统计分析、决策支持等现代信息技术为支撑，对内是一个集行政办公、财经管理和决策支持为一体的管理大平台，对外是一个开放性的社会传媒综合服务平台，同时也是一套现代化信息管理工具，实现了财政业务、改革与信息技术的有机融合，使财政预算、执行、监督、评价信息共享成为可能。

七是渐进改革路线减少了改革阻力。基于改革系统性、协同性、全局性考虑，焦作的公共预算改革设计始终保持适度、渐进的尺度，尽可能减少改革阻力。公共预算改革必然要对原有的行政秩序、机构职责、权力流程进行调整，焦作的做法体现了维持制度体系科层稳定，由内而外传导改革动力的特点，体现了政府自我改革的勇气。在财政部门内部焦作创立了一种"内方外圆"的"大办制"工作机制。内方是围绕财政发展战略任务和阶段性工作重点，跨越原有分工与职能界限，在财政局内部建立扁平化的"大办制"矩阵结构；外圆是为了客观适应上级业务对口和地方职能部门等外部行政环境的条件制约，对外原机构名称、职责不变，既满足了与外部的职能完整对接又适应了内部改革需要。会计委派、财政监督员委派等做法，预算执行监督人员变成了"内部人"、"自己人"，把改革的外部压力转化为内生动力。在改革顺序上，建立了"倒逼"的机制，财政部门先从自己改起，通过预算管理机制不断创新倒逼各行政部门改革行政方式，加强资金与绩效管理，真干事、办实事；倒逼审计部门创新，实现审计查账手段现代化，从关注财务收支审计、账本审计发展为涵盖整个经济发展面、涉及领导经济责任的全面审计；倒逼人大加强监督，对部门预算公开审查，成立专门绩效评价小组对民生项目进行绩效评价，与审计部门配合加强项目审查，强化了人大的预算权。

2. 问题挑战

一是预算民主需要进一步拓展。爱伦·鲁宾认为，民主制的根基正是定期与公民沟通，了解他们愿意付出多少，而政府又能为他们提供多少。"预算不仅需要被公民理解，也需要为公民接纳。"[①]公民参与是预算民主的重要衡量指标。如果没有公民的积极参与，政府提供公共产品和服务的能力便会受到严重影响[②]。从焦作的情况来看，首先，焦作的参与式预算仍然处于发展的初期阶段，并且属于政府主导型的公众参与。政府过于主动的介入反而压缩了公众参与的自主意识发展空间，公众主动参与的意识被削弱，成为被动的

---

① ［美］爱伦·S. 鲁宾：《阶级、税收和权力：美国的城市预算》，林琳译，上海：格致出版社、上海人民出版社2011年版，第233页。

② ［德］托马斯·海贝勒：《当今中国参与中存在的问题：城市社区》，见伊夫·辛多默、鲁道夫·特劳普－梅茨、张俊华编：《亚欧参与式预算》，上海：上海人民出版社2011年版，第122—137页。

参与者，公众参与的内容与程度受到很大限制，参与形式较为单一。其次，参与的深度与广度不足。焦作的公众参与主要是对政府预算提出意见和建议，与温岭等地的参与式预算相比，缺乏政府与公众协商和公众直接参与预算决策。参与者的代表性也不够广泛，参与者的规模不足，导致公众参与话语权较少。再次，公众参与状况不稳定，涉及切身利益时公众参与多，否则参与少，甚至不参与，没有在公众中形成积极主动参与财政预算管理过程的社会氛围。最后，在专家论证环节中，由于没有建立起完备、成熟、多样化的专家库，并且专家库人数有限，造成参与论证的专家重复率过高。如何在财政预算管理中保障公民参与的公平性、主动性、代表性和广泛性，是未来预算民主化需要解决的重要问题。

二是预算透明度需要进一步提高。预算具有堆积增长的特点，往往显得沉重累赘且难以解释。[①] 普通公众并不容易因为政府预算信息的公开而自然而然的实现对政府预算行为的有效监督。并且由于人们对预算信息的回应与他们的利益、愿望、资源、认知能力和社会背景分不开，也很难作出正确的理解。甚至，"简单地把信息放在公共参与的主要和开放的空间，并不能确保这些信息被明智地使用"。[②] 相比之下，那些具有资源、经验、专业素养和供养的人，会在推进预算透明度和运用这些成果上发挥更大影响。"毫无疑问，强化监督者（特别是立法机关、审计机关、公民社会组织和媒体）的能力对增加预算信息的使用是必要的"。在焦作的公共预算改革中，强化监督特别是要进一步强化人大监督。立法机构在政府财政活动

---

① ［美］爱伦·S.鲁宾：《阶级、税收和权力：美国的城市预算》，林琳译，上海：格致出版社、上海人民出版社 2011 年版，第 233 页。

② Sanjeev Khagram, Archon Fung and Paolo De Renzio, eds., *Open Budgets: The Political Economy of Transparency, Participation, and Accountability*, Washington, D.C.: Brookings Institution Press, 2013, p.46.

中的弱势地位在改革中并没有得到根本改变，毕竟除了焦作市财政局内部建立有效的权力制约与监督机制，还需要强有力的立法机构外部监督与控制机制相配合。依靠地方领导者的责任心及"红头文件"推进的改革难以走得更远，必须从制度、机制和程序等方面，建立起人大监督的长效机制，提高预算活动的法治化水平，从根本上实现"法治预算"。

三是治理结构要进一步完善。现代社会的特征在于国家在制度上的外包，只有通过这种分离，政治权力机构才能关切整个社会，并在特定程度上反映所有人的利益。① 政府作为服务提供者的定位日益清晰，有服务就需要有替代性的服务方案，因此，代理机构的发展成为完善治理结构的重要方面。中国基层公共预算改革中如何发展政府以外的代理机构并赋权这些机构来提供优质服务，进而保障预算支出的绩效，也是包括焦作在内地方下一步预算改革需着重考虑的问题。另一个方面，治理结构层次是密切相关的，"对治理的一个方面失去信任会传递给另一个方面"。② 既然善治以"明智的预算"为基石，那么这种明智的预算就必须克服体系内与治理权力结构相对应的某一方面或某一层级所带来的破坏性传染，公共预算改革必需全面和整体来推进。焦作的公共预算改革在这个方面存在着薄弱的环节，比如预算四权分离财政权力运行机制在县区级要进一步拓展。目前四权分离财政权力运行机制主要在焦作市本级政府层面展开，在县区级政府层面运行状况参差不齐，在体系、机制建设上还存在很大的拓展与完善空间。

① ［德］鲁道夫·特劳普-梅茨：《导言》，见伊夫·辛多默、鲁道夫·特劳普-梅茨、张俊华编：《亚欧参与式预算：民主参与的核心挑战》，上海：上海人民出版社 2011 年版，第 1 页。

② ［美］小约瑟夫·S.奈、菲利普·D.泽利科、戴维·C.金编：《人们为什么不信任政府》，朱芳芳译，北京：商务印书馆 2015 年版，第 305 页。

第六章　分权与协商：基层公共预算
改革的温岭实践

浙江温岭以参与式预算为标志的基层公共预算改革，是新世纪以来中国基层公共预算改革中最具地方自发性和民主方向特征的一种实践，对中国基层参与式预算的发展产生了极为深刻的示范作用。温岭的改革以预算分权和协商为核心，形成了政府与公众"民主恳谈"的预算协商机制，探索了基层治理的新经验。

第一节　温岭参与式预算实践的背景和起因

温岭地处浙江省东南沿海，位于长三角地区的南翼，三面临海。海岸线长 317 公里，陆域面积 926 平方公里，海域面积 1079 平方公里，滩涂面积 155 平方公里，大小岛屿 170 个，下辖 5 个街道 11 个镇，总人口 121 万人。温岭海洋资源丰富，是浙江著名的"鱼米之乡"，是浙江省经济活跃、发展最快的地方之一，名列中国县域经济百强县（市）、中国中小城市综合实力百强县（市），先后荣获全国科技进步先进县（市）、国家园林城市等称号，被认定为国家级可持续发展实验区。

民营经济的发展催生了基层民主协商的政治方式。温岭是中国民营经济较早发展的地区之一，1983 年温岭市泽国镇创办了全国第一家农村股份合作制企业。进入 20 世纪 90 年代之后，温岭逐渐形成了高度市场化和以民营经济为主体的格局，民营经济已成为温岭经济发展最重要的推动力。在民营经济的发展过程中，私营企业主和个体劳动者的影响力不断壮大，社会利益主体多元化，基层群众的民主愿望与利益诉求日益增长，基层公民意识和权利意识日益增强。他们渴望了解公共财务资源的配置状况，要求在基层公共事务的决策和管理方面有更多的发言权，也积极谋求政治参与的有效渠道。

1999 年 6 月至 11 月期间，温岭市松门镇党委、政府分别围绕推进村镇建设、发展工业经济、提高人口素质等主题举办了四期"农业农村现代化教育论坛"。与以往单纯说教灌输为主的传统模式不同，这四期论坛采用了干部与群众直接对话的新方式，激发了广大群众的参与热情，参加的群众达 600 多人次，提出问题 110 件，当场解释、答复 84 件，承诺交办 26 件，温岭民主恳谈的雏形由此形成。松门镇的做法迅速在温岭各乡镇得到响应，2000 年 8 月，温岭市委在松门镇召开了现场会，组织各乡镇、街道以及市政府职能部门的负责人观摩，并将各乡镇形式多样的做法统一命名为"民主恳谈"。温岭民主恳谈逐步从镇街层面延伸至村、社区、企业、市级部门和党内，逐步走向规范化、制度化，它已经由最初乡镇党委、政府通过与群众对话、共同协商增进干群信任的思想政治工作载体，发展成为民主决策、民主管理、民主监督的新型基层民主政治形式。

民主恳谈被认为是温岭参与式民主的奠基之作①，为后来参与式预算的发展奠定了良好的政治基础。在民主恳谈制度不断发展完善过程中，恳谈的内容与性质发生了从比较宽泛的对话型向具有针对性的决策型的转变，参与式预算逐步凸显出来。2001 年 6 月，牧屿镇召开"牧屿山公园建设"民主恳谈会，100 多位自愿参加的群众对镇政府提出的方案进行讨论，最终对原设计方案作了较大修改，民主恳谈会的成果得到了党委、政府和群众的一致认可。在这次经验基础上，决策型民主恳谈得到了推广。2004 年 8 月 10 日，温峤镇召开民主恳谈会，商议要不要增加 200 万元的政府预算将吉屯坑水库的水引到各村用于抗旱救灾。镇人大代表、政协委员以及村民代表等都参加了恳谈，并且在恳谈结束后，镇人大主席团召集人大代表对这一提案进行表决。与会人大代表 53 人（应到会人大代表 78人）通过举手表决，全票通过该提案。这次民主恳谈会，直接针对项目预算，并在民主协商基础上探索了人大行使预算审查权的新形式。

引发温岭参与式预算改革的直接原因是预算资金失衡。2004 年底国务院下发了《关于深化改革严格土地管理的决定》，实行最严格的土地管理制度，导致对"土地财政"依赖度较高的乡镇财政收入锐减。泽国镇作为温岭的第一大乡镇，2005 年初镇政府提出 30 个涉及道路桥梁、旧城改造、绿化园林等城镇建设项目，共需资金 13692万元。由于当年土地出让金返还收入大幅下降，镇政府预计可用城镇建设资金仅为 4000 万元，不及全部项目资金需要量的三分之一。面对发展资金压力，泽国镇党委、政府决定采取"参与式重大公共事项决策和财政预测机制"，由民众直接参与协商城镇建设项目的预

---

① 陈奕敏主编：《从民主恳谈到参与式预算》，北京：世界知识出版社 2012 年版，第 19 页。

选。泽国镇通过乒乓球摇号的方式从全镇 12 万人口中抽取 275 名代表，于民主恳谈会前将 30 个备选项目编写成"城镇建设项目预选调查问卷"发给代表征求意见。

2005 年 4 月 9 日，259 名群众代表参加了此次恳谈并对 30 个项目进行投票，最终将总投资约为 3640 万元的 12 个项目拟定为城建基本项目，将总投资约为 2250 万元的另外 10 个项目作为备选项目。4 月 30 日，镇政府将群众代表选定的城建项目提交泽国镇第十四届人代会第五次会议审查讨论。在大会表决时，84 位镇人大代表投票支持，7 位反对，1 位弃权，通过了群众代表经协商讨论选择的 12 个项目正式成为 2005 年城镇基本设施建设项目，并形成大会决议。泽国镇的这次协商恳谈打破了一贯以来封闭运行的基层政府预算决策程序，让民众参与其中，表达自己的利益诉求，成为温岭参与式预算实践的经典范本。

2005 年，新河镇亦面临 7000 多万元的财政收入缺口。与泽国镇对当年度城镇建设项目进行专题恳谈不同，新河镇将整个政府预算拿出来恳谈，并强调人大代表与政府协商。7 月 27 日，新河镇召开第十四届人代会第五次会议，首次在审议镇财政预算当中，邀请民众参与并开展民主恳谈。当天下午，93 名镇人大代表和列席会议的193 名群众代表人手一本《新河镇 2005 年度财政预算（说明）》，与镇领导进行对话，询问每项有疑问的预算项目的具体用途，并提出了缩减行政管理费开支、增加教育投入等 18 个问题。恳谈会结束后，政府与人大主席团、预算审查小组召开联席会议，根据代表们提出的问题修改财政预算编制，重新调整"政府车辆购置费"等 9 个项目，增减的资金合计 237 万元。28 日上午，镇政府将《财政预算调整说明》发至每个代表手中，再次组织讨论，最终，这份调整方案得到了大多数人大代表的同意，财政预算审议通过。在最后一次全体会议上，成立了由 5 名人大代表组成的镇人大财经小组，负责对闭会后预算的执行过程实行监督。新河镇公众参与预算中，人大的作用有了进一步的实质提升，创造了温岭参与式预算改革新的范本。

泽国镇和新河镇的改革实践，丰富了温岭参与式预算改革的内涵，形成了中国参与式预算的新经验。此后四年，两镇的改革不断深化，做法上相互学习，基本经验不断复制，到 2011 年，参与式预算民主恳谈已在温岭全市推行。新河镇在 2006 年度财政预算民主恳谈会召开之前通过了《新河镇参与式预算民主恳谈实施办法》，从程序上规范预算民主恳谈，以制度形式初步建立参与式预算的基本架构。同时在人代会预算草案审查期间，在分组审议的基础上，人大代表 5 人以上联名可提出预算修正议案，参与式预算实践取得突破性进展。2007 年将预算修正议案和预算草案的表决方式由单纯依靠举手表决改为无记名投票表决。2008 年在镇人代会最后一次全体会议票决预算修正议案前，增设大会辩论程序，由人大代表对预算修正议案展开充分辩论，民意顺畅表达和沟通，进一步强化了参与式预算的有效性。温岭在将新河镇参与式预算的做法和经验推广到箬横、泽国、滨海、大溪 4 个镇之后，2008 年在市本级层面上从交通局部门预算（草案）切入，首次举行部门预算民主恳谈，开启市一级参与式预算实践。2009 年 1 月 10 日，温岭市人大常委会正式出台《关于开展预算初审民主恳谈，加强镇级预算审查监督的指导意见》，从会前初审、大会审查、会后监督三个环节对预算审查监督的程序与做法进行规范，温岭市镇级预算民主恳谈步入规范化、制度化轨道。2011 年 1 月至 3 月，温岭市 16 个镇（街）全面推进参与式预算。参与式预算经过不断改革与完善，在温岭逐步走向成熟，成为一种常态化的制度安排。

第二节　温岭参与式预算改革的主要做法

温岭参与式预算改革在市、镇（街）两级推进，围绕人大预算审查决策程序，在各个阶段引入多层次民主恳谈，从而建立了公众参与的新秩序，形成了全面的预算审查监督体系，有力保障了公众预算权利的实现，使正式制度与非正式制度优势相互促进，使间接民主和直接民主方式有机结合，取得了较好实效。

一、人代会前进行充分恳谈

温岭在法定的预算人大初审阶段中，引入多层次的民主恳谈，由此扩大了人大在政府预算编制期的影响力，建立了政府与人大代表、社会公众的协商机制。每年初镇人代会召开前，由镇人大组织人大代表和社会公众，围绕预算草案进行多层次协商恳谈。恳谈按照协商的组织形式分，包括大会集中恳谈、分片区恳谈、分代表联络（工作）站恳谈、分行业恳谈、专业组恳谈、人大代表到选区向选民征询等方式；按协商的内容和主题分，包括分线恳谈（如社会发展、城镇建设、工业经济等）、性别预算恳谈、收入预算恳谈等。

泽国的做法具有典型性：一是进行辖区四个人大代表工作站征询恳谈，过程约为一周，对象包括辖区内市、镇人大代表、部分选民代表，智库专家，土管、规划、环保部门代表，镇政府镇长、分管副镇长、财政所所长。恳谈重点是对镇政府初提的下一年度预算收支安排和编制情况进行互动对话，预选重点工程项目，恳谈意见汇总后报镇政府对预算安排进行修改。二是进行收入预算协商恳谈，过程约为三周，对象包括镇人大代表，相关村书记、主任，镇国有资产项目（如菜场、机床市场、鞋革商城等）负责人，镇政府全体领导，相关办（工办、村镇办、三产办、党政办）主任，部门（国土、规划、水利、环保）负责人约170人。恳谈重点是下一年度预算收入安排（特别是土地出让、出租安排）。三是选民协商民主恳谈，过程约为2个月。镇政府编制预算收支初步方案后，拟制《泽国镇XX年度公共财政预算调查问卷》征求社会公众意见。征求意见对象包括随机抽取的选民代表100名、参与库代表100名，辖区内市、镇人大代表150名。最后择日召开恳谈会，对象除上述征求意见对象外，还包括智库专家15名，镇班子成员，老同志，镇政府各办、管理区主任。会议上收回第一次调查问卷，选民代表与镇政府及相关负责人以集中和分组形式进行对话讨论，分组讨论后进行第二次问卷调查。会后，调查结果和选民意见建议等会议成果向镇政府反馈，镇政府据此作出预算安排修改意见也要向选民代表反馈。

温岭在市级层面也加强了人代会前的人大预算初审和民主协商，组织市人大代表听取基层选民和社会各界的意见，称为会前"四部曲"：一是开展了部门预算民主恳谈，每场部门预算民主恳谈会由80—100名人大代表和选民代表参加，就部门预算进行恳谈。2015年，参加恳谈的社会各界代表共提出146条意见，促使7个部门调整预算项目68项，涉及预算资金6013万元。二是开展了代表联络站部门预算征询恳谈。恳谈由联络站站长主持，辖区内不少于50名人大代表和选民代表参加，相关部门和财政部门就预算编制回答人大代表和选民代表询问，就相关事项表态承诺。三是召开部门预算政府性重点项目初审听证会，市人大常委会对年度新增项目特别是有争议的重点项目，组织召开初审听证会，向政府反馈听证意见。四是人大常委会初审票决部门预算草案。围绕市委市政府工作重点，每年选择几个部门进行预算草案票决后，再提交人代会审批。如

2015 年就选择了市公安局、计生局、海洋与渔业局、旅游局等四个部门进行人大常委会初审，涉及资金总额 5.8 亿元。

二、人代会中强化实质审查

人代会召开期间，除按照有关法律要求严格审查程序外，对审查内容作了进一步完善，突出体现了实质性审查。主要从三个方面完善：一是通过大会集中审议和分代表团审议的方式，审查政府预算草案，政府根据相关意见建议再次修编完善预算；二是在此基础上如有代表仍有不同意见，可以联名 5 位人大代表提出预算修正议案，经大会主席团同意后，提交大会进行无记名票决。如果修正议案通过，政府必须据此进行预算修编；三是在票决预算修正议案议程中加入了代表辩论环节，使得审查讨论更加充分和深入。以 2014 年泽国镇第十六届人代会第四次会议为例，大会主席团研究将代表提出的《城市管理综合治理项目支出从 150 万元调增到 250 万元；百亩坦矿产开采项目支出从 200 万元调减到 100 万元》、《村级河道疏浚项目支出从 170 万元调增到 270 万元；相对薄弱村建设扶持资金项目支出从 300 万元调减到 200 万元》两项修正议案列入大会辩论，辩论后进行票决。大会共发出和收回修正议案票决票 100 张，结果前一个修正议案因 83 票赞成、16 票反对、1 票弃权而通过，后一个修正议案因只有 31 票赞成、65 票反对、4 票弃权而没有通过，预算项目保持不变。

在市级层面，围绕深入审查预算，形成了更为规范的"四个专"的做法：一是预算专题报告。从 2010 年起，恢复财政部门在人代会上口头报告预算的制度。2014 年起，在财政局长作预算报告之后，专门安排需要票决预算的部门主要负责人向全体代表作部门预算报告。二是进行专题审议。在人代会日程中安排半天时间，分代表团对部门预算草案进行"一对一"或"一对二"的专题审议，在 2015 年的人代会上，12 个代表团对 24 个部门预算进行专题审议，共提出意见建议 177 条，促使部门对 82 个预算项目作了调整。三是实行专题票决。对部门预算草案及预算修正议案进行人大代表无记名票决，首开全国先河。温岭规定，10 人以上人大代表即可联名在市人代会上提出预算修正议案。2015 年首次将代表提出的《关于要求增加城乡交通治堵经费的预算修正议案》（涉及资金 500 万元）提交大会全体代表票决，修正议案最终获得了通过。四是实行专题决议。一般公共预算、政府性基金预算、社保基金预算、国有资本经营预算等"四本账"，须经全体人大代表通过专门表决的方式分别通过并作出决议。

三、人代会后公开监督执行

人代会后，通过多渠道全面强化人大闭会期间对政府预算执行的公开监督。一是各镇由人代会表决设立镇财政预算审查监督委员会，成员 8—11 人，负责闭会期间对预算执行进行日常监督。二是进一步扩大公众恳谈范围，采取半年度预算执行恳谈、绩效评价民主恳谈、专题询问等方式，保障预算执行过程中公众持续参与协商。泽国镇在决算审查之前，还在四个代表联络站组织选民决算征询恳谈。三是改革人大工作流程，强化人大代表集中审查的时间保证。试行一年召开两次镇人代会，加强监督。其中坞根镇、泽国镇在年中乡镇人代会上开展决算审查。四是组织人大代表参与工程招投标及工程验收监督。泽国镇规定，100 万元以下工程由镇人大主席团成员、代表小组正副组长为主及各代表小组指定的代表参加；100—200 万元工程需由镇人大副主席参加；200 万元以上工程需由镇人大主席、副主席参加。五是对预算调整权限作出明确规定。泽国镇、箬横镇通过人代会授权规定，凡镇总预算支出超 5% 以内的由镇政府决定，报镇人大备案；超 5%—20% 的，报镇人大审查批准后报人代会备案；超 20% 以上的必须经人代会审查批准。对于新增政府性投资项目，超过 300 万元的必须先报经人大审查同意，方可提交镇人代会；对 300 万元以上的政府性投资项目，凡是建设规模超过 5% 的必须报经镇人大同意，方可列支。

在市级层面，做到会后"四配套"。一是强化预算公开。2008 年起，温岭就在全国率先实现了预算决算审计工作报告全文公开，做到决算公开不留死角。二是对审计发现的突出问题进行专题询问，2012—2015 年四年中，市人大常委会共对审计工作报告反映的 28 个重点问题开展了专题询问。三是开展绩效民主评价恳谈。引入第三方机构，结合民意调查与恳谈，对政府专项资金进行绩效评价。2014 年市人大常委会组织召开了服务业发展引导专项资金、美丽乡村建设专项资金、技术改造专项资金绩效评价民主恳谈会，市人大常委会组成人员、市人大代表、政府部门负责人、专家、企业负责人、中介机构、自愿报名的群众共 300 多人参加了恳谈。四是将参与式预算列入党建考核。2010 年，温岭市委出台了《镇（街道）党建责任制考核办法》等规定，将参与式预算工作纳入对各镇（街）党建考核内容，并增加创新考核权重，探索了实现党对预算工作进行领导的新途径。

四、群众代表的产生机制

民主恳谈是温岭参与式预算改革的基础，群众代表（选民）的产生方式同样充分体现了民主内涵和要求。群众代表（选民）相对于人大代表而言，体现的是公众的直接参与。在温岭预算民主恳谈中，群众可以自发、自愿报名参与恳谈，同时通过群众代表的方式参与恳谈。

泽国镇 2005 年首创了群众代表的"乒乓球摇号"产生的方式。即按照 1000 名人口以上的每村、每居委会 4 人，1000 名人口以下的每村、每居委会 2 人的原则，从全镇村（居）民中抽选代表（当时称为民意代表，后称为民众代表）。每户分得一个号码，抽中后该户派出一位代表。当年从全镇 12 万人口中产生了 275 名群众代表。2006 年泽国镇对这一方式进行了完善，使群众代表的民意代表性和恳谈的制度化水平得到提高。按照千分之二的比例，从全镇 18 岁以上村（居）民中随机抽选产生 240 名代表，再从企业中抽选了 12 名外来员工代表，从各中小学抽选 32 名青年教师担任民主恳谈的小组主持人和记录员。2010 年泽国探索了人才库挑选代表的方式，从农业、规模以上工业企业、非规模工业企业、现代服务业、文教社会事业和城乡事务等行业挑选代表，每个行业代表 20 人，共 120 人，与全镇 100 多名人大代表共同进行预算民主恳谈。2012 年起，泽国镇在群众代表的抽选上作出一些改变，采取"随机抽取"与"人才库抽取"相结合的方式产生，将乒乓球摇号抽选的比例减为千分之一，产生 100 名民众代表，另外在该镇人才库中也分线（共分成 10 条线）挑选了 100 名各届代表，加起来总共有 200 名，这样既保证了参与的广泛性，又保证了参与的专业性。

2010 年底，温岭市人大组建了预算审查监督参与库、人才库。参与库由全体市人大代表、镇人大代表、村民代表、居民代表、民情联络员、担任过副处实职以上离退休老干部、妇女代表、科协界代表、税收 50 万—100 万元企业法人代表、大专以上学历外来人口等 10 方面人员组成，共计 32478 人；人才库（后更名为专业库）由部分市人大代表、机关人员、人大财经工委议事委员会成员、镇（街）人大领导干部、镇（街）政府（办事处）负责人、人大代表工作站负责人、村民代表、居民代表、企业届代表、中介机构代表、新温岭人、老干部等 12 方面人员组成，合计 336 人。经过几年努力，建成了市镇（街）两级参与式预算"两库"体系，与自愿报名参与形成较好的互补。到 2013 年，参与库逐步规范为由全市各级人大代表和有一定参与经验的村民代表、纳税人代表等 13 方面人员组成的参与群体，其中市级参与库 40159 人，镇级参与库 38763 人。专业库逐步规范为由比较熟悉预算或相关专业知识人员组与的参与群体，其中市级专业库 569 人，镇级专业库 2608 人。

参与库与专业库的建立壮大进一步促进了参与广泛性与专业性的结合，逐步培养起公众中的参与"精英"，完善了参与结构。同时，温岭仍旧保留着普通公民自愿报名参与的渠道。2016 年 1 月，温岭市人大常委会分别举行市交通运输局、住房和城乡建设规划局、水利局、农办、民政局等 5 个部门（单位）2016 年预算民主恳谈会和温岭市 2016 年国有资本经营预算民主恳谈会。专门在全市发布公告："热忱欢迎社会各界中对政府预算感兴趣、关心财政资金安排的公民踊跃报名参加部门预算民主恳谈会，表达意见建议，反映利益诉求。凡年满十八周岁、具有完全民事行为能力的本市公民或户籍不在温岭但在温岭居住满一年的公民（除依法被限制人身自由或剥夺政治权利外），都可以报名参加。中介机构、行业协会、社会团体等组织，也可以派出代表报名参加。"公告同时明确："报名参加的组织和个人，将纳入市人大常委会预算审查监督参与库，今后共同参与部门预算跟踪监督。"[1]

---

[1] 温岭市人大常委会办公室：《关于邀请公民参加部门预算民主恳谈会的公告》（2015 年 12 月 24 日）。htpp://www.yusuan.gov.cn/xwzx/201512/201512241102.html

第三节　温岭参与式预算改革的特点、成效与挑战

一、温岭参与式预算改革的主要特点

1. 人大主导的预算分权

温岭的参与式预算改革与焦作的参与式预算改革存在着较大的不同，温岭的改革由人大为主来推动，焦作的改革则由政府为主来推动，因而双方在预算分权改革上形成不同的路径。焦作的改革从政府内部分权制衡入手，温岭的改革着眼于政府外部的预算分权。在传统的基层预算模式中，政府获得了实际预算分配权，人大的预算立法权、审批权被削弱和虚化了，后果是政府权力难以被监督，公共政策与群众利益诉求在一定程度上脱离，基层群众的预算权利得不到保障。温岭市、镇（街）人大在这场改革中发挥了主导作用，预算过程围绕着各级人代会的会前预审、会中审议和调整、会后执行和监督来设计，使人大的地位由弱变强，作用由虚变实。

总体上，温岭的预算分权包括三个层次：一是人大与政府分权，预算决定权最终归属人大。二是公众与政府分权，公众广泛而深入地参与了预算，使得政府预算草案必需听取公众的意见，按公众的意见进行调整。三是市级政府与镇（街）政府的分权。在 20 世纪 80、90 年代以来的基层预算扁平化改革浪潮中，温岭各镇（街）没有简单照搬实行"乡财县管"，而是为各镇（街）保留了一定的预算独立权，镇财镇里群众有发言权，这后来成为了参与式预算改革重要的条件之一。值得注意的是，在分权的同时，实现了预算权力的两个重要结合，避免分权可能引发的对立。一是人大代表与群众代表预算权的结合。在各层级的恳谈中，人大代表与群众代表共同

就政府预算进行协商审议，使非正式制度权力与正式制度权力有效结合起来。二是党对预算领导权有机融入了人大立法监督权。温岭各镇（街）明确将参与式预算作为党建考核内容，促使各级党委支持预算改革，适应预算改革，主动领导预算改革。

2. 民主恳谈为基础的多元协商

民主恳谈本是温岭基层民主对话的一项重要尝试，当其应用到公共预算中，即转化为民主决策的重要方式。在温岭参与式预算改革的设计者看来，初始形态的民主恳谈实质上是一种对话机制，是民主恳谈会的组织者和参与者之间就社会公众广泛关注的某项议题进行对话、沟通、讨论、协商以求得共识。民主恳谈会是政府与公众的沟通机制，在对话的过程中，公众可以提出意见和不同见解，甚至可以发泄心中的不满情绪；政府则能够了解公众真实的意见和想法，并公开信息、解疑释惑。通过双方互动的对话，以协调公众与政府的意见分歧，建立互信，达成共识。[①] 当民主恳谈引入公共预算后，民主恳谈就转化为对公共预算进行协商取得一致的决策机制。恳谈参与者的意见不再只是供政府决策参考的信息，而是政府必须吸纳的意见。政府研究提出相关预算初步方案交由民主恳谈会协商，恳谈参与者在会上对方案进行询问、讨论、表达自己意见，政府根据这些意见对初步方案进行修改、调整以作出能得到大多数参与者认同的方案。政府未能吸纳的意见需向公众作出解释说明，寻求参与者理解支持。如果参与者之间存在的意见分歧较大，无法达到多数共识，决策只能暂缓，或再次召开民主恳谈会重新进行协商。这种预算协商机制充分体现了预算的公共性与民主性，完全否定了传统预算模式下政府的预算垄断权。

---

① 陈奕敏主编：《从民主恳谈到参与式预算》，北京：世界知识出版社 2012 年版，第 5 页。

温岭的预算协商还充分体现了参与主体的多元特征，人大代表、群众代表、政府成员、政协委员、社会组织、专家学者和公民个人都可以参与协商。2016年1月25日举行的泽国镇财政预算协商恳谈会分组讨论中，来自全国各省市为泽国镇经济社会发展作出贡献的"新温岭人"19人组成专门的第十五组进行协商恳谈。尤其重要的是，民主恳谈嵌入了人大预算立法程序，在预算编制、预算审议、预算执行各个阶段都提出了民主恳谈要求，使公众协商的结果能够得到立法认可，获得了强制性。因此，协商的目的不只为沟通，而是为决策而协商。温岭在预算民主恳谈中一般安排多次的小组讨论和大会集中讨论，使参与者有较为充分的时间和机会来了解别人的意见，表达自己的意见并调整自己的看法，在参与者不断深入的恳谈中相互启发，引导共识趋于理性，展现出一种高质量和高水平的协商成效。在人代会预算审查期间，群众代表作为列席人员参加，虽然没有最后的投票表决权，但是在分代表团活动审议财政预算收支草案时，也可以参加发言讨论；在人代会专题询问环节也可以向镇政府领导提问。2016年泽国镇第十六届人代会的列席代表有226人，占到与会人员的62%。

3. 坚持实现民主价值

温岭的参与式预算改革生长于中国基层民主建设的土壤之中，既借鉴了当代公共预算民主化的最新成果，又具有中国特色的民主原创性。坚持实现民主价值是温岭参与式预算的主要特征之一。在改革驱动上，温岭参与式预算顺应了当代中国农村群众民主权利意识普遍增强、参与公共事务管理意愿普遍增强的形势，以加强公共资源分配民主化和党委、人大、政府、群众关系和谐化为切入点，将已经开展并取得一定成效的农村基层民主建设引入到基层公共预算改革之中，形成民主特色鲜明、民主定位清晰的参与式预算新机制。在参与主体上，做到各方面利益相关者都能参与，各方面利益均有表达机会，保障了公众参与预算决策机会均等。在预算决策和执行上，公众直接参与了项目优先排序和政策制定，对预算全过程进行了直接的监督，保障了预算分配公正。在立法审议上，温岭各级人大履行了保障预算民主的"四大原则"：预算没有经过公众协商的，不上人代会；重大项目没有经过人大常委会审查的，不上人代会；政府编制的预算一定要提前发、看得懂，没有做到的坚决纠正；人大代表和民众的合理意见，没有很好吸收的，政府要回去重新研究。

正是通过参与式预算，人民当家做主的民主价值得到了具体化的有效实现。基层政府已经接受并认可这种民主程序，人大代表的责任感得到增强，基层民众也受到了良好的民主训练，参与能力大幅度提高。"民主恳谈能够达成很多作用，最重要的一点是协商民主可以培养民主意识、公共理性和社会责任感。"[1] 温岭参与式预算改革，成为中国当代协商民主"最为成熟的样本"，"在一定意义上讲，中国协商民主的基层实践是从公共预算改革开始，才真正出现在政府议程和理论研究当中的。"[2]

二、温岭参与式预算改革的主要成效

1. 形成了公众理性参与的有效机制

参与式预算注重通过多元协商达成一致，决策过程兼具了理性化与民主化特征。温岭的参与式预算改革立足于中国改革开放以来基层经济结构、社会结构变化的实际，对于日益强大的参与压力，

---

[1] 陈奕敏：《温岭民主恳谈和参与式预算》，《民主与科学》，2015年第1期，第39—41页。

[2] 韩福国：《基层协商民主》，北京：中央文献出版社2015年版，第17页。

没有采取回避、压制、表面疏导等传统做法，而是以积极的态度主动吸纳社会参与力量，以解决实际问题为支撑，引导公众权利表达走上理性轨道。在进入人大立法程序前，公众在党委、人大、政府搭建的民主恳谈会平台上沟通意见，理解立场，让步妥协；之后将恳谈与立法程序相衔接，按照人大法定要求分阶段参与决策，表达诉求，争论结果。这就畅通了公众实质性参与的渠道，建立了民意充分表达的有效机制，在参与主体间建立起了信任关系，激发了公众参与的热情。

从协商民主理论来看，有效协商依赖讨论。詹姆斯·D.费伦（James D.Fearon）提出了讨论协商的诸多好处：揭示了私人信息，减少或克服了有限理性所带来的影响，促成或者导致了一种为各种要求进行辩护的特殊模式，赋予最终选择以合法性，本身是合意的，促进决策的帕累托最优，促进基于分配正义的最好决策，有利于达成更广泛的共识，提高了参与者的道德或智力素质。[①] 多元参与主体在一起平等协商，以理性面对矛盾，以对话代替对抗，以参与的形式直接监督。温岭参与式预算具有较高的制度化水平，参与或协商不是一时应急的措施，而是制度化要求，自发的草根民主通过参与式预算进入了制度民主之中。陈家刚等学者通过对温岭的案例调查，指出温岭市的改革者确定了以民主恳谈为平台，结合基层人大制度，选择预算改革为突破口，实现了公民政治参与从体制外向体制内转移的基本路径。[②]

2. 探索了参与扩大条件下的平衡机制

当代中国基层公共预算正处于一个复杂的失衡困境之中，寻求

---

① ［美］詹姆斯·D.费伦：《作为讨论的协商》，见［美］约·埃尔斯特主编：《协商民主：挑战与反思》，周艳辉译，北京：中央编译出版社2009年版，第45—67页。

② 陈家刚、陈奕敏：《地方治理中的参与式预算：关于浙江温岭市新河镇改革的案例研究》，《公共管理学报》，2007年第3期，第78页。

新的平衡是公共预算改革的重要目标。温岭参与式预算改革抓住了预算的平衡本质，较好回答了参与扩大条件下如何实现平衡的问题。

首先，改革实现了新的预算权力平衡。通过预算分权，党委、人大、政府和社会公众共同参与预算决策过程，形成权力相互监督和制约的关系。同时找到了一条党委依法实施党对预算工作领导的新路子，党委通过领导组织民主恳谈会，将党的执政理念传递给相关参与者，经过反复沟通、交流、协商，最后转化为预算共识来影响人大预算决策，既防止了以党代政，又提高了党总揽全局、依法执政的能力。

其次，实现了社会利益的平衡。在保证机会均等的前提下不断扩大公众参与面，保障了弱势群众能够平等参与预算决策的权利和利益，防止基层社会结构分化走向对立。以 2013 年市级预算审查监督参与库的人员构成为例，在 40159 名成员中，普通农民占 57%，工人占 5.74%，公职人员占 1.44%，企业家、个体户占 18.79%，其他社会成员占 17.03%。这既反映了新兴阶层的利益要求，也保障了普通群众的主体性。

再次，实现了预算资金的平衡。收支分离是基层预算资金失衡的重要原因，绝大多数的基层政府缺乏预算收入能力，却要承担繁多的公共服务支出。温岭的改革首创了预算收入恳谈，使公众充分了解镇（街）财力家底，对支出愿望调整产生了重大影响。2014 年泽国镇经过收入恳谈后召开年度"参与式公共财预算选民协商民主恳谈会"，对群众代表坦承"受财力所限，一些支出未能足额安排，一些需要安排的项目未能进入预算，只能在今后的预算执行中，通过增收节支和争取上级支持尽力解决"，以取得群众认同。[1] 多年

---

[1] 中共泽国镇委员会、泽国镇人民政府：《泽国镇 2014 年度参与式公共财政预算选民协商民主恳谈资料汇编》，2014 年 1 月。

来，全市 16 个镇（街）的政府债务得到有效控制。泽国等镇自
2005 年以来连续实现零债务，真正实现了以收定支，收支平衡。

最后，建立了人大修正平衡机制。人大的预算修正权体现了人
大对政府预算的实质性监督，预算修正议案正好揭示了公共利益的
平衡点。在经过预算初审民主恳谈之后，人大代表对政府预算方案
仍有不同意见的，通过代表联名可以提出预算修正议案。修正议案
经过大会集中辩论进行表决，通过后政府必须对预算进行调整。修
正议案要求就增加某项支出时，必须同时削减其他项目支出，以保
持预算平衡。在这一过程中，预算优先权排序不断调整，最终各种
利益需求得以平衡。自 2006 年新河镇在全国率先实行预算修正议案
制度以来，温岭各镇（街）人代会提出预算修正议案并进行辩论票
决成为常态，到 2015 年全市各镇（街）共提出预算修正议案 119
件，列入大会表决的 57 件，其中 49 件获得了表决通过。

表 6—1　温岭市各镇历年人代会预算修正议案汇总表

年份	大会提出预算修正议案件数	列入大会预算修正议案件数	修正议案提出预算调整额度（万元）	大会表决结果		
				通过件数	未通过件数	调整额度（万元）
2006	2	2	100	2	0	100
2007	4	4	167	3	1	150
2008	9	3	170	1	2	20
2009	9	2	40	2	0	40
2010	1	0	0	0	0	0
2011	8	3	75	3	0	75
2012	15	2	70	2	0	70
2013	17	12	955	11	1	755

（续表）

年份	大会提出预算修正议案件数	列入大会预算修正议案件数	修正议案提出预算调整额度（万元）	大会表决结果		
				通过件数	未通过件数	调整额度（万元）
2014	23	14	1245	12	2	1095
2015	31	15	1393	13	2	1033

资料来源：温岭市人大常委会，2016 年 1 月温岭调研时获得。

3. 实现了较为全面的预算公开

一方面，细化预算编制实现内容公开。每年 9—10 月份政府就按照全口径预算的要求开始着手编制下年度预算，并按"类、款、项、目"细化预算编制，在 12 月份完成编制，让公众清楚掌握。如2016 年泽国镇 93271.4 万元的财政预算支出细化成 15 类 60 款 700多个项目，有项目关键性数据、信息的列示，共计 56 页。而且编制好的预算收支初稿提前一段时间发到各人大代表工作站，同时在《温岭日报》泽国版上刊登，采用多种方式让公众充分了解下年度财政预算资金的安排使用情况。另一方面，通过多样化的公民参与途径让群众代表直接参与实现过程公开。每年市人大和各镇（街）会在《温岭日报》、政府网站、电视上发布举行财政预算协商恳谈会的消息，符合条件且有意愿参加的公民可以自愿报名参加。同时还利用从智库中定向邀请恳谈代表、随机抽取村（居）民恳谈代表、从参与库和人才库中抽取各界代表等方式，实现了预算开放式决策。再一方面，实行预算收支全面恳谈协商。各镇（街）不仅就具体预算项目进行协商，还对整个预算方案进行协商。2016 年市级 27 个部门进行了代表联络站预算征询恳谈，5 个部门及国有资本经营预算进行了预算民主恳谈，涉及预算金额已占到了总预算的 94.21%。

4. 形成了参与式预算制度化、程序化和规范化样本

毫无疑问，温岭是目前中国基层公共预算改革中最具代表性的参与式预算样本。改革10多年来，温岭走过了从摸着石头过河、多角度创新到高度制度化、程序化和规范化的历程。新河模式与泽国模式在发展中也相互借鉴，最终形成了在全市可以推行的温岭模式。温岭模式充分体现了参与式预算的基本准则：直接参与、平等参与、自愿参与、保持自治性与开放性的参与。① 按照人代会法定程序规范了会前、会中、会后各项恳谈协商、调整修正、审议表决的要求。创造了群众代表抽选的多样途径和人大代表与群众代表合作协商的机制。探索了对话、询问、辩论、问卷调查、表决等多种有效民意表达方式。这些做法，已具有在全国可复制、可推广的价值。温岭市人大常委会主任张学敏表示，温岭十年来的改革实践，有六大方面的突破比较明显，开了全国先河：第一次发动社会公众广泛参与预算协商讨论，将以往预算由少数人决定转变为多数人参与决定，这一经验已成为新《预算法》第四十五条的要求；第一次让人大代表行使了预算修正权；第一次开启了真正意义上的预算辩论；第一次在人代会上建立了部门预算票决，为下一步预算分部门、分项表决打下了坚实的基础；第一次在县一级全面公开了预决算及"三公"经费；第一次围绕审计反映突出问题开展专题询问。②

三、启示和挑战

1. 经验启示

温岭的实践为我国基层公共预算改革提供了又一种路径选择：

---

① 陈治：《论我国乡村治理中的参与式预算：价值、困境与法制化出路》，《东北师大学报》（哲学社会科学版），2014年第4期，第71—78页。

② 张学明：《温岭十年参与式预算的做法与成效》，2015年10月15日。

首先，通过预算分权，使党委、人大、政府、社会组织、企业、公众参与预算决策，改变了过去政府说了算、少数人说了算的预算决策模式，使对政府权力监督与公众权利声张有效结合起来，促进了预算民主发展。其次，主动应对公众参与不断扩大趋势，通过多种形式的民主恳谈，为公众预算权表达提供了平台与机会，将公众参与力量吸纳到体制内，建立了预算协商达成一致的良性机制。在协商过程中，参与主体的立场、观点和态度在互动中调整，取得公共利益的最大公约数，找到实现预算平衡的关键点。再次，围绕人大立法程序作出参与式预算的制度安排，事实上强化了人大的预算立法权地位，加上实质性赋予人大预算修正权，在实践中真正建立起了契约结构，促进了预算法制化。最后，始终以创造公共价值尤其是实现民主价值为追求，在参与式预算中增进公众的民主意识和素质，提高参与资源分配能力，形成公民民主精神，促使基层党委、政府治理理念转变，形成了以预算改革推动基层民主发展的良好氛围与制度支持。

温岭参与式预算改革探索了中国国情下参与式预算的基本框架和原则，其鲜明的民主特色，在中国基层公共预算改革诸多实践中独树一帜，其效果之好、影响之大，足以证明参与式预算是当代中国基层公共预算民主化的最佳选择之一。显然，温岭参与式预算改革已完全偏离了公共预算改革中小心翼翼的"技术路线"，切入到了政治体制改革的领域。

温岭实践的重要价值还在于回答了两个关乎中国基层公共预算改革方向的重要问题：一个问题是偏离"技术路线"的预算改革能否持续？温岭给出了肯定的回答，十余年来参与式预算不断发展完善，从个别镇的试验上升为全市性的行动，成为浙江省乃至全国的样本。温岭实践表明，不论"技术路线"还是"政治路线"，能够实现预算以及社会平衡的改革才会成功。温岭人清楚认识并善于利用公共预算的平衡功能，保持了改革稳定性，赢得了自下而上和自上而下的社会与政治支持。极为重要的是，党委在民主协商中找到定位，扮演着恳谈组织者和引导者的角色，党对预算的领导权以新的形式得到了巩固。另一个问题是参与扩大推动的自发性民主是否带来混乱？而温岭实践恰恰表明，通过参与式预算所形成的吸纳式参与，不会把新兴力量排斥在公共决策之外，不会将矛盾逼进对抗的"死胡同"。温岭改革十余年来，党群、干群关系在民主恳谈中日益融洽，信任不断增强，干部群众的民主意识也在不断增强。温岭实践表明，面对参与扩大等民主新问题，"堵"、"疏"都不是对症之药，而是要积极面对、主动吸纳、融入共同决策，寻找共同利益支点，这就需要以民主的精神，用民主的办法来解决。以信任、合作关系为基础的参与扩大，将为社会与民主发展增添能量。温岭实践证明，预算民主化可以并有必要成为基层公共预算改革的方向。

在温岭推进参与式预算改革的前后，也有一些地方受国外经验启发并在基层开明领导、专家或某些基金项目支持下开展了参与式预算改革试验，其中有的试验在基层领导人事变动、项目结束后停顿下来，能够一直持续下来的改革并不算多。但温岭的参与式预算改革始终得到推进、拓展，成为了中国参与式预算改革的排头兵。分析其原因，有两点尤其需要注意：

一是温岭参与式预算改革存在着"路径依赖"。在预算改革之前，民主恳谈已在温岭基层广泛推行，各镇（乡、街）创造了"民情恳谈"、"农民讲台"、"民情直通车"等多种形式的民主对话活动，促进了基层民主的发展。随着恳谈由乡镇扩展到了村、社区、民营企业、事业和政府部门，恳谈议题也从事关群众生产生活的农业、渔业、工业、服务业，教育、文化、计生、环境卫生等具体问题，拓展到对政府工作提出意见建议，对预算恳谈只是时间上的事。

当民主恳谈引入到预算决策后，参与式预算的雏形就产生了。正是由于民主恳谈制度的发展，使得温岭参与式预算改革成为民主恳谈的一种高级形式，得到党委、人大、政府和社会公众的共同认可。温岭实践表明，参与式预算需要置于基层民主发展的大环境中推进，一旦将参与式预算作为党委政府积极推动的基层民主建设的一项重要内容，改革便会获得充分的动力。

二是温岭参与式预算中的"自治"因素。相对于其他地区，温岭各镇（街）的预算独立性更强。镇（街）拥有一定规模的集体资产和财力来源，温岭市也允许镇（街）保留一定的预算分配权。随着改革的深化，镇（街）开始对预算收入进行恳谈，这项改革事实上承认了镇（街）的收入自主权，而收入自主是基层"自治"的重要标志。基层群众能够对土地出让、市场出租、矿产开采等收入事项进行决策，了解家底，并在此基础上规划支出项目，实现了"当家做主"。在泽国镇调研中，我们发现基层群众在政府征地拆迁问题上体现了更多的理解，沿海发达地区普遍存在的征拆矛盾尖锐化现象在泽国并不突出。原因就在于群众事先就知道哪块地要出让，用来做什么，村民有多少收益，作出拆迁决策的不是政府一家，而是群众自己。温岭实践给表明是，基层预算有效改革要与基层"自治"结合起来，赋予基层更多的预算自主权，包括预算收入权与支出权。

2. 问题挑战

一是政府对公众需要进一步直接赋权。虽然温岭参与式预算中公众获得了对政府预算项目较大的决定权，但仍缺乏预算项目提议权。先有项目再行协商，与先行协商再定项目不仅代表着不同的决策方式，而且体现着极为不同的民主水平。通过对公众赋权，真正让公众自己能够提出项目，与其他参与主体协商作出决策，并参与预算项目的管理，将是温岭参与式预算改革需要加强的方面。

二是公众参与的广泛性和代表性仍存在不足。虽然建立了"两库"，但从中选取的参与对象多以老对象为主，自愿报名参与的社会组织和个人积极性需要进一步激发。如果不能保证公众参与持续被吸纳进入体制内决策系统，将会对预算决策的合法性造成不利的影响。温岭的快速城市化吸引了大量的外来员工，参与式预算对这些"新温岭人"的包容接纳水平还有待提高。此外，人大代表是否与群众代表在职责上相区别，在选取公众参与对象时进一步扩大普通公民参与比例，减少人大代表及官方组织参与的比例，需要在实践中加以探索。

三是公众的参与能力需要进一步提高。不少群众代表对预算调整的意见以及提出的预算修正案过于简单、空泛，有的提案过于形式化，这些都反映了基层群众参与能力的欠缺。参与能力不足，公众的参与空间就会受到限制，而且低质量意见建议所带来的参与挫败感将会降低参与热情。因此，需要进一步探索加大公众预算培训的方式方法，提高公众理解预算、表达利益、进行决策的能力，以及学会让步、妥协，愿意作出利益牺牲的公民精神。

第七章 赋权与参与：基层公共预算
改革的厦门实践

厦门作为中国最早设立的四个经济特区之一，市场化改革方向清晰，经济社会发展水平较高，公共预算改革起步早，在公共预算综合改革、行政资源和社会公共资源配置市场化改革以及人大预算监督等方面均取得领先经验。近年来，厦门进一步探索了在社区层面以公众赋权参与为特征的公共预算改革，改变了传统上政府对预算资金的分配模式，实现了公众直接参与预算，进而开辟了基层预算民主化新途径。本章集中考察分析厦门以赋权参与为主要特征的社区公共预算改革。

第一节 厦门公共预算改革的背景和起因

厦门地处中国东南沿海，素有"海上花园"之称，自然与生态条件优越。下辖思明、湖里、集美、海沧、同安、翔安 6 个行政区，陆地面积 1573 平方公里。全市常住人口 386 万人，其中户籍人口 211 万人，城镇化率 88.9%。1980 年 10 月国务院批准厦门设立经济特区，1988 年批准厦门实行计划单列，赋予厦门副省级经济管理权。此后相继设立象屿保税区、厦门出口加工区、厦门海沧保税港区、中国（福建）自贸实验区厦门片区，形成了全方位、多层次的对外开放格局。同时，厦门坚持改革创新，先行先试，在国企改革、开放市场、财政投融资改革诸多领域创下一系列"全国率先"，在全民医保、社会保障房建设等方面创造了"厦门蓝本"。

厦门经济特区建设 30 多年来，在发展上较好地保持了发展速度与质量效益相协调、经济建设与社会发展相协调、城市发展与人的全面发展相协调。1981—2015 年，全市 GDP 年均增长 16.4%，财政总收入年均增长 20.4%。2015 年，全市实现 GDP3466 亿元，按常住人口计算，人均国内生产总值达 90378 元（折合 14514 美元），按户籍人口计算，人均国内生产总值达 167203 元（折合 26851 美元），位居全国前列。2015 年，厦门城镇居民人均可支配收入 42607 元，在 15 个副省级城市中排名第六。财政总收入超过 1000 亿元，在同等规模城市中名列前茅。多年来，厦门先后荣获"全国文明城市"四连冠、联合国人居奖和国际花园城市、国家卫生城市、全国社会治安综合治理优秀城市等荣誉，社会繁荣稳定，居民幸福感和公众对政府认可度高。多次在社会组织评选的"中国最具幸福感城市"及"中国服务型政府城市"中名列十强甚至排在榜首。

经历了经济社会的较快发展，厦门较早遇到了转型挑战，并且更早地遇到了迈入"中等收入"社会所面临的一些难题。一是经济发展和社会发展进入了新的转型期。经济发展速度减缓、经济增长动力减弱、资源与环境硬约束趋紧。2013 年全市 GDP 增速 9.5%，从多年来的两位数高速增长回落到个位数，全国的"排头兵"竟然低于全省平均水平。二是社会建设相对滞后的矛盾更显突出。各种利益诉求交织、居民收入差距拉大、居民的服务需求日益多样，一些长期潜在的社会矛盾开始凸显。快速城镇化形成的大量新居民需要尽快进城适应新的生活生产方式，大量的外来人员需要稳定融入居住地等，给传统基层服务管理带来新课题。据统计，2013 年底厦门外来常住人口达 176 万人，占总人口的 47.1%。三是群众民主意识、权利观念、参与要求越来越强，而基层公众参与和民主协商的载体、途径和方式方法等还不太适应。基层政府尤其是镇街政府的管理方式还是大包大揽，缺乏听取群众意见诉求，有些工作"出力不讨好"不对群众胃口，群众甚至怀疑政府初衷、反感政府行为。四是居民聚居形态的变化限制了社会资本发展和积累。城市建设格局变化使大量社区居民工作与生活区域分离，早出晚归、流动性强、交往趋少。厦门共有 37 个街（镇）、486 个村（居），包括城市社区 176 个、"村改居"社区 157 个、村民委员会 153 个。其中又形成了城市新社区、城市老旧小区、外来人口集中小区、台胞和外籍人士集中小区、村改居社区、农村社区等多种类型。老社区的"熟人关系"逐步变得陌生，新出现的社区普遍缺乏居民融合，人际关系松散，更缺乏对社区公共生活的关注与参与。面对社区社会资本严重不足，迫切需要建立、完善新的社区支持和服务网络，塑造共同精神，加强基层社会整合。

2013 年以来，厦门制定了《美丽厦门战略规划》，开展"美丽厦门共同缔造"行动，推进社会治理体系和治理能力现代化。在《美丽厦门战略规划》中，对"美丽厦门共同缔造"作出了解释[①]：美丽厦门共同缔造，实质是美好环境与和谐社会共同缔造，通过发动群众在共同参与美好环境建设中，培育对所在社区和城市的归属感、认同感，形成人与人之间的和谐融洽关系，塑造共同的社会心理和城市精神。核心是共同、基础在社区、群众为主体，关键是激发群众参与、凝聚群众共识、塑造群众精神，根本是让群众满意、

---

① 《美丽厦门战略规划》（2016 年版），2016 年 6 月。

227

让群众幸福。围绕激励参与，厦门加快下放政府服务管理的资源和权力，探索采取"以奖代补"的项目预算、推进政府购买服务等方式，促进公众直接参与使用预算资金，提升自治水平，营造社区生活。最终通过做到决策共谋、发展共建、建设共管、效果共评、成果共享，实现共治共享。在这个过程中，逐步形成了以赋权参与为主要特征的公共预算改革方向与路径。2013年7月，厦门市思明区和海沧区率先启动"美丽厦门共同缔造"行动试点，之后扩展到全市六个区范围。

第二节　厦门公共预算改革的主要做法

近年来，厦门公共预算改革最突出的亮点在于探索了赋权参与的基层公共预算改革。赋权参与的公共预算改革着重从两个方面突破：一是实行"以奖代补"为主要机制的公众直接参与预算，由公众直接参与公共服务项目的决策、实施和监督；二是规范和推动政府购买社区服务，实现对社会组织承担社区公共服务职能的赋权，促进了政府与社会、市场的分离。这两方面的做法都有效地完善了基层治理体系。

一、"以奖代补"项目预算的主要内容和运行机制

1. "以奖代补"的由来

"以奖代补"最初是20世纪90年代运用于基层的一种财政资金分配方式，其目的是通过以奖励代替直接补助的办法，提高财政资金的使用效率。同时，减少各级政府干预，提高社会参与的积极性。1993年安徽省较早在全省范围实施"以奖代补"政策，针对当时基

层财政赤字严重尤其是县级财政困难，而省级财政补助不仅不能解决基层财政困难反而助长了补助依赖症的情况，决定将补助改为奖励，把省对县的困难补助及赤字补助金改为奖励金。通过制定奖励办法，一是引导县级财政培植扩大财源，依靠自身努力解决财政困难；二是鼓励确保收支平衡，努力消化历年赤字。在当时基层预算控制管理普遍低效的背景下，"以奖代补"被视作是政府理财观念的大转变，发挥了积极的作用，受到了基层政府的重视。随着分税制的实施，"以奖代补"也被当作上级财政转移支付的一种方式，被广泛应用于农、林、水利补助等领域。近年来，则进一步推广运用到PPP项目中，目的是吸引和鼓励社会投资。

2008年2月，为进一步巩固农村税费改革成果，推进社会主义新农村建设，国务院农村综合改革工作小组会同财政部、农业部出台了《关于开展村级公益事业建设一事一议财政奖补试点工作的通知》，将"以奖代补"与农村基层民主建设进一步结合起来。规定农村村级直接受益的小型水利、村内道路、环卫设施、植树造林等公益事业项目，按照村民自愿、直接受益、量力而行、民主决策、合理限额的原则，应以村民一事一议的办法筹资筹劳，村集体经济组织进行资金投入，中央、省财政资金给予适当奖励，具体由县级人民政府负责管理支付。2010年，中央财政增加了对村级一事一议财政奖补资金的预算安排，并要求全国21个全面试点省（区）和6个部分试点省（区）也要相应增加对村级一事一议财政奖补资金的投入，并纳入年度预算。"以奖代补"正式成为预算管理的一项重要内容，并且，这种以村民通过村民代表大会直接决策，甚至直接自行筹资、直接参与施工（筹劳）的公共服务提供方式，已经具有了公众参与预算的初步特征。

一事一议财政奖补项目主要反映了农村税费改革后通过改变中央及省级财政转移支付方式来增强农村公共服务和加强基层组织建

设的需要，在实施过程中，有的地方进一步完善了利用"以奖代补"预算管理新方式来推动社会建设的做法。广东省云浮市 2011 年开展"美好环境与和谐社会共同缔造行动"，提出"以自然村（社区居民小组）为基本单位的竞争性'以奖代补'项目建设为载体，激发群众参与公共事务的热情，引导形成与建设幸福云浮相适应的社会价值观和社会公德标准，探索新形势下与人民群众在一起的新途径、新方法，实现美好环境与和谐社会共同缔造。"① 云浮的做法是统筹林业、农业、水利、民政、交通、建设、环保、卫生等部门资金，确定"以奖代补"项目，编制项目简介和操作指引，向社会进行公示，由群众自主选择项目。项目资金优先支持参与"共谋、共建、共管、共享"程度高的自然村（社区居民小组）。同时建立政府引导、群众主体、市场运作、社会参与的投资机制，吸引社会资本参与"以奖代补"项目建设和经营管理。较之一事一议财政奖补，云浮的做法更具简便性，更有利于激发群众参与热情。一方面，预算资金市级统筹，并且统筹了条条资金，体现了预算全面性管理原则，简化了资金拨付环节程序；另一方面，项目申报由村（社区居民小组）推选的项目负责人提出，经不少于 10 名的参与项目的群众签名确认，比召集村民代表大会研究更加灵活可操作。

2. 厦门"以奖代补"项目预算的主要内容

厦门在"美丽厦门共同缔造"中实施的"以奖代补"是对云浮做法的进一步提升。厦门在《厦门市社区服务"以奖代补"资金管理办法》中，对"以奖代补"资金及使用范围作了明确规范。"以奖代补"资金是指在开展"美丽厦门共同缔造"活动中，由各级财政安排的，对试点项目实施主体先行筹资投入行为给予一定比例的

---

① 中共云浮市委、云浮市人民政府：《关于进一步推进美好环境与和谐社会共同缔造行动的若干意见》（云发〔2011〕3 号）。

补助资金，并对通过验收的"以奖代补"试点项目给予适当奖励，从而实现以奖励代替补助的一种资金激励方式。"以奖代补"试点项目主要是指不需列入年度基建计划，总投资在 200 万元以内的镇（街）、社区景观节点改造提升、老旧小区改造、房前屋后环境整治有公共服务配套设施建设等项目。

厦门的"以奖代补"进一步强调促进政府职能转变和社区服务体系创新，更好地发挥财政资金的杠杆和引导作用。在此基础上，进一步对公众及社区组织赋权，社区居民个人、社会组织、企业等都可以作为"以奖代补"项目的认领主体，基层群众可自主选择社区所需公共项目，申请财政资金预付及奖励，实现社区事务的"共谋、共建、共管、共评和共享"，在社区协商中推进了公众参与预算。

3. 厦门"以奖代补"项目预算的主要做法

一是"以奖代补"资金列入市、区、镇（街）各级财政预算管理。在资金预算方面，相关部门或街道提出本单位"以奖代补"项目计划，经区缔造办批准，区财政部门编制预算明细列入年初预算。年初未安排预算的年中新增项目，资金需求计划报区政府研究确定后进行预算追加、调整或列入下年度预算计划。在资金拨付方面，每个项目奖励标准和资金由相关责任单位会同同级财政部门研究确定。奖补资金采取预拨和卜达奖励相结合的方式，对通过审核并具体开展的项目可先给予一定的补助资金，待项目完工后根据验收考评结果，再给予一定额度的奖励资金。在湖里区，奖励金与项目完成质量直接挂钩，评定为优良的项目奖励总金额的 80%；合格项目奖励 70%；不合格项目在要求限期整改合格的项目，补助总金额的 70%，不合格项目原则上不补助。项目所在社区各项工作成绩优秀的，项目还可获得额外的奖励。在资金评估方面，项目资金在当年度结算，年度终了后，项目牵头部门应对相应项目的实施情况、资金使用及效益情况进行总结评估，并于次年 2 月底前将上年度总结评估报告上报同级缔造办。厦门市规定，项目未实施或项目实施超出计划一年以上的，该项目资金不得结转下一年度，且原则上三年内不再接受该项目申报主体申报其他"以奖代补"项目。

厦门市最早进行试点的思明区，其"以奖代补"项目资金由区财政和街道共同承担，分别由区财政和街道进行预算管理。2013 年试点阶段由区财政拨付给 6 个试点社区各 100 万元基础资金，合计600 万元用于社区共同缔造工作，由各街道结合实际工作进行奖励兑现。2014 年在资金管理上进一步规范，思明区财政设立了"美丽厦门共同缔造"专项资金，按每个社区 50 万元的预算标准向 96 个社区拨付共 4800 万元专项资金。2015 年则按照新预算法相关规定进行了调整，规范了支出科目。湖里区的做法则是由街道在一般性公共预算支出中编制和先行支出，年终再按区街财政分配体制结算，支出大部分列入"其他城乡社区公共设施支出"科目中。

二是建立"二上二下"公众参与的项目生成机制。"以奖代补"项目不是由政府提出，而是通过向社会公开征集，根据群众意见进行梳理后才确定，体现了较为充分的公开性和参与性。项目生成大体经过"二上二下"程序。"一上"即自下而上广泛征求群众意见，社区居民个人、社区居民小组、驻区企业、社会组织都可以提出拟建项目，经由社区居民委员会梳理提出本社区项目计划报区缔造办，或由民政部门、建设部门等单位梳理后报区缔造办。"一下"即区缔造办牵头区财政、民政等部门，从社区和部门梳理的项目中确定区"以奖代补"项目，区财政局制定"以奖代补"专项资金安排方案。确定后的区"以奖代补"项目，通过政府网站、新闻媒体、社区宣传栏等方式，向社会公示。"二上"即在项目在社区公示后，动员社区居民、社区居民小组、企业或社会组织来认领项目，社区从中推选项目认领负责人，提出项目的实施计划及预算计划。之后，项目认领负责人经由社区提出书面申请，并经参与或受惠的群众代表签名确认后，逐级上报区缔造办审批。"二下"即缔造办组织对项目的现场考察，进一步征求社区居民意见，综合考虑项目的公共性、必要性和可行性后，确定补助项目及补助金额，再次在社区公示，批准认领主体组织实施。

表7—1　"以奖代补"项目申请报告内容

内容	要素
项目简介	项目名称、项目来源、项目内容、拟解决的关键问题、项目可行性、预计项目周期、经费预算、项目负责人、群众支持参与度
实施方案	组织领导、实施力量、实施步骤、阶段目标、资金管理、质量保障
共谋情况	收到群众意见建议及集中采纳条数、入户走访次数、召开座谈会场数、发放征求意见表份数
提交确认	社区发展理事会、社区两委及业委会签字、群众代表签字（至少10人）

在传统的预算体制下，大多数由政府主导的社区公共项目倾向于"看得见"的公共设施建设项目，如道路、照明等，但社区群众的利益诉求是多样的，在一个以公众参与预算为导向的环境下，政府预算资金安排就不能回避这些诉求。思明区"以奖代补"项目的生成没有陷入建设性项目为主的惯例，只要是群众"想得到"的合理诉求基本上都能得到预算安排回应。为此，思明区将"以奖代补"项目分为建设类、活动类、服务类项目。湖里区将项目分为改善公共环境、完善基础设施、加强社会治安、提升公共服务、发展文体活动等。如思明区团委发起了"爱心图书角"项目，动员社会组织、爱心单位、爱心人士，为来厦务工人员随迁未成年子女集中的班级捐建课外读物"爱心图书角"，并组织大学生志愿者每周定期到学校

开展"大阅读课"，受到了外来务工人员和孩子们的欢迎。思明区定安小学、文安小学、开禾小学、思北小学、云顶小学的120个"爱心图书角"经申报审核，就得到了区"以奖代补"资金支持。鼓浪屿街道居民举办的"最美庭院"、"最美阳台"主题评选活动，也得到了街道"以奖代补"资金支持。

三是实行公众自主安排为主的项目实施。项目获得批准后，项目认领主体即组织项目实施，包括选择施工方、融资、广泛发动社区群众出资出力参与建设等。对于建设类项目，认领主体还需要按照工程项目程序组织项目审批，并要按照项目实施的有关规定和认领承诺，加强项目施工管理。湖里区制定的《"美丽厦门共同缔造"建设项目比选企业招投标工作方案》，要求单项建设工程概算高于50万元且低于200万元的项目需纳入比选企业招投标管理，由项目认领主体委托代理机构进行招标。超过200万元的项目由建设局监管。项目实施主体还要定期向参与群众、受益群众公示项目实施情况和资金使用情况，接受群众监督。

在项目实施过程中，参与项目的认领主体需动员参与群众认筹资金或参与劳动，彻底改变了过去预算资金的使用中投入者、承建者和受益者相分离的弊端，将群众自身投入与项目收益直接联系起来，群众对项目质量、进度进行实时更加有效的监督，促进了资金使用效率的提高。湖里区信达小区有700户、近2000居民，小区长期缺乏居民休闲、交流、互动的活动场所，小区内公共绿化退化，黄土裸露。小区成立了发展理事会、乡贤理事会、居民议事会等组织，牵头提出提升小区环境项目申请"以奖代补"，居民支持率达到98%。小区修建了主题公园、花坛、健身步道等，环境极大改善。小区居民积极参与公共设施及绿化认捐、认领、认管、认养活动，20多位居民成为了首批认管认养人。项目总投资58万元，居民自愿出资13.4万元，申请了财政补助44.6万元。

为了解决群众参与项目缺乏专业知识或启动资金等不足，提高群众参与热情和质量，政府给予相应的必要支持。一是技术上支持。区相关职能部门在项目确定后，指定一名工作人员作为项目指导员，组织项目负责人培训，全程跟踪指导督促项目实施。二是资金上支持。思明区等实施项目资金预付制，对批准的"以奖代补"项目先行支付不超过总资金需求30%的启动资金。财力相对薄弱的同安区建立了镇（街）"以奖代补"项目启动备用金制度，经批准的镇（街）"以奖代补"项目，区财政局直接下达各镇（街）500万元的备用金额度。项目完成验收和项目补助金到账后，镇（街）在三个工作日内归还借用的备用金。

四是提出了兼顾效率与民主要求的项目评审和验收标准。项目生成时，需先由区缔造办会同财政等部门进行评审，确认纳入"以奖代补"预算盘子的项目才转由社区选择认领主体。项目完成后，项目实施主体要通过项目验收后才能申请到预算补助。区缔造办收到项目实施主体的验收申请后，会同区相关部门、监理单位和项目所在街道、社区、群众代表，通过现场看、随机问、查资料等方式，组织项目验收考评，最后根据考评结果，对项目给予不同标准的奖励金。在制定项目评审和验收时，都充分体现了对管理效率和预算民主的要求。

以湖里区为例，项目评审内容包括两大部分。一是群众参与度，评审指标包括"决策前采取一定形式征询群众意见，并有记录"、"召开专题听评会，并有与会记录"、"群众及群众代表对此项目的赞成情况"、"群众参与谋划、准备的情况"等。二是项目可行性，评审指标包括"拟解决问题的重要性"、"项目预期目标及内容"、"项目基础和前期经验"、"实施方案"、"经费预算"、"预期和潜在的社会效益"等。项目验收从两个方面进行。一是现场验收，主要查看项目进度、项目完成情况、社会效益、项目接管情况。评审指

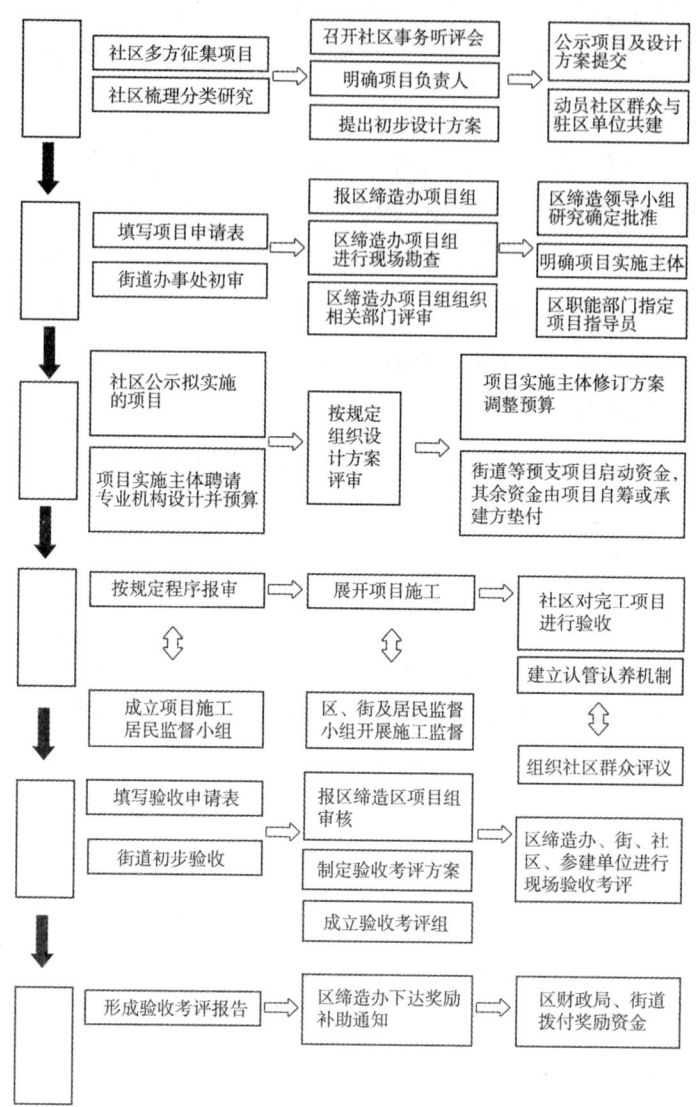

图7—1 湖里区"以奖代补"项目运行流程图

标包括"项目实际完成时间/项目计划完成时间"、"项目申报建设
内容完成情况"、"各单项工程外观与实测检查符合设计及规范要
求"、"居民、社区在项目中的受益情况"、"老旧小区、纯社区及
村改居社区有无建立管理制度，管理是否到位"等。二是资料评
审，主要查看群众参与度、项目资金管理、项目档案整理情况。
评审指标包括"社会、企业、驻辖区单位参与'以奖代补'共同
缔造项目共谋共建资料是否完整规范"、"资金使用、费用支出管
理是否规范"、"工程档案资料、以奖代补过程资料及听证会资料
是否完整规范"等。

二、政府购买社区服务的主要内容和运行机制

1. 政府购买服务的由来

20 世纪 80 年代以来的西方政府改革运动，推广了政府购买服
务，进一步形成以服务外包为主要特征的新的治理形式。政府购买
服务，主要是指通过发挥市场机制作用，把政府直接组织提供的一
部分公共服务事项，按照一定的方式和程序，交由具备条件的社会
力量承担，并由政府根据服务数量和质量向其支付费用的公共服务
供给方式。萨瓦斯（E.S.Savas）通过对服务的具体性、生产者的可
得性、效率和效力、服务规模、成本收益的关联度、对消费者的回
应性、对欺骗行为的免疫力、经济公平、种族公平、对政府指导的
回应性以及政府规模等方面的评价，认为服务外包总体上比政府直
接提供更促进竞争、提高服务质量，而公众从中受益。政府购买服
务反映了市场化、民营化的新公共管理运动导向，意味着以政府高

度介入为特征的某种制度安排向较少政府介入的另一种制度安排的转变。① 珍妮特·V.登哈特和罗伯特·B.登哈特则指出，现代社会生活的复杂性使政府"掌舵者"的角色变得不恰当且不可能，在许多领域，把公共政策视为政府决策过程的结果已经不再有意义。"在这个新的世界中，政府的主要角色不是通过规制和法令引导公众的行为，政府的角色也不只是建立一套将会把人们引向'正确'方向的规则和激励（大棒或胡萝卜）。更确切地说，政府在把社会推向一个方向或另一个方向的过程中变成为另一种博弈参与者，尽管它扮演的是一种重要的博弈参与者。政府与私人组织以及非营利组织一起为了寻求社区所面临的问题的解决方案而行为。"② 因此，政府的作用和方式必需发生变化，权力需要分享，责任需要分担，政府购买服务正因应了这一挑战。政府购买服务的出现，同时改变了公共预算的方式，成为公共预算改革进入娜奥米·凯顿所指"后预算时期"的一个标志。③

20 世纪 90 年代，中国开始试行政府购买服务。上海最早尝试了政府购买服务，1995 年，上海浦东新区社会发展局兴建了罗山市民休闲中心，委托上海基督教青年会进行管理，1998 年又进一步委托其承接政府养老服务。到 90 年代末，上海、北京、天津、重庆、广东等地都进行了试点。政府向社会组织购买公共服务的方式逐渐增多，购买的领域涉及教育、公共卫生、扶贫、养老、残疾人服务等传统服务，还包括社会工作、社区发展、社区矫正、环境保护等诸

---

① ［美］E.S.萨瓦斯：《民营化与公私部门的伙伴关系》，周志忍等译，北京：中国人民大学出版社 2002 年版，第 107 页。

② ［美］珍妮特·V.登哈特、罗伯特·B.登哈特：《新公共服务：服务，而不是掌舵》，丁煌译，北京：中国人民大学出版社 2014 年版，第 62 页。

③ Naomi Caiden, "A New Perspective on Budgetary Reform", *Australia Journal of Public Administration*, Vol.48, No.1, 1989, pp.51-58.

多新型社会需求。① 随着改革深化，一些地方的政府购买服务与推动社会组织发展更加紧密地结合起来，推动了公民社会的成长。深圳2004 年起一方面采取"放权"举措，政府主动与社会分离，强制性地将过去那些与政府体系联系密切、政社不分的社会组织从政府系统分离出去，并探索行业协会及其他组织直接登记等手段，实现社会组织的独立化与自主化。另一方面采取"赋权"举措，政府主动地赋予社会组织职能和资源，以购买服务的方式将相应服务经费转移给社会组织，实现"费随事转"，努力将社会组织打造成为公共服务的主要提供者。通过"放权"与"赋权"，构建了政府与社会之间的契约式合作伙伴关系，初步形成多元治理的新格局。② 2013 年 9月，国务院办公厅发布《关于政府向社会力量购买服务的指导意见》，提出到 2020 年在全国基本建立起比较完善的政府购买服务制度，将此作为推动政府治理改革全面深化的"一根有力撬杆"。③ 截至 2014 年底，共有 31 个省、自治区、直辖市出台了政府购买服务的指导意见、实施意见或暂行办法，并配套出台了购买服务的指导目录，政府购买服务被广泛应用于各领域的公共服务供给制度安排之中。④

---

① 管兵、夏瑛：《政府购买服务的制度选择及治理效果：项目制、单位制、混合制》，《管理世界》，2016 年第 6 期，第 24—39 页。

② 徐宇珊：《放权与赋权：政府推动下的公民社会成长之路》，见乐正等主编：《深圳社会发展报告（2010）》，北京：社会科学文献出版社 2010 年版，第 139—146 页。

③ 连家明：《政府购买服务：推动改革全面深化的有力撬杆》，《地方财政研究》，2014 年第 4 期，第 1 页。

④ 赵宇新：《政府购买服务开展现状、问题及建议》，见龚维斌主编：《中国社会体制改革报告（2015）No. 3》，北京：社会科学文献出版社 2015 年版，第 138 页。

2. 厦门政府购买社区服务的主要内容

2013 年以来，厦门的政府购买服务改革被置于"美丽厦门共同缔造"实践框架中得到重视，并特别强调了政府购买社区服务的方向，以推动政府职能转变，减轻社区负担，激发社会活力。这种立足于社区的政府购买服务做法，有利于公共管理重心下移，服务下沉，形成"横向到边、纵向到底、协商共治"的社会治理体系。

厦门市 2014 年在全市层面制定了政府购买服务指导目录，并逐年更新，不断规范和扩大政府购买范围。2015 年全市共有 300 多个项目约 7 亿元资金纳入政府购买服务预算。2016 年的目录共确定了 6 项一级分类、59 项二级分类的政府购买服务项目。其中基本公共服务事项，包括公共教育类、公共文化类、公共体育类、公共就业服务类、人才服务类、社会保险类、社会救助类、养老服务类、残疾人基本公共服务类、基本医疗卫生类、人口和计划生育服务类、基本住房保障类、公共安全类、资源环境类、市政市容管理类、公共气象类、公路水路交通运输类、城市棚户区改造类、防震减灾类等；社会管理服务事项，包括社会组织管理类、社区事务类、法律援助类、优抚安置服务类、慈善救济及公益服务类、人民调解类、社区矫正类、安置帮教类等；行业管理与协调事项，包括行业规划类、行业规范类、行业调查及统计分析类、行业资格认定及培训类、行业投诉处理类、科技创新体系建设类等；技术服务事项，包括科研服务类、检验/检疫/检测类、监测服务类、工程管理服务类、公共资产管理服务类、土地收储类、住房公积金管理服务类、其他；政府履职所需辅助性事项，包括公共公益宣传类、法律服务类、咨询研究类、信息统计调查类、监督类、评估类、绩效评价类、项目评审类、会计及审计服务类、信息网络服务类、会议、经贸活动和展览服务类、行政运行服务类、后勤服务类等；其他政府向社会购买公共服务事项。

为进一步突出完善基层社会治理，厦门市专门制定了针对社区的政府购买社区服务的实施办法，使赋权改革更加具体和有针对性，更加充分体现了基层公众的预算权。厦门市政府购买社区服务范围在市级政府购买服务范围基础上进一步扩大，并延伸到个性化服务项目。

一类是综合性服务，即通过政府购买服务方式，引入竞争机制，将面向社区的事务性管理服务事项和适宜向社会购买的公共服务事项交由社会力量提供。公共服务方面，在社区就业服务、社会保障、社会工作、社会救助、卫生和计划生育、文化、教育、体育、流动人口管理、公共安全等与社区密切相关的服务领域中加大政府购买服务力度。事务性管理服务方面，逐步将镇（街）面向社区的，目前由社区协助开展的事务性管理服务，委托具备条件、信誉良好的专业社会力量承接。

另一类是专项特色服务，即针对社区实际需求，为特定群体购买个性化服务项目。在城市社区重点购买针对老年人、未成年人、外来务工人员、残疾人和低收入家庭的社区照顾、社会融入、社会矫正、社区康复、就业辅导、精神减压、心理疏导服务。在农村社区逐步购买面向留守人群（留守儿童、留守妇女、留守老人）、困难人群和特殊人群等的综合性服务。同时，针对社区的人口结构特点，如在外籍人士、台胞、农民工居住相对集中的社区，根据特定群体的需求购买个性化服务项目。

3. 厦门政府购买社区服务的主要做法

一是明确定位基层、立足社区的购买原则。 厦门市旨在通过政府购买服务，逐步将面向社区的事务性管理服务，以及延伸至社区、适宜通过购买方式开展的公共服务项目交由具备条件的社会力量承担，减轻社区工作负担，创新社区服务方式，提高社区服务质量。厦门政府购买社区服务确定了三项原则：（1）以人为本，因地制宜。购买主体应立足民生，通过多种渠道听取社区居民意见，实现政府购买公共服务的民主、科学决策，满足社区居民真实需求。同时，服务项目注重与本地社会力量发展情况、承接能力相适应。（2）公开择优，以事定费。按照公开、公平、公正要求，坚持费随事转，通过竞争择优的方式选择承接政府购买服务的社会力量，确保具备条件的社会力量平等参与竞争。同时，加强监督检查和科学评估，建立优胜劣汰的动态调整机制。（3）厘清职能，明确界限。不属于政府职能，或应当由政府直接提供、不适合由社会力量承担的服务事项，不得向社会力量购买。厦门市明确要求政府各部门单位不得将应由自身承担的行政性工作摊派给社区，确有工作需要且符合政府购买服务相关规定的，方可通过购买服务方式开展。

二是购买主体多样化与承接主体专业化相结合。一方面，厦门市下沉购买审批权，政府购买社区服务以街道为主要购买方，通过"一个综合服务项目+多个专项服务项目"的模式，使购买工作更加贴近群众的多样化需求。同时，各区的民政、教育、文明办、司法等职能部门作为重要的购买方，从职能角度将适合社会提供的重点服务交由社会力量提供。为了解决职能部门人手少、服务专业度不精的问题，授权工、青、妇、计生协会、残联等群团组织作为参与购买方，利用自身联系群众密切等优势，开展政府购买社区服务工作，有效提升了工作针对性。另一方面，坚持承接主体专业化原则，凡是具有独立法人资格、拥有专业团队和专业服务能力、具有规范内部管理、较强运营能力和良好社会公信力的社会团体、民办非企业单位基金会，以及具备相应能力和条件的企事业单位都可以作为承接主体。例如思明区街道家庭综合服务中心及社区特色购买服务项目的运作，由专业社工机构作为承接方。个别对专业度要求高的服务，如幼儿早教、康复理疗、心理咨询等项目，由早教公司、医院、心理咨询机构等对口的专业机构承接。有一些综合性服务项目，则由多家承接主体共同合作承接服务，充分体现了社会组织承接服务的开放性与参与性。

三是建立了全过程管理监督的购买程序。首先，编制预算。政府购买社区服务涉及资金使用方式的变化，所需资金按照以事定费的原则，从既有预算资金中统筹安排。各部门结合年度预算编制工作，依照《政府购买服务指导目录》，在认真研究梳理本部门的管理和服务事项基础上，编报政府购买服务预算表，明确项目名称、项目实施期限（起止时间）、项目所需资金总额、当年所需资金总额和资金来源等内容。对于社区的社会工作服务项目，可由社区工作服务组织汇集居民需求，提出拟购买的服务项目，经社区"两委"会研究后，逐级向街道、区民政、财政等部门提出申请。其次，确定购买方式。已列入政府采购目录或（单项或批量采购）预算金额达到采购限额标准以上的服务项目，按照规定实行政府采购；其他项目由各部门建立内控机制严格选择合适的购买方式。按规定，社会服务类项目50万以下的，可由部门直接委托；50万至80万的，纳入政府采购，可依法采用任何一种采购方式进行采购；超过80万的，纳入政府采购，采用公开招标方式进行采购，但经财政部门批准，也可采用其他方式进行采购。第三，信息公布。购买主体及时向社会公告购买内容、规模、对承接主体的资质要求和应提交的相关材料等相关信息。第四，签订合同。购买主体要按照合同管理要求，与承接主体签订合同，明确购买服务相关事项，严禁转包行为。第五，评估拨款。财政部门将政府购买社区服务资金纳入支出绩效评价管理体系，建立购买主体、服务对象和第三方组成的综合性评审机制，对购买服务进行考核评价，按合同约定拨付款项。通常情况下，经验收合格后经费原则上按 5：3：2 的比例分别于项目初期、中期和末期拨付给承接主体。

四是深化改革大力培育发展社区社会组织。政府购买服务既是公共预算社会化、民主化改革要求，也是促进社会管理体制改革的重要举措，政府购买服务的一项重要使命在于通过培育社会组织并提升社会组织自我管理能力，推动克服传统政府治理主体单一、规模过大、绩效不高等弊端。近年来厦门市着力培育和发展社会组织，为社会组织承接政府购买服务奠定了良好基础。目前，全市每万名常住人口拥有社会组织 8.3 个，远高于全国每万人拥有 3.7 个社会组织的平均水平。但是，社区层级的基层社会组织仍然不足，难以满足全市 486 个村居社区的需求。2016 年 1 月厦门市制定了《关于培育发展社区社会组织的实施意见》（厦委办发〔2016〕6 号），提出着重发展依托社区资源，参与社区治理、服务社区群众，业务范围涵盖发展社区公益事业、拓展社区服务、繁荣社区文化、维护社会稳定等内容，为社区提供科学、教育、文化、卫生、体育、法律和社会福利等服务的社区服务类社会组织。社区社会组织按功能分为枢纽型社会组织、支持型社会组织等形式，并与发展专业社工结合起来，强化社会组织的作用。按照"纵向到底、横向到边、协商共治"的社区治理体系要求，力争到 2017 年每个城市社区拥有 5 个以上的社区社会组织，每个农村社区拥有 3 个以上社区社会组织。把每个居民都纳入一个或多个社区社会组织，让每个充满活力的社区社会组织都有序参与社区治理。

第三节　厦门公共预算改革的特点、成效与挑战

一、厦门公共预算改革的主要特点

1. 突出了赋权参与

赋权参与在当代社会治理变革中具有重要意义，它促进了民主发展。冯雅康和艾瑞克·欧林·怀特在研究了美国芝加哥的社区治理理事会（Neighborhood governance councils）、栖息地保护计划（habitat conservation planning）、巴西阿雷格里港的参与式预算以及印度孟加拉邦、喀拉拉邦的村务会改革（Panchayat reforms）等四个直接参与案例，认为这些案例都深入展示了普通人能够有效地参与和影响直接关系其生活的政策，他们首次将这种模式称为赋权参与式治理（Empowered participatory governance）。他们认为，赋权参与式治理具备三项原则：实践导向，即着眼解决具体的实际的问题；自下而上的参与，普通人通过一个自下而上的过程影响地方官员；协商解决，用协商的途径来解决这些问题。① 厦门在社区层次推进的预算改革，坚持了政府权力、资源、服务下沉的方向，将赋权作为改革的重要手段，凸显了赋权参与的重要特征。一方面，实现了面向基层的组织赋权，街道（镇）以及担负着部分政府职能的社区居（村）民委员会通过扩大预算支配权和使用权，在基层治理中发挥了新的作用。另一方面，公众获得了直接参与的预算赋权。不论是在"以奖代补"方式还是在"政府购买社区服务"方式中，社区组织

---

① Archon Fung and Erik O.Wright, eds., *Deepening Democracy: Institutional Innovations in Empowered Participatory Governance*, London: Verso, 2003, pp.16-20.

和社区居民通过多渠道的沟通协商机制，与政府形成一致性认识，从而在有关社区服务的诸多事务决策中拥有了决策权。社区需要什么、建什么、怎么建，公众说了算；钱花得值不值、项目是否达到要求让大家满意，也是公众说了算。由此改变了传统财政资金的使用方式，政府不再大包大揽社区事务，而是赋权让公众作决定。公众不仅有权过问预算，而且能够直接监督预算，甚至能参与到预算项目的实施中去。这就实现和拓展了公众的预算权利，不仅体现了赋权对激发和保护公众参与积极性的特殊功能，又实现了财政资金真正取之于民、用之于民，顺民意、由民定、民来管，体现了群众自治的本义。

2. 放权与赋权结合

厦门预算改革中不仅突出了赋权，而且注重放权与赋权的结合。赋权，着重解决了公众预算权利实现的问题；放权，则着重解决政府与社会边界和责任划分的问题。厦门结合深化街道职能转变和社区服务体制改革，进一步明确政府与市场的边界，厘清政社边界。按照"权随责走、费随事转"的原则，明确了社区承接事务范围及经费保障要求。对市、区、街（镇）和社区的职责作了重新划分，收回由社区承担的市政城管、交通监管、市场监督、危化品监管、安全生产监督、环保治理等行政执法类事项，由市、区政府相关职能部门组织执行，减轻了社区负担，推进社区自治和服务功能"回归"。按照城市社区、农村社区、村改居社区三类社区类型，由市民政局会同有关部门制定《厦门市社区准入事项清单》，在此基础上，由各区结合本地实际，根据不同类型社区进一步完善社区依法履职事项、社区协助政府工作事项、社区依法依规组织开展监督事项和公共服务可下放延伸到社区工作站事项等"四张清单"。2013—2015年，厦门为社区精简行政事项63项，下放权力94项，"减牌"16790块、达60.3%。同时通过政府购买服务等方式，将面向社区的事务性管理服务事项和适宜向社会购买的公共服务事项交由社会力量提供，凡社会能办好的，尽可能交给社会力量承担，制定的《政府购买服务指导目录》，对政社边界进行了具体划分。

3. 确立了治理导向

厦门的社区公共预算改革的治理导向定位明确，做到了三个结合：第一，预算管理与预算民主相结合。公众直接参与预算管理，是预算民主的重要标志之一。通过"以奖代补"项目预算，保障了公众全程参与预算决策、全程监督资金分配、全程评价项目成效，公众的参与感、获得感、认可度从中得到提高，不仅大大提高了预算资金的使用效率，而且大大激发了公众参与社区事务管理的主动性与自觉性，促进了民主自治。第二，预算改革与政府改革相结合。在传统的预算体制中，社区预算不是独立的一级预算，因而在预算改革中被忽视。但社区恰恰是联系公众最直接最紧密的社会层次，受历史和制度影响，中国的社区实际上还承担着部分重要的基层政府职责。厦门以社区为结合点，有效整合了预算改革不系统与政府改革不充分的问题。社区预算建立在政府（特别是街镇政府）转变职能、放权赋权的基础上，反过来社区参与式预算的实施，又推动着街镇职能转变，街镇工作重心从组织经济发展任务转移到组织保障公共服务、公共管理和公共安全等社会治理工作上来。相应地，街镇公共预算的重心也从重收入转向支出管理高效化、民主化上来。第三，完善治理层次与拓展治理空间相结合。一方面，以公共服务分级提供和预算资金分配使用为脉络，以项目为载体，形成了"街道办事处（镇）—社区居民（村民）委员会—社区社会组织—社区居民"的多元化、多功能、协同治理的基层治理层次，激发了基层治理活力。另一方面，推进政社分开，政府与社会组织分享权力、资源、共同提供服务，使社会组织的成长空间大大拓展。社区社会组织蓬勃生长，覆盖面日趋广泛，作用和影响不断增加，政府与社会组织和公众合作信任关系逐步建立。到 2015 年全市登记备案社会组织 3053 个，其中社区社会组织 966 个。各社区还成立了一批文体等各类活动组织和志愿组织。它们吸引了大量居民参与，其中全市注册志愿者就达 45 万人。2016 年 8 月，厦门市政府发布《厦门市自然灾害救助应急预案》，明确提出可通过政府购买服务等方式给予支持和引导社会力量自愿参与救灾工作。一个多月后，2016 年第 14 号超强台风"莫兰蒂"登陆厦门，登陆时中心附近最大风力 15 级，登陆点实测最大瞬时风力达到 17 级。这是 1949 以来登陆闽南的最强台风，多项气象、水文记录被打破，对厦门造成了严重损失。在随后的灾后恢复重建工作中，居民及志愿组织自发走上街头社区开展互助行动，移树清障、清理淤泥、清洁卫生，大大加快了城市重建进程，创造了救灾工作的"厦门速度"。在这个过程中，市政府将购买救灾服务作为一项重要的措施，鼓励本市和周边地区的园林绿化公司、经营单位参与抢救路边倒伏大树及公园绿地的绿化恢复工作，有效地激发了社会救灾的积极性，政府救灾与社会自救形成了良性互动与强大合力。

二、厦门公共预算改革的主要成效

1. 实现了公众更高程度的参与

厦门在社区层面实现了公众实质性的参与预算，这是厦门公共预算改革所取得的重要成就。在传统的政府预算体制下，普通公众被排斥在预算设计、决策之外，公共管理者总能找到限制公民参与预算的理由，比如时间约束，认为参与规模的扩大会拖延决策。新公共管理运动改变了政府对于公众参与的态度，政府预算决策越来越对公众开放。但在多数情况下，公众参与预算决策主要是决定项目，并不直接成为项目或服务的提供者，更不会是管理者。公众通过委托—代理机制，让政府或私人部门担任生产者或提供者的角色。在厦门的社区实践中，居民全过程参与了预算，不仅实现了获取信息及赋权的目标，更通过直接参与项目规划、预算、采购、实施、评价，以及项目后期的管理、运营，使社区项目成为居民利益诉求的有效集合，居民成为项目和服务的提供者、使用者和管理者，从而实现了更高程度的参与。厦门市思明区中华街道镇海社区党委书记苏江圳表示："社区环境要不要改，改成什么样，裁决权在居民那里。"提到社区变化，他说："要是靠等政府一不会这么快，二做了也不一定是居民们想要的。"① 到 2015 年底，全市共实施了近 2000 个以奖代补项目，其中约 1600 个项目已完成，共覆盖 326 个社区，占总社区数的 67%。

2. 提高了预算资金的效率

传统政府预算资金使用效率低下有多种原因，其中一种在于政府预算的成本与收益相分离，以政府垄断分配为中心的制度设计决定了政府投入的收益因为遥遥无期而难于得到公众认可。安东尼·唐斯（Anthony Downs）比较了公共部门交易与私人部门交易之间的显著区别，他指出：政府预算的成本和收益在时间、空间上是不均衡的，许多政府行为所带来的效益都离收益者很遥远。为此，估计政府贡献或成本时会发生扭曲。私人交易以平等交换为基础，交易人事先会知道其成本和收益。"与税收或私人收益相比，大部分的政府效益在性质上是遥远的。由于人们对遥远的政治事件是理性无知的，他们并没有完全认识到自己接受了政府效益。然而，对于他们支付的税收及他们为支付税收所牺牲的私人利益却有清楚的了解。由于这个不平衡，执政党不能在民众的许可下按照其效益的真实价

---

① 江曙曜、张小燕、吴晓菁：《全面深化改革的美丽实践》，《厦门日报》，2014 年 1 月 14 日。

值进行支付。"①因此，即使是政府通过外包将某些公共服务市场化，政府仍然不能按最低成本进行支付。例如，在一些基础设施工程的政府招标中，以最低价中标企业仍然能够利用各种压力（如"献礼工程"等"政治"工期、市场环境变化导致可能烂尾、公众加码的拆迁补偿要求等）迫使政府追加投资。厦门的社区预算改革创造了新的方式：社区居民可以向市场直接购买产品或服务，再由政府以"以奖代补"方式进行财政资金投入。这种方式可分为两个阶段：前一阶段在性质上是一种私人交易，能够有效控制成本并确保收益，后一阶段反映了政府责任，政府以市场交易的价格进行投入，这就弥补了政府成本扭曲的问题。这种方式无疑在提高预算资金效率上比政府提供甚至是政府购买更具有优势。此外，厦门在社区项目管理上采取了类似 PPP 的方式，调动社区居民自行筹资与后期管理的积极性，等于减少了政府投入。以厦门市思明区为例，该区 2014 年共实施"以奖代补"项目 311 个，涉及 59 个社区，总投入金额 1290.22 万元，其中群众自筹、企事业单位捐资共 766.97 万元，占总投资额 59.45%。2015 年共实施"以奖代补"项目 434 个，涉及 63 个社区，总投入金额 2451.7 万元，其中群众自筹、企事业单位捐资共 986.4 万元，占总投资额 40%。

3. 创新了公民参与预算的技术工具

随着当代公共预算改革及社会治理变革的发展，实践中涌现出大量的参与技术方法。约翰·克莱顿·托马斯（John Clayton Thomas）对此进行了总结，他认为，总的说来，参与技术的设计主要分为两类：一类是仅仅以获取信息为目标的公民参与技术；另一

---

① ［美］安东尼·唐斯：《为什么民主国家的政府预算过小》，见阿尔伯特·C.海迪等：《公共预算经典（第二卷）：现代预算之路》第三版，苟燕楠、董静译，上海：上海财经大学出版社 2006 年版，第 371 页。

类是在互动中，以获取公民对政策的认可和接受为目的，赋予公民一定的影响权力。[①] 厦门在社区公共预算改革中，将这两方面技术有机结合起来，并进一步将赋权与公众直接参与联系起来，从三个方面创新了公民参与预算的技术工具。一是公众全过程直接参与的"以奖代补"项目制，公众知晓项目运作全过程，对项目预算的决定权较一般的项目制更高。而且通过"认养"、"认捐"、"认管"等方式，公众直接参与项目的管理或维护；二是定位于社区的政府购买服务，政府定期听取社区公众诉求，公众利益的表达和被承认程度较政府主导的简政减负的购买方式更高。大力培育的社区社会组织，与社区居民具有天然的亲近优势，在承接政府购买服务中更能保证忠实于公众的意愿；三是通过智慧社区建设等平台，为社区居民提供了更加日常生活化的便捷参与渠道。全市大力建立和完善信息化服务网络平台，建成了 403 个网格化服务管理信息平台和"i 厦门"、"社区云平台"等一批智慧社区服务平台、254 个城乡社区综合服务中心，形成"微自治"的参与网络。

4. 加强了社区认同与社会资本积累

中国的城市化快速转型，削弱了传统的社区居民关系，也没有及时填补"单位"依附关系被打破后居民社会生活形成的空白地带。厦门的社区预算改革不论是激励公民直接参与社区生活，还是参与社区社会组织，都大大有利于居民获得了归属感，加强了社区认同，新老居民深度融合，对社区服务管理的满意度、自豪感、信任度持续保持在较高水平。客观上推进了社会资本积累，推动了基层治理改革，基层群众对政府的信任度不断增强，为全面深化改革奠定了良好的环境基础。社区公共预算改革，起到了通过预算的制度化分

---

① ［美］约翰·克莱顿·托马斯：《公共决策中的公民参与》，孙柏瑛等译，北京：中国人民大学出版社 2010 年版，第 61 页。

配将公众参与纳入有序化、法制化轨道的作用。通过建机制、设项目、配资源，让群众知情有渠道、参与有平台、监督有手段、共享有机会。全市城乡社区普遍成立了乡贤理事会、社区理事会、社企共建理事会和"四民家园"（民声倾听室、民情调查队、民智议事厅、民心服务站）等协商共治组织；建立和完善了居民（代表）会议、社区事务协调会、听证会和社区民主监督评议会、村民议事会、道德评议会等协商会议机制。真正实现了社区居民与社区组织、基层政府间的决策共谋、发展共建、建设共管、效果共评、成果共享，真正发挥居民群众的主体作用。

三、启示与挑战

1. 经验启示

厦门的实践为我国基层公共预算改革提供了又一条选择路径：首先，通过赋权将政府的预算控制权下放给社会组织和公众，实质上是让公众分享过去由政府垄断的预算管理权力和资金，更加强化了公众对公共预算的直接监督。其次，以实现公众预算权利为核心，开放公众全过程参与、监督，激励公众利用好预算资金实现自我管理，使赋权与自治结合起来，促进了公众的有序参与，提高了民主参与水平。再次，推进民主协商渠道和机制形成等配套改革，增进了公众对政府的信任，构建了新的政府合作伙伴关系，为公共产品生产和服务提供创造了更多、更有效率的选择。最后，政社分离，为社会发展拓展空间，完善了治理结构。如果说新公共管理解决了公共预算市场化的问题，那么赋权参与解决了公共预算社会化的问题。前者促进了效率提高，后者增进了民主发展。

近年来，地方治理创新不断出现，社会参与逐渐成为地方政府治理创新的主要方向，地方政府在公共事务治理中赋权社会组织和公民参与公共事务的决策、执行以及监督评估等。有的学者认为，赋权参与是参与式民主的起点，在我国应是社会治理中社会协同与公民参与的起点。参与型民主强调在公共政策制定过程中公民有权利和机会参与决策，强调在公共生活的各个领域中公民的参与，赋权参与使其操作化成为可能。① 在新公共管理者看来，赋权是政府再造（reinventing government）的一项重要战略。戴维·奥斯本和彼德·普拉斯特里克（Peter Plastrik）认为赋权有三种途径：组织赋权、雇员赋权和社区赋权，其中社区赋权途径最为困难，"但其影响更为深远，因为它将官僚机构的权力外移至社区。再造者通过使用社区赋权，将控制权交给邻居、公共住房承租者、学龄儿童的家长及其他社区等。"② 厦门市恰恰立足社区赋权，并探索了一条依托公共预算改革的路径。这条路径不只是政府与社会形式上的分权，而是将权力下放与资源、管理、服务下沉有机结合起来，形成了政府权力与公民权利的有效互动，并且促使政府放弃部分既得利益和资源，腾让出社会组织发展和公众自治的空间，实现了权力、资金、利益的再平衡，从而使公众参与与民主化得到实质性发展。基层预算民主也成为党内基层民主、基层群众自治、基层直接选举、企事业职工民主等方式外新的可行的基层民主实现形式，丰富了我国基层民主的发展体系。

厦门社区公共预算改革充分说明公共预算改革尤其是民主化能够回应社会转型挑战，治理取向的公共预算改革具有较强的预算制度整合功能，在效率与公平间找到平衡点，有助于消除预算失衡引

---

① 郑晓华：《社区参与中的政府赋权逻辑：四种治理模式考察》，《经济社会体制比较》，2014 年第 6 期，第 95—102 页。

② ［美］戴维·奥斯本、彼德·普拉斯特里克：《摒弃官僚制：政府再造的五项战略》，谭功荣、刘霞译，北京：中国人民大学出版社 2002 年版，第 217 页。

发的冲突，对于在当前中国经济社会发展尤其是跨过"中等收入陷阱"具有重要启示作用。

2. 问题挑战

一是公众能力需要提升。 厦门虽然提供了一个开放度相当广的预算参与平台，激发了公众广泛的参与热情，但在实践中仍反映出公众参与能力不足的问题。一方面，普通群众还存在把预算投入项目作为应得福利而非自治载体的认识，"福利感"大于"权利感"影响到了群众参与主动性的不足，也不善于充分利用各种社会参与工具来表达意愿，主要靠基层党政干部宣传发动。另一方面，社区专业人才严重不足，公众直接参与的项目主要还集中在环境美化方面，社区发展项目相对还不够多，有些服务项目质量上还有待于进一步提升，也影响到公众的认同。改革已进行了三年多的时间，仍有一些社区不能较好地形成治理氛围。当然参与式民主本身就是一所学校，只要沿着这条路径坚持走下去，公众必将在参与中不断学习、提升其参与技能与水平，并将不断提高其民主素养和公共精神，提高民主的质量。

二是简政放权需要进一步深化。 社区公共预算改革尽管发生在最基层的社区自治层面，但仍然受到现有政府管理体制的制约，现有的财政拨款体制与社区自治还存在诸多不适应、不配套的问题。主要表现在两个方面：其一，财权体制与治理体制不一致。社区不是财政预算的层级，但是重要的治理层级，而要实现民主治理，就需要把部分行政事权下放到社区，让社区有平台、有资源、有手段去提供服务，解决社区问题。但是，由于财权与治理权安排不一致，现实中一些基层确实需要的权力放不下来，或是出现"空放"、"虚放"的现象。社区居委会等自治组织为了获得资源支持，不得不成为上级行政"条条"部门进行考评、验收的末端，一些社区居民自治组织存在行政化的倾向，缺乏足够的精力和能力开展社区自治工作；其二，行政干预还比较多。虽然厦门市成立"缔造办"来整合各种"条条"资金，但在实际操作中主要实现对资金总额的统筹，来自各种"条条"渠道的资金仍要按各自程序再进行审批，造成了资金审批环节较多，时间跨度较长，影响到公众参与的积极性。

三是直接参与的范围有待拓展。目前社区开展的直接参与预算项目，多集中于服务功能相对单一、规模相对较小的项目，如何在更大规模、更高层次（如街道、镇）上实现公众直接参与，还需要进一步的探索。公众的预算参与如何与其他方式的民主参与进一步结合起来，以预算民主推动其他形式基层民主发展，还需要继续探索。社区公众的直接参与预算与其他层面的基层预算民主形式如何整合，也有待于进一步探索。此外，应该看到与拉美国家预算赋权实践相比，中国的基层政府具有更加强大的预算收入组织能力，目前预算赋权主要是解决支出分配的问题，社区公众可能过度关注于如何"分利"而非"自治"，保障社区服务的资金主要来源于财政而非社会与市场，政府在制度设计上仍然具有对社区预算决策进行影响的优势，从而导致治理目标偏离，如何避免公众直接参与预算简单化、形式化仍然是今后改革中值得关注的问题。

结　论

　　党的十一届三中全会以来，中国波澜壮阔的改革开放事业取得了巨大成功，体制变革之深、影响之广前所未有。在这个过程中，公共预算制度的重要性日益凸显，公共预算以及以之为基础的公共财政制度改革逐步站到了改革的前沿。当前，中国进入全面建成小康社会的关键阶段，改革进入攻坚期和深水区，中央提出了推进国家治理体系和治理能力现代化的改革新目标。新一轮的改革，着眼于全面和深化，尤其要强调改革的系统性、整体性、协同性。制度变迁有其规律，制度不是单一体而是由多种要素构成的复合体，若干制度间存在着的互补性特征和协作效应，特定领域的制度形态与功能的变化，最终都会引起重大的制度变迁。[①] 实践表明，公共预算制度是现代民主制度的重要构成，它以其独特功能处于社会秩序构建的关键位置。现代公共预算制度确立以来，公共预算改革对社会政治、经济发展的影响越来越大，公共预算改革在当代已显然成为了治理变革的引领与先导。20 世纪 90 年代以来，中国逐步建立起了公共财政与预算体制，党的十八届三中全会确立了公共财政与预算

---

　　① ［韩］河连燮：《制度分析：理论与争议》第二版，李秀峰、柴宝勇译，北京：中国人民大学出版社 2014 年版，第 92—93 页。

制度在国家治理中的"基础"和"支柱"地位。"党的十九大立足于新时代新要求，明确坚持以人民为中心，坚持全面深化改革，着力解决发展不平衡不充分的突出问题，并进一步提出加快财政与预算制度改革，建立权责清晰、财力协调和区域均衡的中央和地方财政关系。"因此，与三十多年前推动改革相比，公共财政与预算成为改革突破口与重要载体工具的条件更加成熟。同时，着眼于适应全球政府改革趋势与中国治理现代化目标，基层公共预算改革尤其有必要成为公共财政与预算改革的重中之重。基于以上考虑，本书通过对公共预算制度、功能以及公共预算改革发展的理论分析与历史梳理，力求回答当前中国推进基层公共预算改革亟需加以进一步明晰的主要问题，弄清公共预算改革的性质和机理，明确中国基层公共预算的定位、方向和路径选择。经过对近年来中国基层预算改革特别是参与式预算重要成功案例的分析总结，本书认为，中国基层公共预算改革有效推动了基层治理发展，一条以预算改革和预算民主发展推动治理现代化的道路逐渐变得清晰起来。

一、深化对公共预算制度与功能的再认识

公共预算同时具有技术属性与政治属性，这一认识在长期的公共预算发展过程中却是模糊的。20 世纪 50 年代以来许多学者努力证明了公共预算的政治属性，但在具体实践中技术属性与政治属性认识仍会发生偏差，表现为政策制定中"经济逻辑"与"政治逻辑"的矛盾。相对西方发达国家，中国的公共预算制度还很年轻，体制、机制上还存在着许多不完善、不健全的地方，传统计划体制和管理方式的影响仍然存在。中国确定建立现代公共预算制度方向至今大约 20 年左右时间，其间改革主要沿着技术路线推进。中国的公共预

算改革中一直存在着"政治困惑"。① 我们对公共预算技术属性与政治属性缺乏全面和辨证的认识，公共预算改革忽视甚至回避着公共预算的政治属性。一方面，承认公共预算改革的必要性，但对预算改革会改变政治过程保持着谨慎的态度；另一方面，更加谨慎地看待预算改革所受到的政治约束，而预算改革恰恰需要政治过程的某些改革。预算改革必然且最容易触及权力、权利、资源、利益等重新调整，每当遇此，预算改革就会变得小心翼翼，裹足不前。为了防止预算改革带来政治风险，最保险的选择当然就是技术路线。造成"困惑"的原因是多方面的，但与我们对公共预算制度与功能的认识落后于实践发展有着十分直接的关系，因此，很有必要对公共预算制度与功能进行深入的再认识。

首先，需要高度重视公共预算是实现民主的一种机制。总体上，现代公共预算与早期的公共预算概念相比发生了很大的变化，公共预算不仅从对政府收支进行财务统计分析的方法发展成为政府管理的工具，还从四个方面得到了拓展：一是公共预算与权力控制紧密联系，预算法定并受到人民监督；二是公共预算与政府责任紧密联系，规定着政府行为的边界和恰当性；三是公共预算与公民权利紧密联系，公众参与预算并与政府、非政府组织结成了新的合作伙伴关系；四是公共预算与价值实现紧密联系，预算过程创造并实现公共价值。因此，公共预算既是配置资源的效率工具，是经济与社会政策手段，又是实现民主的机制。在具体的功能上，近年来也出现了新的特征。现代公共预算在历史上曾展现了控制、管理和计划三种基本功能，在当代，随着新公共管理运动的发展，公众在更高程度与更大范围参与了预算决策，形成了新的预算结构，公共预算从

① 马骏：《中国预算改革的政治学：成就与困惑》，《中山大学学报》，2007 年第 3 期，第 67—74 页。

而鲜明展现了治理功能，充分体现预算是人们"一致和解的过程"的性质。基于治理的公共预算，越发强调合作、协商与民主的精神，与传统预算模式下预算权力角逐斗争的面貌相去甚远。因此，正确认识公共预算的这些变化，正确把握当代公共预算的制度功能，不是要挑起预算权力纷争，而是为了使中国朝向善治的制度变革提供新的视野与选择。

　　其次，需要充分认识公共预算具有平衡社会关系的独特作用。 除了对公共预算重要性的认识没有与时俱进外，公共预算的平衡机制也为人们所忽视。公共预算本身如同平衡社会关系的一部"精巧"机器，是现代民主社会所必备的重要组织构成。通过分析公共预算中存在的权力平衡、资金平衡、利益平衡、时间平衡、文化平衡等机制，本书提出，现代公共预算是为了平衡与控制冲突而设计的一项民主制度，实现平衡是对公共预算的重要约束。而公共预算改革的目的，乃是当平衡被打破后，实现新的平衡，这种平衡特性有助于制度稳定。历史表明，正是在平衡到失衡再到平衡的过程中，公共预算改革表现出了钟摆式的周期运动。本文认为，西方发达国家在经历了长期发展后，建立起了相对完善的公共预算制度，但长期受到政治—行政"二分法"的深刻影响，现代公共预算制度事实上发展出了两大制度体系：一是以追求效率为核心的制度体系，二是以追求民主为核心的制度体系。当效率与民主被截然分开甚至对立起来后，两者分别处于制度天平的两端，公共预算改革也基本上是在效率压力与民主压力之间来回作出"应时"的选择摆动，这在一定程度上解释了公共预算制度改革钟摆式运动的成因。

　　再次，需要正确把握基层公共预算及改革的特殊性。 与西方国家政府结构三级分级不同，中国实行的是中央—省—市—县—乡（镇）五级分级，因此一般将基层政府定位于县、乡（镇）两级政府。相应地中国存在五级预算，但是这种体制造成了政府层级过多、预算管理低效和碎片化等问题。从中国公共预算改革方向要求与现实体制内部存在的权力、责任、资源交叉等情况看，中国基层公共预算的范围不应等同于基层政府。本书提出，应构建中央—省—基层公共预算的三级预算结构，基层公共预算是指省以下各级公共预算的综合。从全球地方政府改革的经验来看，基层公共预算改革能够迅速推进的主要原因：一是立法与行政权的冲突和协调在规模、程度、频率等方面要小得多，改革的政治约束少；二是传统公共预算的职能相对单一，要求通过改革拓展职能；三是公共预算平衡更不稳定，更容易引发改革。中国基层公共预算也面临着诸多问题，预算失衡对加快改革进程提出了新的要求和压力。

二、基层公共预算改革的方向

改革都有自己的目标，或长期或短期，或全面或局部，但只有符合自身客观发展规律，顺应社会历史发展方向的改革才能取得最终的成功。公共预算改革有其自身发展规律，作为平衡机制，改革因失衡而起，为平衡而改。失衡涉及权力、利益、资金、时间、文化等多个层面，单一独立的改革成效有限。比如，要解决资金分配低效不均问题，不只是要重新科学配置资金，还需要对分配资金的权力进行重新配置。要想管好"钱袋"，先得管理"钱袋权"，而要管理"钱袋权"，就涉及预算民主建设等更为复杂的制度问题。历史上，为了实现预算平衡，人们从技术与政治方面设计了多种约束条件，最终演进为以民主为根本约束。公共预算改革的历史同时也是预算民主化的历史，治理现代化发展与民主发展并行不悖，治理现代化揭示着当代公共预算改革的方向。

在不同的历史时期，公共预算民主化呈现出了不同的特征，预算民主发展具体体现在七个方面：一是从对预算权力的控制来看，经历了从约束私权（限制王权）到监督公权（政府权力）再到公众享有预算权力的过程；二是从预算体制上看，经历了从权力集中的单一结构向权力分散的多元结构再到赋权协商的复合结构的过程；三是从预算主体上看，经历了立法或行政机构单主体控制到立法与行政双主体制衡再到立法、行政、非政府机构、利益团体、公众等多主体共同参与的过程；四是从预算目标上看，经历了从控制到管理再到治理的过程；五是从预算过程上看，经历了从政府封闭决策到透明决策再到公众直接参与共同决策的过程；六是从预算结果上看，经历了从追求效率到追求效力再到创造并实现公共价值的过程；七是从公众预算权利实现上看，经历了从投票人（委托人）到顾客再到问题解决者、共同创新者和积极治理者的过程。① 到今天，这些变化的结果塑造了决定公共预算改革与发展方向的约束性条件。

中华人民共和国成立以来，中国初步建立了国家预算报告和审批制度。但长期存在有基层政权无基层预算、有国家预算无公共预算的问题。因此，通过财政分权逐步完善建立了基层预算和从国家预算向公共预算转变成为中国预算制度改革制度变迁的两条主要脉络，而恰恰是预算分权与公共化推动了基层公共预算民主发展进程。当前，基层公共预算与经济社会发展不相适应的问题十分突出：一是财政增收乏力，收支矛盾突出，平衡压力大；二是政府间事权与支出责任不匹配，政府与市场边界不清晰，支出结构不合理；三是粗放管理，不注重绩效评价，预算支出效率低下，存在浪费现象；四是基层区域间财力不平衡，部分基层财政困难问题依然突出，政府债务风险过大；五是预算管理机制不健全，约束不规范，监督不完善，预算公开不足；六是预算改革推进不够深入，系统性、协同

---

① John M. Bryson, Barbara C. Crosby and Laura Bloomberg, "Public Value Governance: Moving Beyond Traditional Public Administration and the New Public Management", *Public Administration Review*, Vol.74, Iss.4, 2014, pp.445-456.

性不强，政策碎片化。本书通过对东部、中部和西部各地存在的问题及突出程度排序，认为当代中国基层公共预算面对着复杂的失衡困境，基层公共预算失衡仍然可以从权力、利益、资金、时间、文化等层面表现出来。

本书分析认为，造成失衡的主要原因来自四个方面：一是参与扩大挑战原有平衡机制。参与扩大引起预算主体的角色变化，打破了原有的围绕政府的预算分配权力平衡，公众的直接利益表达将会挑战政府的先验公共利益安排，进而形成资金失衡的巨大压力。中国长期以来的经济高速增长固化了预算"分蛋糕"模式，政府手中握有相对充足的资源来平衡社会需求，但在公众参与扩大背景下，经济一旦降速，就会强化利益竞争，现行的预算体制中总体上没有相应的竞争性分配体制来作出回应。二是预算功能冲突影响改革持续深化。中国基层公共预算改革定位目标认识不清晰、不稳定，控制、管理、计划、治理功能导向下的不同改革措施交织而出，导致预算制度设计的碎片化。单一预算改革不能持续彻底，断断续续、反反复复，影响了改革的系统性。三是政府信任关系转型缺乏充分预算变革回应。当前中国既没有建立起稳固的契约型政府信任关系，也缺乏系统建立合作型政府信任关系的探索，这对基层公共预算及其改革形成了负面的影响。在不信任条件下，公众参与扩大的结果可能是失序甚至破坏性的，缺乏稳定的信任关系导致基层公共预算改革难以获得社会的更大支持，公共预算制度也就失去了其独特的平衡作用。四是基层公共预算改革的协同性不够。公共预算改革的内容多集中在技术性、管理性领域，公共预算缺乏规则约束，同时分别由中央和地方基层为主推动的自上而下改革与自下而上改革也存在着技术性改革与政治性改革不协同的问题。自上而下推动的主要是技术性改革（如预算管理的科学化、精细化改革），自下而上的改革更多反映了公众参与扩大后基层的预算权力重构、预算权利实现等内容（如参与式预算改革）。

因此，着眼于在新的形势下建立新的预算平衡，当前的基层公共预算改革已不能再满足于技术路线，而需通过扩大公共预算民主，来有效回应参与扩大提出的挑战，并以预算决策民主化来提高政府绩效，增强公众对政府的信任，为改革提供持续的支持与动力。当代中国基层公共预算改革已不能满足于技术路线，还须更加鲜明地确立预算民主发展方向，按照治理现代化的要求进行系统设计改革路径。在制度意义上讲，确定了民主方向的公共预算改革，已经成为政治体制改革的重要内容。

三、基层公共预算改革的路径选择

近年来，中国基层公共预算改革开始与基层民主建设结合起来推进，预算改革与民主决策探索找到了越来越多的结合点，特别是围绕协商共治、化解分歧、解决冲突、维护公众权益与基层稳定，基层公共预算改革融入了基层民主治理的改革议程，为更进一步推进公共预算民主化奠定了良好的基础。当前中国基层公共预算改革在推进预算民主方面已取得了一些成功的经验。本书认为，在当代中国若干基层公共预算改革尤其是参与式预算改革样本中，焦作、温岭、厦门的探索对于中国基层公共预算民主化改革更具典型意义。通过对三地改革创新进行实地调研和持续跟踪分析，本书认为，焦作、温岭、厦门的基层公共预算改革经验和做法，基本上反映了符合中国国情的基层公共预算改革的可行性路径，对于全国范围的基层公共预算改革具有重要启示意义。同时，焦作、温岭、厦门的实践，反映着不同经济社会发展水平下基层公共预算改革重点，对于中国基层公共预算改革分阶段分步骤推进也具有重要的参考价值。

历史经验已表明，治理现代化视角下的公共预算民主化，至少通过公共预算权力结构的民主化、公共预算运作机制的民主化、公共预算价值理念的民主化来体现。因此，推进治理现代化进程中的基层公共预算改革，需要同步发展预算民主。当代中国基层公共预算改革的路径包括以下主要方面：

1. 以理顺权责关系为基础完善权力结构

第一，体现党的领导权。党的地方及基层组织对本地区的政治、经济、文化、社会及生态文明建设实施全面领导，当然包括对公共预算决策的领导权。党的领导权不等同于预算制定权，但党的领导权必须以一定的形式在公共预算决策中得到体现。党通过制定宏观经济社会发展重大方针政策来规定公共预算方向和资源配置重点，通过党内民主形成关于预算分配的意志，通过政治动员形成社会预算协商的共识，并进一步通过分设于人大、政府、政协以及基层社会组织中的党的机构来指导、影响相关主体合法有序进行预算权力分配。在预算决策过程中，各级党的地方及基层组织要成为社会主义民主价值的维护者、预算协商的组织者、民主决策的推动者。

第二，实现人大的预算立法监督权。人大是法定的公共预算审批机构，同时是预算监督机构与问责机构。现行基层公共预算体制中人大对政府的预算控制权已明显失衡，要进一步强化人大预算立法的独立性，提升人大的预算控制权，特别是赋予人大以预算修正权，真正从程序和实质两个方面，在预审、初审、大会审议、预算执行与调整、决算等各阶段发挥作用，对政府权力运行、资金运作进行全面有效监督。人大审查是将党的意志转化为政府具体政策的关键环节，人大常委会与党委常委会之间需要建立起经常性的公共预算沟通机制，在公共预算的重要原则与目标上取得一致。

第三，重塑政府的预算权。本质上，政府的预算权由人民赋予，是由立法机构依法授予的预算执行权。由于历史与体制原因，政府获得了预算控制权。要切实转变政府长期以来形成的预算分配垄断者的权力角色定位，按照治理要求，明确政府的契约责任，规范细化量化公共收支项目以划定政府权力边界，基层政府的预算执行重点要从资金分配向提供服务转变。政府预算追求的不是自身的利益最大化，是通过预算执行使公众最关心的东西得到最大表达，创造实现公共价值。当前，过于集中的政府预算权需要进行新的分权、放权及赋权，以解决政府预算执行自由裁量权过大、随意性过大、对市场干预过多等问题。

第四，强化政协的预算参与权与监督权。政治协商是中国社会主义民主政治的要求和特色，政协参与预算决策是公共预算民主化的内在要求。政协依靠人才专业优势，能够长期对同一领域的各方面问题进行深入研究、跟踪监督，可以向党委政府提出专业性强的预算制定意见建议。政协对公共预算实行民主监督，是对人大预算监督权的重要补充。例如北京等地政协成立财政预算民主监督组，在对政府预算权监督上形成了切实可行的机制。

第五，扩大公众的预算参与权。参与预算是公众重要的民主权利之一，公众不能排除在预算决策之外。在新的治理模式下，公众已成为问题解决者、共同创新者和积极治理者。基层公共预算改革需要将公众预算权的实现放在重要位置，不但要保障好公众预算知情权、表达权和监督权，更要创造条件使公众的参与权能够落实到预算全过程，促进基层群众自我管理和服务。

第六，规范社会组织与企业的受托权。要重视社会组织、企业在提供公共服务中具有的重要作用，又要加以规范和引导。在本质上，社会组织与企业获得的只是受托权，它们无权决定预算，但不可否认它们在影响预算决策。通过授权与服务外包等形式，政府将社会组织与企业纳入有序参与中，进而与其他预算参与者形成治理的伙伴合作关系。

2. 以优化政府权力运行为关键进行过程再造

第一，在预算编制酝酿过程中充分体现分权协商。优化政府权力运行，要使权力能够保障民意充分表达。基层公共预算改革需要打破政府对预算的垄断权，由包括党委、人大、政协、公众、社会组织和企业等多个预算参与者进行协商。特别在政府编制预算与人大预审、初审阶段，采取包括民主恳谈会、决策咨询会、专家论证会、社会听证会、民意调查、项目公示等多种形式就预算进行协商尤为重要。应将政府编制预算与人大审查两个阶段有机结合，人大应提前介入政府编制过程，不仅就预算方案而且就重要项目广泛听取采纳社会公众的意见和组织论证，增强对政府编制预算的影响力，这样做也有利于提高人大大会审议和日后监督的针对性。温岭等地的经验表明，通过加强各预算参与者在预算编制酝酿过程中的分权协商，将政府预算权从一开始就纳入社会监督之下，并使政府预算绩效目标与结果管理更加有效。

第二，在预算集中管理过程中加强政府内部权力制约。优化政府权力运行，要使权力能够自我约束。当前基层公共预算还存在松散、碎片化等问题，没有预算的全面集中控制，就不可能实行充分监督，就谈不上预算民主。但在加强预算集中管理和控制的过程中，也要防止财政预算相关部门利益坐大、权力过于集中的弊端，实现政府内部权力制衡。焦作探索形成的预算权力内部控制机制具有启发性，将政府部门的预算编制、执行、监督、绩效评价等权力分离操作、相互制约，"管钱不花钱、花钱不见钱"，形成了有效的内部监督与约束机制。政府预算权力的自我约束，是政府预算权力保持公共性的重要条件之一。

第三，在预算全过程实现公开透明形成外部权力监督。优化政府权力运行，要使权力运行过程公开透明。信息越对称，公众越能有效监督政府的预算行为。信息越对称，预算委托人与代理人之间的策略不确定性就会降低，进而有助于维护运行机制的稳定性。当前基层公共预算改革要突出三个重点：一是既要重视信息公开，更要重视决策过程透明。预算公开透明不只是为了使公众查阅预算信息资料方便，也需要让公众了解决策过程，预算决策过程应该是开放而不是封闭的；二是信息公开透明必须是全面的。要按照全口径预算的要求，将政府预算编制、执行、决算等全方位的预算信息向社会公布，接受社会监督。当前，基层公共预算亟需增强中期财政政策和目标、与财政总额相关的风险、资产和债务的透明度，以增强外部对政府预算可预测性和潜在风险的控制；三是预算方案必需是易懂的。要求预算报告更加明细，以图文并茂的形式说明预算资金流向、项目进展、效果描述等，使广大基层群众也能看得明白，易于理解监督。当代信息技术的进步，使更高程度的预算公开透明成为可能。焦作的"财经沙盘"，就实现了数据图形化、管理可视化、决策平台化，以直观化、可视化的现代化技术手段为预算监督提供服务与支撑。

第四，坚持结果导向强化权力问责。对政府预算权力运行的结果进行评估并进行问责，才能形成对政府预算权力的完整监督链条，实现对权力的全面控制。基层公共预算改革要将预算监督重点从"政府所做的事"，延伸到"政府行为的结果"。因此，实行结果导向预算是十分必要的。问责强化着对权力的监督，问责的前提是对预算结果进行合理准确的评估或衡量。一是要通过政府会计制度改革等方式强化内部问责，当前以实施权责发生制政府综合财务报告制度为重点，评估政府履责情况；二是加大第三方评估机构成果运用，赋予第三方独立评估报告以足够权威，采信作为问责依据；三是接受公众的直接监督，发展公众参与预算，对预算权力结果作出直接的问责衡量判断。事实表明，通过衡量责任可以"减少政治俘获和官僚腐败"。对于衡量责任，"独立评估机制和开放的信息和愿望机制都是必须的。"①

3. 以协商赋权为重点普及公众参与预算

第一，提升参与式预算的层级。参与式预算是实现参与式民主治理的主要载体与工具，在这个意义上，参与式预算不能只局限于街（镇）、社区的层级，应向更多的基层公共预算层级拓展。将参与式预算改革局限于较低的基层层级，中外皆存在这种情况。主要的原因不是参与式预算所体现的直接民主不适合较高层级公共预算，而是改革设计者不恰当地设置了改革目标：改革是为了提高效率，还是为了扩大民主？有学者分析了加拿大蒙特利尔的参与式预算改革案例，发现省级政府推动参与式预算改革的首要目标是以规模经济和城市间更好分享资源来促进城市治理，发展城市民主清楚定位于第二目标。"将参与式预算局限在地方层次以下的主要原因在于分权化计划与参与式民主之间的矛盾，因为这两种程序没有被设想为一个过程的两部分，也没能被当作来自于同一个共同议程。"② 因此，要摆脱传统技术性改革与政治性改革相分离的理论束缚，重视参与式预算对于推进基层民主发展的重要作用，逐步将中国基层的参与式预算改革向县域、市域等更高层级拓展。事实上，在全球范围内并不完全只是低层级的城市实施参与式预算改革，如

---

① ［美］沙安文：《地方预算》，大连市财政局翻译小组译，北京：中国财政经济出版社2012年版，第193页。

② Caroline Patsias, Anne Latendresse and Laurence Bherer, "Participatory Democracy, Decentralization and Local Governance: the Montreal Participatory Budget in the Light of 'Empowered Participatory Governance'", *International Journal of Urban and Regional Research*, Vol. 37, No.6, 2013, pp.2214-2230.

在巴西、哥伦比亚在省级层次推行了参与式预算，秘鲁、多米尼加、英国等更是在国家层次颁布了适用于省及省以下城市的《国家参与式预算法》。

第二，丰富协商渠道。协商是公共预算的内在要求，基层公共预算改革在重视不断扩大公众参与的同时，更需要重视协商渠道的建设。目前基层公共预算中的公众参与多数定位于"以获取信息为目标"的公众参与，政府组织的各种公开展示、咨询、听证会、座谈会等，虽可以使政府与其他预算参与者更加充分地了解彼此预算决策立场，但如果缺乏必要足够的协商，就难于取得公众的认可并增进公众政策接受性。要把预算决策协商作为刚性规定，丰富协商渠道，特别是借鉴国外市民评审团、公民会议、焦点小组、代表论坛、共识会议等预算协商有效形式，结合中国基层实际，进一步完善政府、人大主导的预算民主恳谈会等机制，探索政协预算协商监督机制，在社区层面建立和完善居民（代表）会议、社区事务协调会、社区理事会、社企共建理事会、社区民主监督评议会、议事会等社会协商机制，使民意集中先于政府计划，体现民主预算理念。

第三，扩大赋权参与。赋权参与是公民直接和有效参与的行之有效的新方式。基层公共预算改革要坚持将政府权力、资源、服务下沉的方向，将赋权作为改革的重要手段。一方面，开展面向基层的组织赋权，街道（镇）以及担负着部分政府职能的社区居（村）民委员会通过扩大预算支配权和使用权，突出公共服务职能，在基层治理中承担新的责任。另一方面，让公众获得直接参与的预算赋权。在厦门的社区公共预算改革中，居民全过程参与了预算，不仅实现了获取信息的目标，更通过直接参与项目规划、预算、采购、实施、评价，以及项目后期的管理、运营，使社区项目成为居民利益诉求的有效集合，居民成为项目和服务的提供者、使用者和管理者，从而实现了更高程度的参与。

第四，提高公众能力。在精英主义或职业主义的公共预算体制中，普通公众缺乏专业知识和技能，通常容易被排除在预算决策圈外。参与式预算以公众参与为基础，必需大力提高公众参与预算的技能，推动民主决策。温岭 2005 年以来连续多年探索在民主恳谈会之前，邀请专家学者就预算的原则、程序、内容，以及基层人大代表履职等方面的知识，对人大代表及群众进行专门培训，有效提高了参与者的能力，保证了民主恳谈会的质量和实效。特别需要重视的是，参与式预算本身具有公民教育功能。参与式预算是一种创新的"公民学校"，通过参与式预算，普通民众学会了表达、尊重和决策的政治技巧。参与者变得更有知识、更民主，参与更积极，也更关心公共利益。参与者的协商和决策能力能得到很大提高。① 因此，加强对公众参与预算技能的教育培训，有助于提高参与式预算的质量和实效，而参与式预算的推广，则反过来促进了公民的民主意识增强和参与能力的提升。公众越胜任，民主的质量也越有保障。

4. 以预算民主为核心强化预算准则约束

第一，要树立预算准则约束的理念。预算准则是在公共预算演进过程中逐步形成并固定下来的，反映公共预算制度规定性和稳定性的基本原则，它是国家制度理性化的结果，是制度文明的重要成果。现代公共预算所形成的一系列准则，也是通过公共预算创造的公共价值，它是社会政治民主价值在公共预算领域的映射。强化预算准则约束，实质上是遵循公共价值管理，它不仅按照预

---

① 陈家刚、陈奕敏：《地方治理中的参与式预算：关于浙江温岭市新河镇改革的案例研究》，《公共管理学报》，2007 年第 3 期，第 77 页。

算准则通过制度设计来约束政府权力，还以公共价值或公共服务精神来界定公职人员的行政责任，影响公职人员的行为选择。20世纪中期以后，行政预算权的膨胀和泛市场化削弱了预算准则的地位，不论是全面性准则还是平衡性准则等传统准则的约束性都一一减弱，带来了预算碎片化与预算控制混乱等不良后果，也加剧了预算经济逻辑与政治逻辑间的冲突。预算参与主体遵守预算准则，能够提高预算行为的可预测性，进而促进协商效力提升。准则约束是预算纪律约束的一部分，中国基层公共预算制度尚不完备，更需以强化准则约束来弥补制度约束的漏洞，预算参与主体尤其是政府自觉按照准则要求规范自身行为，在准则的框架内进行协商，将准则要求体现在预算立法和制度建设中，逐步将预算发展纳入法制化、民主化的轨道。

第二，要培育发展民主预算文化。当代公共预算理论认为，预算是"文化再造物"，是政治想象的强有力的工具。公共预算远不仅仅是简单地分配政府资源的工作，它们还是塑造公共生活、国家制度、公众与国家关系的文化建设。公共预算改革运动不仅改变了行政管理的实践，它还改变了人们理解政府、认识自身与政府关系的方式。[1] 预算作为社会文化的构成要素，要表达的是人们之间的一种理想关系，即维持、增加或减少人们之间的差异。[2] 基层预算改革的顺利推进需要预算文化环境的支持，焦作的实践经验表明了基层能够长期持续进行改革的动力之一便是重视预算文化的培育，不断强化"公共权力属于人民，公共财政服务人民""财政乃庶政

---

① ［美］乔纳森·卡恩：《预算民主：美国的国家建设与公民权（1890—1928）》，叶娟丽等译，上海：格致出版社、上海人民出版社 2008 年版，第 2 页。

② ［美］阿伦·威尔达夫斯基：《预算与治理》，布莱登·斯瓦德洛编，苟燕楠译，上海：上海财经大学出版社 2010 年版，第 168 页。

之母，为民是理财之本""为民理财善政，权力就是责任"等理念，在全市形成了浓厚的公共预算改革创新的文化氛围，树立了强烈的改革创新意识。当前中国基层公共预算改革要对解决文化失衡的问题给予高度的重视：一方面继续巩固发展预算契约文化，促进基层公共预算各主体间委托—代理关系的建立，清晰界定政府预算责任，形成预算民主决策的法律秩序。引导预算参与主体通过正规、合法的渠道积极参与，实现依法理财和民主理财。另一方面培育发展合作文化，继续深化基层服务型政府改革，服务型政府改革不是简单的审批放权改革，而是朝向适应多中心合作治理模式、重在公共价值管理的制度变革。基层公共预算改革需要探索建立新型的合作机制，从基层自治性的预算分配做起，逐渐激发公众自主参与和自我管理的热情，形成基于合作协商基础上的新的政府信任关系。

第三，要在预算改革中进行价值重塑。制度主义认为，组织和组织变革是社会价值的体现，"行动是对信仰的肯定，对价值的坚持"。① 基层公共预算的价值追求已非传统上只关注效率与公平那么简单，而是围绕预算民主形成了一系列的价值追求，并体现于预算准则之中。当前中国基层公共预算改革需要体现社会主义核心价值观，在推进预算民主化改革中尤其需要确立以下价值：一是参与。公众参与是民主政治的实质性要素。基层公共预算改革要以扩大公众参与为出发点，在扩大参与中体现对各利益主体的包容，保障各利益主体的权利，提高协商水平，实现合作发展；二是透明。透明是监督政府最有效的手段，也是公众的重要预算权利，知情同意是

---

① ［美］詹姆斯·G.马奇、［挪］约翰·P.奥尔森：《重新发现制度：政治的组织基础》，张伟译，北京：生活·读书·新知三联书店 2011 年版，第 89 页。

民主治理的基础。① 预算透明要成为法律的刚性规定，预算编制、审批、执行、决算、评估、监督的全过程都必须依法通过一定方式向社会公开，预算的真实结果必须为公众所知晓；三是公正。对公民个人而言，社会公正需经社会资源在全体成员间进行平等合理分配方能感受。公共预算是分配的机制，是平等协商的机制，必需把公正置于价值的核心。当代中国公共预算要重点关注低收入与贫困群体，实现精准扶贫与发展成果共享；四是效力。公共预算要体现政府预算的责任与绩效，要坚持结果导向，加强社会与公众对预算过程与产品的评价，以人民满意不满意为衡量标准；五是平衡。平衡是公共预算独特的社会政治功能，通过调节社会权力、利益、权利间的平衡关系，支持社会秩序的稳定。因此，平衡在价值中是优先的。坚持平衡以坚持预算的全面性、一致性、年度性、稳定性为前提，放弃平衡则意味着放弃对预算及国家制度的约束，改革就失去了意义。当代预算发展虽然突出了灵活性，探索建立中期预算框架，但这一框架仍然以平衡为要求，是跨年度的平衡机制。因此，当前新一轮中国基层预算民主化改革路径选择的价值要求可以归纳为：参与是起点，透明是保障，公正是底线，效力是关键，平衡是优先。

5. 以协同推进为要求加快配套改革

基层公共预算改革不能脱离现行政治与行政体制的制约，基层公共预算改革要获得足够的独立性和活力，需要国家治理多个层面制度改革的协同配合。当前推进基层公共预算改革需要坚持总体设计、协同推进，要把基层公共预算改革放到全国公共预算改革乃至

---

① ［美］史蒂文·拉特格布·史密斯、海伦·英格拉姆：《政策工具与民主》，载莱斯特·M.萨拉蒙主编：《政府工具：新治理指南》，肖娜等译，北京：北京大学出版社2016年版，第490页。

政治与行政体制改革的大局中加以谋划，要与涉及政府管理体制的各项改革有机有序衔接，形成改革合力。中国公共预算体制总体上还停留在由权力秩序向法律秩序过渡的时期，预算权力配置不合理仍然是最大的改革制约。因此，当前亟需加快预算权配置。一是精简行政权力层级，使现行的五级预算层级向"中央—省—基层"三级预算层级转变，省和基层预算构成地方预算。二是合理进行事权划分。在处理好政府、市场和社会关系的基础上，按照公共服务受益范围，进一步合理划分中央、省与基层事权，最大幅度减少共同与交叉的事权。同时将支出责任与事权结合起来，最大限度减少中央对基层事务、省对微观事务的直接管理，发挥基层政府管理区域内各项事务的积极性。新近出台的国务院《关于推进中央与地方财政事权和支出责任划分改革的指导意见》，明确了财政事权由中央决定的原则，因此，在新一轮的基层公共预算改革中，自上而下的分权仍然是协同改革的关键任务。三是财力及资源下沉。加快中央、省与基层的收入分配改革，进一步深化税制改革，加强基层政府的预算收入能力，提高中央对地方、省对基层转移支付制度，减轻基层对上级的财力依附度，提高基层财力保障水平。基层公共预算改革需要进一步将财力与资源下沉到乡（镇）、街道与社区，促进基层自治和民主的生长。

同时，要坚持以经济社会发展水平为依据，分步骤分重点推进的方法。从本书重点分析的三个案例中可以得到如下启示：基层公共预算改革没有单一固定的模式，各地需要从实际出发，因地制宜地推进改革。推进改革要充分考虑当地社会经济结构与发展水平、环境的制约，选择好重点突破的方向，以提高改革的针对性和实效性。焦作、温岭、厦门的实践可以说代表了中国基层公共预算改革特别是参与式改革的三个阶段，也反映了不同改革路径的可行性。

在市场化水平不高，公共财政制度不健全、财力严重不足的条件下，改革宜以控权和监督为重点；在市场化水平较高，基层民主发展较好、政府财政能力不足的条件下，改革宜以放权和协商为重点；在市场化水平较高、城市文明与发展水平较高、社区自治基础较好、社会秩序稳定、政府财政能力较强的条件下，改革可以赋权和参与为重点。

综合以上研究所述，本书的结论是：对于中国基层公共预算改革而言以人民为中心是必须坚持的根本原则，治理现代化和预算民主发展是改革的主要方向。虽然在发展过程中参与式预算后于预算控制、管理改革出现，但参与式预算并不是公共预算发展到高级阶段才可以进行的尝试，参与式预算是对社会政治经济发展规律认识不断深化的结果，是对公共预算本质特性认识不断深化的结果。在新的时代要求下，参与式预算将成为中国推进基层公共预算的新起点。

参考文献

（一）中文书籍

1.［美］罗伯特·阿格拉诺夫、迈克尔·麦圭尔：《协作性公共管理：地方政府新战略》，李玲玲、鄞益奋译，北京：北京大学出版社2007年版。

2.［瑞典］埃里克·阿姆纳、斯蒂格·蒙丁：《趋向地方自治的新理念？比较视角下的新近地方政府立法》，杨立华等译，北京：北京大学出版社2005年版。

3.［美］本杰明·巴伯：《强势民主》，彭斌、吴润洲译，长春：吉林人民出版社2011年版。

4.［美］布莱恩·巴利：《社会正义论》，曹海军译，南京：江苏人民出版社2012年版。

5.［加］A.布来顿等：《理解民主——经济的与政治的视角》，毛丹等译，上海：学林出版社2000年版。

6.［美］詹姆斯·博曼：《公共协商：多元主义、复杂性与民主》，黄相怀译，北京：中央编译出版社2006年版。

7.［美］詹姆斯·博曼、威廉·雷吉主编：《协商民主：论理性与政治》，陈家刚等译，北京：中央编译出版社2006年版。

276

8. ［美］卡莱斯·鲍什：《民主与再分配》，熊洁译，上海：上海人民出版社 2011 年版。

9. ［美］理查德·C.博克斯：《公民治理：引领 21 世纪的美国社区》，孙柏瑛等译，北京：中国人民大学出版社 2014 年版。

10. ［美］詹姆斯·M.布坎南：《民主财政论》，穆怀朋译，北京：商务印书馆 1993 年版。

11. ［美］G.沙布尔·吉玛、丹尼斯·A.荣迪内利编：《分权化治理：新概念与新实践》，唐贤兴、张进军等译，上海：格致出版社、上海人民出版社 2013 年版。

12. ［美］科恩：《论民主》，聂崇信、朱秀贤译，北京：商务印书馆 2004 年版。

13. ［美］罗伯特·A.达尔、爱德华·R.塔夫特：《规模与民主》，唐皇凤、刘晔译，上海：上海人民出版社 2013 年版。

14. ［美］珍妮特·V.登哈特、罗伯特·B.登哈特：《新公共服务：服务，而不是掌舵》，丁煌译，北京：中国人民大学出版社 2014 年版。

15. ［美］罗伯特·丹哈特：《公共组织理论》第二版，项龙、刘俊生译，北京：华夏出版社 2002 年版。

16. ［澳］布赖恩·多莱里、内尔·马歇尔、安德鲁·沃辛顿：《重塑澳大利亚地方政府：财政、治理与改革》，刘杰等译，北京：北京大学出版社 2008 年版。

17. ［澳］约翰·S.德雷泽克：《协商民主及其超越：自由与批判的视角》，丁开杰等译，北京：中央编译出版社 2006 年版。

18. ［美］约·埃尔斯特主编：《协商民主：挑战与反思》，周艳辉译，北京：中央编译出版社 2009 年版。

19. ［美］H.乔治·弗雷德里克森：《新公共行政》，丁煌、方兴译，北京：中国人民大学出版社 2011 年版。

20. ［美］弗雷德·E.弗尔德瓦里：《公共物品与私人社区》，郑秉文译，北京：经济管理出版社 2011 年版。

21. ［美］詹姆斯·W.费斯勒、唐纳德·F.凯特尔：《行政过程的政治》第二版，陈振明、朱芳芳等译，北京：中国人民大学出版社 2002 年版。

22. ［美］安·弗洛里妮、赖海榕、［新加坡］陈业灵：《中国试验：从地方创新到全国改革》，冯瑾、张志超译，北京：中央编译出版社 2013 年版。

23. ［美］让-皮埃尔·戈丹：《何谓治理》，钟震宇译，北京：社会科学文献出版社 2010 年版。

24. ［美］汉密尔顿、杰伊、麦迪逊：《联邦党人文集》，程逢如、在汉、舒逊译，北京：商务印书馆 1980 年版。

25. ［德］托马斯·海贝勒、［德］舒耕德、杨雪冬主编：《"主动的"地方政治：作为战略群体的县乡干部》，北京：中央编译出版社 2013 年版。

26. ［美］尼古拉斯·亨利：《公共行政与公共事务》第八版，张昕等译，北京：中国人民大学出版社 2002 年版。

27. ［美］休·赫克罗、阿伦·威尔达夫斯基：《公共资金的私人政府：英国政治中的共同体和政策》第二版，李颖、褚彩霞译，上海：格致出版社、上海人民出版社 2011 年版。

28. ［美］菲利浦·T.霍夫曼、凯瑟琳·诺伯格编：《财政危机、自由和代议制政府（1450—1789）》，储建国译，上海：格致出版社、上海人民出版社 2008 年版。

29. ［韩］河连燮：《制度分析：理论与争议》第二版，李秀峰、柴宝勇译，北京：中国人民大学出版社 2014 年版。

30. ［美］阿尔伯特·C.海迪等：《公共预算经典（第二卷）：现代预算之路》第三版，苟燕楠、董静译，上海：上海财经大学出版社 2006 年版。

31.《财政透明度》，财政部财政科学研究所整理，北京：人民出版社 2001 年版。

32.［美］布赖恩·琼斯：《再思民主政治中的决策制定：注意力、选择和公共政策》，李丹阳译，北京：北京大学出版社 2010 年版。

33.［美］阿曼·卡恩、W.巴特利·希尔德雷思编：《公共部门财政管理理论》，孙开等译，上海：格致出版社、上海人民出版社 2008 年版。

34.［美］阿曼·卡恩、W.巴特利·希尔德雷思编：《公共部门预算理论》，韦曙林译，上海：格致出版社、上海人民出版社 2010 年版。

35.［美］乔纳森·卡恩：《预算民主：美国的国家建设和公民权（1890—1928）》，上海：格致出版社、上海人民出版社 2008 年版。

36.［法］皮埃尔·卡蓝默：《破碎的民主：试论治理的革命》，高凌瀚译，北京：生活·读书·新知三联书店 2005 年版。

37.［美］珍妮特·M.凯丽、威廉姆·C.瑞文巴克：《地方政府绩效预算》，苟燕楠译，上海：上海财经大学出版社 2007 年版。

38.［美］唐纳德·凯特尔：《权力共享：公共治理与私人市场》，陈迎春译，北京：北京大学出版社 2009 年版。

39.［美］罗伯特·D.李、罗纳德·W.约翰逊、菲利普·G.乔伊斯：《公共预算体系》第八版，苟燕楠译，北京：中国财政经济出版社 2011 年版。

40.［美］罗伊·T.梅耶斯等：《公共预算经典（第一卷）：面向绩效的新发展》，苟燕楠、董静译，上海：上海财经大学出版社 2005 年版。

41. ［美］詹姆斯·G.马奇、［挪］约翰·P.奥尔森：《重新发现制度：政治的组织基础》，张伟译，北京：生活·读书·新知三联书店 2011 年版。

42. ［美］迈克尔·麦金尼斯主编：《多中心治道与发展》，毛寿龙译，上海：上海三联书店 2000 年版。

43. ［美］马克·H.穆尔：《创造公共价值：政府战略管理》，伍满桂译，北京：商务印书馆 2016 年版。

44. ［英］戴维·米勒、韦农·波格丹诺编：《布莱克维尔政治学百科全书》，中国问题研究所等译，北京：中国政法大学出版社 1992 年版。

45. ［英］戴维·米勒：《社会正义原则》，应奇译，南京：江苏人民出版社 2008 年版。

46. 经济合作与发展组织：《比较预算》，财政部财政科学研究所译，北京：人民出版社 2001 年版。

47. ［美］小约瑟夫·S.奈、菲利普·D.泽利科、戴维·C.金编：《人们为什么不信任政府》，朱芳芳译，北京：商务印书馆 2015 年版。

48. 经济合作与发展组织：《分散化的公共治理：代理机构、权力主体和其他政府实体》，国家发展和改革委员会事业单位改革研究课题组译，北京：中信出版社 2004 年版。

49. ［美］戴维·奥斯本、彼德·普拉斯特里克：《摒弃官僚制：政府再造的五项战略》，谭功荣、刘霞译，北京：中国人民大学出版社 2002 年版。

50. ［美］埃莉诺·奥斯特罗姆：《公共事物的治理之道》，余逊达、陈旭东译，上海：上海三联书店 2000 年版。

51. ［美］文森特·奥斯特罗姆：《美国公共行政思想危机》，毛寿龙译，上海：上海三联书店 1999 年版。

52．［美］文森特·奥斯特罗姆、罗伯特·比什、埃莉诺·奥斯特罗姆：《美国地方政府》，井敏、陈幽泓译，北京：北京大学出版社 2004 年版。

53．［美］罗伯特·D.帕特南：《使民主运转起来：现代意大利的公民传统》，王列、赖海榕译，南昌：江西人民出版社 2001 年版。

54．［美］罗伯特·D.帕特南主编：《流动中的民主政体：当代社会中社会资本的演变》，李筠、王路遥、张会荟译，北京：社会科学文献出版社 2014 年版。

55．［美］卡罗尔·佩特曼：《参与和民主理论》，陈尧译，上海：上海人民出版社 2012 年版。

56．［美］B.盖伊·彼得斯主编：《政府未来的治理模式》，吴爱明、夏宏图译，北京：中国人民大学出版社 2001 年版。

57．［美］爱伦·鲁宾：《公共预算中的政治：收入与支出，借贷与平衡》第四版，叶娟丽、马骏等译，北京：中国人民大学出版社 2001 年版。

58．［美］爱伦·S.鲁宾：《阶级、税收和权力：美国的城市预算》，林琳译，上海：格致出版社、上海人民出版社 2011 年版。

59．［美］艾伦·希克：《联邦预算：政治、政策、过程》第三版，苟燕楠译，北京：中国财政经济出版社 2011 年版。

60．［美］查尔斯·斯图尔特三世：《预算改革政治：众议院拨款程序的形成（1865—1921）》，张崶、章伟译，上海：格致出版社、上海人民出版社 2014 年版。

61．［美］E.S.萨瓦斯：《民营化与公私部门的伙伴关系》，周志忍等译，北京：中国人民大学出版社 2002 年版。

62．［美］E.S.萨瓦斯：《民营化与 PPP 模式》，周志忍等译，北京：中国人民大学出版社 2015 年版。

63．［美］乔·萨托利：《民主新论》，冯克利、阎克文译，北京：东方出版社 1998 年版。

64. ［法］伊夫·辛多默、［德］鲁道夫·特劳普–梅茨、张俊华编：《亚欧参与式预算》，上海：上海人民出版社 2011 年版。

65. ［美］沙安文主编：《参与式预算》，庞鑫等译，北京：中国财政经济出版社 2013 年版。

66. ［美］沙安文：《地方预算》，大连市财政局翻译小组译，北京：中国财政经济出版社 2012 年版。

67. ［美］莱斯特·M.萨拉蒙主编：《政府工具：新治理指南》，肖娜等译，北京：北京大学出版社 2016 年版。

68. ［法］托克维尔：《论美国的民主》（上卷），董果良译，北京：商务印书馆 1996 年版。

69. ［美］詹姆斯·W.汤普逊：《中世纪晚期欧洲经济社会史》，徐家玲等译，北京：商务印书馆 1992 年版。

70. ［美］约翰·克莱顿·托马斯：《公共决策中的公民参与》，孙柏瑛等译，北京：中国人民大学出版社 2010 年版。

71. ［加］理查德·廷德尔、苏珊·诺布斯·廷德尔：《加拿大地方政府》第六版，于秀明、邓璇译，北京：北京大学出版社 2005 年版。

72. 联合国人居署：《参与式预算 72 问》，城市社区参与治理资源平台编译，北京：中国社会出版社 2010 年版。

73. ［美］阿伦·威尔达夫斯基：《预算与治理》，布莱登·斯瓦德洛编，苟燕楠译，上海：上海财经大学出版社 2010 年版。

74. ［美］阿伦·威尔达夫斯基：《预算：比较理论》，苟燕楠译，上海：上海财经大学出版社 2009 年版。

75. ［美］阿伦·威尔达夫斯基、娜奥米·凯顿：《预算过程中的新政治》第五版，苟燕楠译，北京：中国人民大学出版社 2014 年版。

76. ［英］戴维·威尔逊、克里斯·盖姆：《英国地方政府》第三版，张勇等译，北京：北京大学出版社 2009 年版。

77. ［德］赫尔穆特·沃尔曼：《德国地方政府》，陈伟、段德敏译，北京：北京大学出版社 2005 年版。

78. 《基层协商民主典型案例选编》，北京：人民出版社 2015 年版。

79. 财政部财政科学研究所：《地方公共财政：预算管理改革与实践》，北京：中国财政经济出版社 2012 年版。

80. 财政部财政科学研究所：《地方公共财政预算管理改革与实践——中国财政管理科学化、精细化研究报告（2011）》，北京：中国财政经济出版社 2012 年版。

81. 蔡定剑：《民主是一种现代生活》，北京：社会科学文献出版社 2013 年版。

82. 陈家刚：《协商民主与当代中国政治》，北京：中国人民大学出版社 2009 年版。

83. 陈家刚主编：《协商民主与政治发展》，北京：社会科学文献出版社 2011 年版。

84. 陈奕敏主编：《从民主恳谈到参与式预算》，北京：世界知识出版社 2012 年版。

85. 程倩：《论政府信任关系的历史类型》，北京：光明日报出版社 2009 年版。

86. 程瑜：《政府预算契约论：一种委托—代理理论的研究视角》，北京：经济科学出版社 2008 年版。

87. 邓大才、白雪娇等：《海沧跨越：在共同缔造中提升社会治理》，北京：中国社会科学出版社 2014 年版。

88. 邓大才、史亚峰、胡雅琼等：《思明提升：共同缔造中的基层治理现代化》，北京：中国社会科学出版社 2015 年版。

89. 房宁主编：《中国政治参与报告（2015）》，北京：社会科学文献出版社 2015 年版。

90. 高培勇主编：《实行全口径预算管理》，北京：中国财政经济出版社 2009 年版。

91. 高培勇、马珺主编：《中国财政经济理论前沿（7）》，北京：社会科学文献出版社 2014 年版。

92. 高培勇、张斌、王宁主编：《中国公共财政建设报告 2013（地方版）》，北京：社会科学文献出版社 2013 年版。

93. 高志立等：《政府预算公共化研究：理论、实践与路径选择》，北京：中国财政经济出版社 2012 年版。

94. 龚维斌主编：《中国社会体制改革报告（2015）》，北京：社会科学文献出版社 2015 年版。

95. 龚维斌主编：《中国社会体制改革报告（2016）》，北京：社会科学文献出版社 2016 年版。

96. 国家统计局：《中国统计年鉴（2015）》，北京：中国统计出版社 2015 年版。

97. 何增科主编：《中国社会管理体制改革路线图》，北京：国家行政学院出版社 2009 年版。

98. 韩福国：《基层协商民主》，北京：中央文献出版社 2015 年版。

99. 贾康主持：《地方财政问题研究》，北京：经济科学出版社 2004 年。

100. 贾康、苏京春：《中国的坎：如何跨越"中等收入陷阱"》，北京：中信出版社 2016 年版。

101. 靳继东：《预算改革的政治分析：理论阐释与中国视角》，北京：科学出版社 2015 年版。

102. 乐正等主编：《深圳社会发展报告（2010）》，北京：社会科学文献出版社 2010 年版。

103. 李凡主编：《温岭试验与中国地方政府公共预算改革》，北京：知识产权出版社 2009 年版。

104. 李惠斌、杨雪冬主编：《社会资本与社会发展》，北京：社会科学出版社 2000 年版。

105. 李培林等：《2012 年中国社会形势分析与预测》，北京：社会科学文献出版社 2012 年版。

106. 林尚立：《协商民主：中国的创造与实践》，重庆：重庆出版社 2014 年版。

107. 刘剑文：《民主视野下的财政法治》，北京：北京大学出版社 2006 年版。

108. 栾晓峰：《公共预算：权力、体制与文化》，北京：社会科学文献出版社 2015 年版。

109. 马奔主编：《协商民主的方法》，北京：中央文献出版社 2015 年版。

110. 马骏、侯一麟、林尚立主编：《国家治理与公共预算》，北京：中国财政经济出版社 2007 年版。

111. 马骏、谭君久、王浦劬主编：《走向"预算国家"：治理、民主与改革》，北京：中央编译出版社 2011 年版。

112. 马骏：《治国与理财：公共预算与国家建设》，北京：生活·读书·新知三联书店 2011 年版。

113. 马骏、王浦劬、黄严主编：《中国公共预算研究：第五届学术会议论文集（2014·北京）》，北京：中央编译出版社 2015 年版。

114. 马跃、杨以谦、高新军：《地方治理、财政和公共预算》，西安：西北大学出版社 2009 年版。

115. 牛美丽主编：《地方政府绩效预算改革》，上海：格致出版社、上海人民出版社 2012 年版。

116. 牛美丽、马蔡琛主编：《构建中国公共预算法律框架》，北京：中央编译出版社 2012 年版。

117. 申相臣主编：《财权入笼》，北京：中国财政经济出版社 2013 年版。

118. 申相臣主编：《焦作：财权变革 12 年间》，北京：中国财政经济出版社 2011 年版。

119. 上海财经大学公共政策研究中心：《2013 中国财政透明度报告》，上海：上海财经大学出版社 2013 年版。

120. 孙开主编：《地方财政学》，北京：经济科学出版社 2002 年版。

121. 谈火生、霍伟岸、何包钢：《协商民主的技术》，北京：社会科学文献出版社 2014 年版。

122. 王蒙徽、李郇、潘安编著：《云浮实验》，北京：中国建筑工业出版社 2012 年版。

123. 王钦敏主编：《中国民营经济发展报告 No. 11（2013—2014）》，北京：社会科学文献出版社 2015 年版。

124. 王玉华、李森：《基层政府公共服务能力研究：基于完善省以下财政体制的视角》，北京：中国财政经济出版社 2010 年版。

125. 魏陆：《完善我国人大预算监督制度研究：把政府关进公共预算"笼子"里》，北京：经济科学出版社 2014 年版。

126. 吴俊培：《中国地方政府预算改革研究》，北京：中国财政经济出版社 2012 年版。

127. 肖立辉：《中国基层民主创新研究》，北京：人民出版社 2009 年版。

128. 西南财经大学财政税务学院公共经济中心、［加］沙安文主编：《中国公共财政监测报告 2012》，北京：经济科学出版社 2012

年版。

129. 徐勇等：《基层民主发展的途径与机制》，北京：北京师范大学出版社 2015 年版。

130. 阎海：《公共预算过程、机构和权力：一个法政治学研究范式》，北京：法律出版社 2012 年版。

131. 杨志勇：《现代财政制度探索：国家治理视角下的中国财税改革》，广州：广东经济出版社 2015 年版。

132. 赵秀玲主编：《中国基层治理发展报告（2015）》，广州：广东人民出版社 2015 年版。

133. 赵早早、牛美丽编译：《渐进预算理论》，重庆：重庆大学出版社 2011 年版。

134. 中南财经政法大学、湖北财政与发展中心、中国地方财政研究中心：《2010 中国地方财政发展研究报告——省管县财政体制研究》，北京：经济科学出版社 2010 年版。

135. 中南财经政法大学、湖北财政与发展中心、中国地方财政研究中心：《2015 中国地方财政发展研究报告——市区两级政府事权划分与财力分配机制研究：来自湖北省 K 市、L 市和 G 市的经验证据》，北京：经济科学出版社 2016 年版。

（二）中文论文

1. ［英］斯蒂芬·艾斯特：《第三代协商民主》（上），蒋林、李新星译，《国外理论动态》，2011 年第 3 期。

2. ［英］斯蒂芬·艾斯特：《第三代协商民主》（下），蒋林、李新星译，《国外理论动态》，2011 年第 4 期。

3. ［澳］乔纳森·安戈、陈佩华、钟谦：《中国的基层协商民主：案例研究》，王可园、毛建平编译，《国外理论动态》，2015 年第 5 期。

4. 安体富、贾晓俊：《外国基层政府公共服务能力考察及对我国的启示》，《地方财政研究》，2010 年第 5 期。

5. ［法］米歇尔·布维耶：《"黄金法则"：通向公共预算平衡及削减公共债务的法律之路?》，黄严译，《公共行政评论》，2011 年第 6 期。

6. 蔡定剑：《公共预算应推进透明化法制化民主化改革》，《法学》，2007 年第 5 期。

7. 蔡定剑：《公共预算改革应该如何推进》，《人民论坛·学术前沿》，2010 年第 2 期（中）。

8. 蔡定剑：《中国公众参与的问题与前景》，《民主与法治》，2010 年第 5 期。

9. 陈家刚：《参与式预算的理论与实践》，《经济社会体制比较》，2007 年第 2 期。

10. 陈家刚、陈奕敏：《地方治理中的参与式预算：关于浙江温岭市新河镇改革的案例研究》，《公共管理学报》，2007 年第 3 期。

11. 陈统奎：《从议事到议财的转变：上海闵行区公共预算改革观察》，《南风窗·双周刊》，2011 年第 5 期。

12. 陈奕敏：《温岭民主恳谈和参与式预算》，《民主与科学》，2015 年第 1 期。

13. 陈治：《论我国乡村治理中的参与式预算：价值、困境与法制化出路》，《东北师范大学学报》（哲学社会科学版），2014 年第 4 期。

14. 戴激涛：《协商机制在预算审议中的引入：财政民主之程序构造》，《苏州大学学报》，2010 年第 11 期。

15. 邓研华：《从权力走向权利：预算改革的政治学分析》，《海南大学学报》（人文社会科学版），2016 年第 3 期。

16. 邓研华：《公共预算中的权力与民主》，《云南社会科学》，

2012 年第 2 期。

17. 邓研华、叶娟丽：《公共预算中的政治：对权力与民主的审视》，《深圳大学学报》（人文社会科学版），2012 年第 2 期。

18. 邓智团：《空间正义、社区赋权与城市更新范式的社会形塑》，《城市发展研究》，2015 年第 8 期。

19. 冯辉：《宪政、经济国家与〈预算法〉的修改理念：以预算分配权为中心》，《政治与法律》，2011 年第 9 期。

20. 范永茂、赵东伟：《预算民主视野下的人大预算修正权——基于现状与可行性的分析》，《国家行政学院学报》，2013 年第 5 期。

21. 高培勇：《财税改革：全面深化改革的突破口和主线索》，《财贸经济》，2013 年第 12 期。

22. 高学德、翟学伟：《政府信任的城乡比较》，《社会学研究》，2013 年第 2 期。

23. 高勇：《参与行为与政府信任的关系模式研究》，《社会学研究》，2014 年第 5 期。

24. 管兵、夏瑛：《政府购买服务的制度选择及治理效果：项目制、单位制、混合制》，《管理世界》，2016 年第 6 期。

25. 何显明：《基于有效治理的复合民主：中国民主成长的可能方式》，《浙江社会科学》，2011 年第 8 期。

26. 侯一麟：《政府职能、事权事责与财权财力：1978 年以来我国财政体制改革中财权事权划分的理论分析》，《公共行政评论》，2009 年第 2 期。

27. 胡鞍钢、魏星：《城乡分制、政府层级与地区发展差距》，《南京大学学报》（哲学·人文科学·社会科学），2010 年第 1 期。

28. 华国庆：《预算民主原则与我国预算法完善》，《江西财经大学学报》，2011 年第 4 期。

29. 贾西津：《参与式预算的模式：云南盐津案例》，《公共行政评论》，2014 年第 5 期。

30. 贾康：《中国财政改革：政府层级、事权、支出与税收安排的思路》，《地方财政研究》，2004 年第 1 期。

31. 蒋悟真：《推动预算民主的三条进路》，《法学》，2011 年第 11 期。

32. 江必新、肖国平：《论公民的预算参与权及其实现》，《湖南大学学报》（社会科学版），2012 年第 5 期。

33. 郎友兴：《观念如何形塑制度：对温岭民主恳谈会演进历程的一种解释》，《中国延安干部学院学报》，2016 年第 1 期。

34. 李俊生、王斌：《试论公共价值革命：关于公共管理范式对 21 世纪财政理论发展影响的若干思考》，《中央财经大学学报》，2010 年第 6 期。

35. 连家明：《新预算法：一次历史性的进步》，《地方财政研究》，2015 年第 1 期。

36. 连家明：《政府购买服务：推动改革全面深化的有力撬杆》，《地方财政研究》，2014 年第 4 期。

37. 林慕华、马骏：《中国地方人民代表大会预算监督研究》，《中国社会科学》，2012 年第 2 期。

38. 林尚立：《公民协商与中国基层民主发展》，《学术月刊》，2007 年第 9 期。

39. 刘承礼：《30 年来中国收入分配原则改革的回顾与前瞻：一项基于公平与效率双重标准的历史研究》，《经济理论与经济管理》，2008 年第 9 期。

40. 刘春荣：《城市基层重建的原理和策略》，《探索与争鸣》，2011 年第 7 期。

41. 刘楠楠：《地方公共品：三种需求表达机制效率的实证分析》，《地方财政研究》，2015 年第 3 期。

42. 刘尚希：《基于国家治理的财政改革新思维》，《地方财政研究》，2014 年第 1 期。

43. 刘勇政、冯海波：《中国的财政分权与政府信任》，《政治学研究》，2015 年第 1 期。

44. 刘小川、张艳芳、刘威：《基于政府职能转变的政府购买服务制度创新研究》，《财政研究》，2015 年第 5 期。

45. 卢洪友：《西方现代财政制度：理论渊源、制度变迁及启示》，《公共财政研究》，2015 年第 1 期。

46. 吕凯波、邓淑莲：《省以下地方政府支出责任划分理论、挑战与政策建议》，《地方财政研究》，2016 年第 5 期。

47. 吕炜：《省以下财政体制改革框架分析》，《地方财政研究》，2008 年第 4 期。

48. 吕炜、靳继东：《中国预算改革论纲》，《财经问题研究》，2013 年第 8 期。

49. 吕侠：《预算民主理念——基于预算公开的政治意义》，《经济研究参考》，2015 年第 34 期。

50. 吕侠、周东明：《论公民参与预算的民主政治——基于中国乡镇预算民主模式分析》，《中南民族大学学报》（人文社会科学版），2013 年第 2 期。

51. 马蔡琛：《我国地方预算改革主流模式的比较分析》，《广东技术师范学院学报》，2006 年第 2 期。

52. 马蔡琛：《略论政府预算管理中的委托—代理关系及其治理》，《经济问题》，2009 年第 10 期。

53. 马海涛、任强、程岚：《我国中央和地方财力分配的合意性：基于"事权"与"事责"角度的分析》，《财政研究》，2013 年第 4 期。

54. 马骏：《中国公共预算改革的目标选择：近期目标与远期目

标》，《中央财经大学学报》，2005 年第 10 期。

55. 马骏：《中国预算改革的政治学：成就与困惑》，《中山大学学报》，2007 年第 3 期。

56. 马骏：《盐津县"群众参与预算"：国家治理现代化的基层探索》，《公共行政评论》，2014 年第 5 期。

57. 马骏：《公共预算原则：挑战与重构》，《经济学家》，2003 年第 3 期。

58. 马骏、林慕华：《中国预算改革：未来的挑战》，《中国行政管理》，2012 年第 6 期。

59. 马桑：《平衡预算理论综述》，《生产力研究》，2011 年第 2 期。

60. 孙开、温馨：《中国地区间财力差异的空间结构探析》，《河北经贸大学学报》，2015 年第 3 期。

61. 唐皇凤：《理性化与民主化——西欧现代制度文明成长的内在机理分析》，《武汉大学学报》（哲学社会科学版），2007 年第 7 期。

62. 王威、马金华：《论历史视角下财政民主的理论逻辑》，《中央财经大学学报》，2013 年第 3 期。

63. 王孝勇、郭智勇：《预算民主——公共权力制约的新视角》，《理论导刊》，2010 年第 7 期。

64. 王逸帅：《地方人大预算监督改革的参与式治理路径及实现逻辑》，《改革与发展》，2014 年第 4 期。

65. 王雍君：《中国的预算改革：评述与展望》，《经济社会体制比较》，2008 年第 1 期。

66. 王自亮、陈洁琼：《预算民主化改革对地方赤字控制影响——基于新河镇的个案分析》，《地方财政研究》，2015 年第 2 期。

67. 温来成：《完善基层预算民主：强化财政监督的重要突破

点》,《财政监督》,2012 年第 17 期。

68. 吴少龙、牛美丽:《理解中国公共预算改革的方向》,《武汉大学学报》(哲学社会科学版),2010 年第 11 期。

69. 谢宝富:《政府层级改革势在必行》,《人民论坛》,2014 年 12 月,总第 462 期。

70. 许光建、魏义方、李天建、廖芙秀:《中国公共预算治理改革:透明、问责、公众参与、回应》,《中国人民大学学报》,2014 年第 6 期。

71. 徐建斌:《政府信任与居民的再分配偏好——来自中国数据的经验分析》,《经济社会体制比较》,2016 年第 1 期。

72. 杨博、谢光远:《论"公共价值管理":一种后新公共管理理论的超越与限度》,《政治学研究》,2014 年第 6 期。

73. 杨之刚、张斌:《中国基层财政体制改革中的政府级次问题》,《财贸经济》,2006 年第 3 期。

74. 于长革:《遵循预算民主与法治原则逐步建立规范的公共选择机制》,《预算管理与会计》,2015 年第 7 期。

75. 张程、曹雪姣、骆平原:《中国公共预算的民主治理:公共理性与民主参与》,《公共财政研究》,2016 年第 1 期。

76. 张光辉、虞崇胜:《参与式民主的成长:中国政治体制改革的现实路径》,《武汉大学学报》(哲学社会科学版),2011 年第 7 期。

77. 赵光勇:《参与式治理:通过"参与"实现地方"治理"》,《观察与思考》,2013 年第 11 期。

78. 赵早早:《中央预算执行审计与公共预算改革的关系研究——基于 1996 年至 2014 年全国人大常委会公报的内容分析》,《审计研究》,2015 年第 3 期。

79. 张程、曹雪姣、骆平原:《中国公共预算的民主治理:公共理性与民主参与》，《公共财政研究》，2016 年第 1 期。

80. 郑晓华：《社区参与中的政府赋权逻辑：四种治理模式考察》，《经济社会体制比较》，2014 年第 6 期。

81. 周清、范和香：《人民政协民主监督的有效形式——市政协财政预算民主监督的实践与启示》，《前线》，2015 年第 5 期。

82. 朱德米：《政策过程的民主化》，《江苏行政学院学报》，2009 年第 3 期。

83. 朱芳芳：《西方发达国家公共预算管理改革及发展趋势》，《经济社会体制比较》，2008 年第 3 期。

84. 朱芳芳：《基于治理的地方预算改革路径：以河南省焦作市为例》，《经济社会体制比较》，2014 年第 5 期。

85. 中国发展研究基金会公共预算与财政绩效项目课题组：《焦作市资源枯竭城市转型专项资金重点绩效评价报告（2012 年度）》，内部刊物，2013 年 5 月。

86. 江曙曜、张小燕、吴晓菁：《全面深化改革的美丽实践》，《厦门日报》，2014 年 1 月 14 日。

87. 马蔡琛、李璐：《再论中国公共预算改革的路径选择：基于PPBE 和规划预算的考察》，《甘肃行政学院学报》，2009 年第 1 期。

（三）英文书籍

1. Henry J. Aaron and Michael J. Boskin, eds., *The Economics of Taxation*, Washington, DC: The Brookings Institution, 1980.

2. John R. Bartle, *Evolving Theories of Public Budgeting*, Oxford: Elsevier Science Ltd., 2001.

3. Barry Bozeman, *Public Values and Public Interest: Counterbalancing Economic Individualism*, Washington, DC: Georgetown University Press, 2007.

4. Robert A. Dahl, *Who Governs? Democracy and Power in an American City*, New Haven: *Yale University Press*, 1964.

5. Paul D. Epstein, Paul M. Coates, Lyle D. Wray and David Swain, *Results That Matter: Improving Communities by Engaging Citizens, Measuring Performance, and Getting Things Done*, San Francisco: Jossey－Bass, 2006.

6. Archon Fung and Erik O. Wright, eds., *Deepening Democracy: Institutional Innovations in Empowered Participatory Governance*, London: Verso, 2003.

7. Joint Economic Committee, *Federal Expenditure Policy for Growth and Stability*, Washington, DC: U.S. Government Printing Office, 1957.

8. Sanjeev Khagram, Archon Fung and Paolo De Renzio, eds., *Open Budgets: The Political Economy of Transparency, Participation, and Accountability*, Washington, D.C.: Brookings Institution Press, 2013.

9. Thomas D. Lynch, *Public Budgeting in America*, Englewood Cliffs: Prentice-Hall, Inc., 1979.

10. Richard A. Musgrave and Peggy B. Musgrave, *Public Finance Theory and Practice*, New York: McGraw-Hill, 1980.

11. William Niskane, *Bureaucracy and Representative Government*, Chicago: Aldine Atherton, 1971.

12. OECD, *Evolutions in Budgetary Practice: Allen Schick and the OECD Senior Budget Officials*, Paris: OECD, 2009.

13. A. Premchand, *Public Expenditure Management*, Washington, DC: IMF, 1993.

14. Irene S. Rubin, eds., *New Directions in Budget Theory*, Washington, DC: The Urban Institute, 1998.

15. Herbert A. Simon, *Reason in Human Affairs*, Stanford: Stanford

University Press, 1983.

16. Harold D. Smith, *The Management of Your Government*, New York: McGraw-Hill Book Company, Inc., 1945.

17. Donald H. Taylor, Jr., *Balancing the Budget is A Progressive Priority*, New York: Springer, 2012.

18. Aaron Wildavsky, *The Politics of the Budgetary Process*, Boston: Little, Brown and Company, 1964.

（四）英文论文

1. Rebecca Abers, "Overcoming the Dilemmas of Participatory Democracy: The Participatory Budget Policy in Porto Alegre, Brazil", *Paper presented at the XXII International Congress of the Latin American Studies Association*, 16-18 March 2000, Miami, Florida.

2. G. Baiocchi, "Participation, Activism, and Politics: The Porto Alegre Experiment and Deliberative Democratic Theory", *Politics and Society*, Vol.29, 2000.

3. Liucija Birskyte, "Involving Citizens in Public Decision Making: The Case of Participatory Budgeting in Lithuania", *Financial Theory and Practice*, Vol.37, No.4, 2013.

4. Jameson Boex and Renata R. Simatupang, "Fiscal Decentralisation and Empowerment: Evolving Concepts and Alternative Measures", *Fiscal Studies*, Vol. 29, No.4, 2008.

5. Barry Bozeman, "Public-Value Failure: When Efficient Markets May Not Do", *Public Administration Review*, Vol.62, Iss.2, 2002.

6. Richard L. Brodsky, "'Public Value' and the Measurement of Government Performance: The Shift to Subjective Metrics", *Public Administration Review*, Vol.74, Iss.4, 2014.

7.John M. Bryson, Barbara C. Crosby and Laura Bloomberg, "Public Value Governance: Moving Beyond Traditional Public Administration and the New Public Management", *Public Administration Review*, Vol.74, Iss. 4,2014.

8.James Buchanan, "An Economic Theory of Clubs", *Economica*, Vol.32,No.1, 1965.

9.Naomi Caiden, "A New Perspective on Budgetary Reform", *Australia Journal of Public Administration*, Vol.48, Iss.1, 1989.

10. Naomi Caiden, "Challenges Confronting Cotemporary Public Budgeting: Retrospectives / Prospectives from Allen Schick", *Public Administration Review*, Vol.70, Iss.2,2010.

11.Stewart Davidson and Stephen Elstub, "Deliberative and Participatory Democracy in the UK", *British Journal of Politics and International Relations*, Vol.16, 2014.

12.Shulian Deng and Jun Peng, "Reforming the Budgeting Process in China", *OECD Journal on Budgeting*, Vol.1, 2011.

13.Klaus Derfuss, "Relating Context Variables to Participative Budgeting and Evaluative Use of Performance Measures: A Meta-analysis", *ABACUS*, Vol.51,2015.

14.Carol Ebdon, Aimee L. Franklin, "Citizen Participation in Budgeting Theory", *Public Administration Review*, Vol.66, Iss.3, 2006.

15.John Edsberg, "The European Community's Budget: Budget Discipline and Budget Accounting ", *Financial Accountability*, Vol.10,No. 1, 1994.

16. Michael Di Francesco, "Rules and Flexibility in Public Budgeting: The Case of Budget Modernisation in Australia", *Australian Journal of Public Administration*, Vol.75, Iss.2, 2016.

17. Michael Di Francesco and John Alford, "Budget Rules and Flexibility in the Public Sector: Towards a Taxonomy", *Financial Accountability & Management*, Vol.32, No.2, 2016.

18. Archon Fung, "Putting the Public Back into Governance: The Challenges of Citizen Participation and Its Future", *Public Administration Review*, Vol.75, Iss.4, 2015.

19. Archon Fung, "Varieties of Participation in Complex Governance", *Public Administration Review*, Vol.66, Supplement, 2006.

20. Hollie Russon Gilman, "Transformative Deliberations: Participatory Budgeting in the United States", *Journal of Public Deliberation*, Vol.8, Iss.2, 2012.

21. Janette Hartz-Karp and Michael K. Briand, "Institutionalizing Deliberative Democracy", *Journal of Public Affairs*, Vol.9, 2009.

22. Baogang He, "Civic Engagement Through Participatory Budgeting in China: Three Different Logics At Work", *Public Administration and Development*, Vol.31, 2011.

23. Sounman Hong, "Citizen Participation in Budgeting: A Trade-Off between Knowledge and Inclusiveness?", *Public Administration Review*, Vol.75, Iss.4, 2015.

24. Laura Kalambokidis, "Creating Public Value with Tax and Spending Policies: The View from Public Economics", *Public Administration Review*, Vol.74, Iss.4, 2014.

25. Jelizaveta Krenjova and Ringa Raudla, "Participatory Budgeting at the Local Level: Challenges and Opportunities for New Democracies", *Halduskultuur–Administrative Culture*, Vol.14, No.1, 2013.

26. Charles E. Lindblom, "The Science of 'Mudding Though'", *Public Administration Review*, Vol.18, Iss.1, 1959.

27.Marcus Andre Melo and Gianpaolo Baiocchi, "Deliberative Democracy and Local Governance: Towards a New Agenda", beupm *International Journal of Urban and Regional Research*, Vol.30, No.3, 2006.

28.Roy T. Meyers and Irene S. Rubin, "The Executive Budget in the Federal Government: The First Century and Beyond", *Public Administration Review*, Vol.71, Iss.3, 2011.

29.Mark H. Moore, "Public Value Accounting: Establishing the Philosophical Basis", *Public Administration Review*, Vol.74, Iss.4, 2014.

30.Richard A. Musgrave, "Theories of Fiscal Crises: An Essay in Fiscal Sociology", In Henry J. Aaron and Michael J. Boskin(eds.), *The Economics of Taxation*. Washington, DC: The Brookings Institution.

31.Juliet Musso, Terry L. Cooper, Christopher Weare and Thomas Bryer, "Toward 'Strong Democracy' in Global Cities? Social Capital Building, Theory-Driven Reform, and the Los Angeles Neighborhood Council Experience", *Public Administration Review*, Vol.71, Iss.1, 2011.

32.Tina Nabatchi, "Putting the 'Public' Back in Public Values Research: Designing Participation to Identify and Respond to Values", *Public Administration Review*, Vol.72, No.5, 2012.

33.Andreas Novy and Bernhard Leubolt, "Participatory Budgeting in Porto Alegre: Social Innovation and the Dialectical Relationship of State and Civil Society", *Urban Studies*, Vol.42, No.11, 2005.

34.Evan O'Connor, "Caught Off-Balance: How Implementing Structural Changes to State Balanced Budget Requirements Can Foster Fiscal Responsibility and Promote Long-Term Economic Health", *Boston College Law Review*, Vol.56, No.1, 2015.

35.OECD, "The Legal Framework for Budget Systems: An International Comparison", *OECD Journal on Budgeting*, Vol.4, No. 3, OECD publications, 2004.

36.Caroline Patsias, Anne Latendresse and Laurence Bherer, "Participatory Democracy, Decentralization and Local Governance: the Montreal Participatory Budget in the Light of 'Empowered Participatory Governance'", *International Journal of Urban and Regional Research*, Vol. 37, No.6, 2013.

37.Dennis Rodgers, "Contingent Democratisation? The Rise and Fall of Participatory Budgeting in Buenos Aires", *Journal of Latin American Studies*. Vol.42, 2010.

38.Doralyn Rossmann and Elizabeth A. Shanahan, "Defining and Achieving Normative Democratic Values in Participatory Budgeting Processes", *Public Administration Review*, Vol.72, Iss.1, 2011.

39.Irene Rubin, "Past and Future Budget Classics: A Research Agenda", *Public Administration Review*, Vol.75, Iss.1, 2014.

40. Allen Schick, "The Road to PPB: The Stages of Budget Reform", *Public Administration Review*, Vol.26, Iss.4, 1966.

41.Paul Singer, "Budgeting and Democracy", *Revista de Economia Politica*, Vol.16, 1996.

42.Yves Sintomer, Carsten Herzberc and Anja Röcke, "Participatory Budgeting in Europe: Potentials and Challenges", *Internationl Journal of Urban and Regional Research*, Vol.32, No.1, 2008.

43.Robert W. Smith and Mark.Bertozzi, "Principals and Agents: An Explanatory Model for Public Budgeting", *Journal of Public Budgeting, Accounting & Financial management*, Vol.10, Iss.3, 1998.

44.Johanna Speer, "Participatory Governance Reform: A Good Strategy for Increasing Government Responsiveness and Improving Public Services? ", *World Development*, Vol.40, No.12, 2012.

45.Charles M. Tiebout, "A Pure Theory of Local Expenditures", *Journal of Political Economy*, Vol.64, No.5, 1956.

46.Brian Wampler, "Entering the State: Civil Society Activism and Participatory Governance in Brazil", *Political Studies*, Vol. 60, Iss. 2, 2012.

47. Aaron Wildavsky, "A Budget for All Reasons? Why the Traditional Budget Lasts", *Public Administration Review*, Vol. 38, Iss. 6, 1978.

图书在版编目（CIP）数据

基层公共预算改革：从控权到赋权/朱芳芳

著. —北京：中央编译出版社，2018.10

ISBN 978-7-5117-3621-5

Ⅰ.①基⋯　Ⅱ.①朱⋯　Ⅲ.①国家预算–财政改革–
研究–中国　Ⅳ.①F812.3

中国版本图书馆 CIP 数据核字（2018）第 206932 号

基层公共预算改革：从控权到赋权

出　版　人：葛海彦

出版统筹：贾宇琰

责任编辑：李媛媛

责任印制：刘　慧

出版发行：中央编译出版社

地　　　址：北京西城区车公庄大街乙 5 号鸿儒大厦 B 座（100044）

电　　　话：（010）52612345（总编室）　　　（010）52612335（编辑室）
　　　　　　（010）52612316（发行部）　　　（010）52612346（馆配部）

传　　　真：（010）66515838

经　　　销：全国新华书店

印　　　刷：北京紫瑞利印刷有限公司

开　　　本：787 毫米×1092 毫米　1/16

字　　　数：276 千字

印　　　张：19.75

版　　　次：2018 年 10 月第 1 版

印　　　次：2018 年 10 月第 1 次印刷

定　　　价：80.00 元

网　　　址：www.cctphome.com　　邮　　箱：cctp@ cctphome.com

新浪微博：@中央编译出版社　　微　　信：中央编译出版社（ID：cctphome）

淘宝店铺：中央编译出版社直销店（http://shop108367160.taobao.com）　　（010）55626985

本社常年法律顾问：北京市吴栾赵阎律师事务所律师　　闫军　　梁勤

凡有印装质量问题，本社负责调换。电话：（010）55626985